高水平对外开放与共同富裕

——中国实践及其世界价值

孟 祺 著

中国农业出版社
农村读物出版社
北 京

图书在版编目（CIP）数据

高水平对外开放与共同富裕：中国实践及其世界价值 / 孟祺著. —北京：中国农业出版社，2023.6（2023.8 重印）
ISBN 978-7-109-30787-2

Ⅰ.①高… Ⅱ.①孟… Ⅲ.①中国经济—经济发展—研究 Ⅳ.①F124

中国国家版本馆 CIP 数据核字（2023）第 104331 号

中国农业出版社出版
地址：北京市朝阳区麦子店街 18 号楼
邮编：100125
责任编辑：肖　杨　胡晓纯
版式设计：杨　婧　　责任校对：刘丽香
印刷：北京中兴印刷有限公司
版次：2023 年 6 月第 1 版
印次：2023 年 8 月北京第 2 次印刷
发行：新华书店北京发行所
开本：720mm×960mm　1/16
印张：14.5
字数：268 千字
定价：78.00 元

前言

QIANYAN

党的二十大报告明确提出："中国式现代化是全体人民共同富裕的现代化。共同富裕是中国特色社会主义的本质要求，也是一个长期的历史过程。我们坚持把实现人民对美好生活的向往作为现代化建设的出发点和落脚点，着力维护和促进社会公平正义，着力促进全体人民共同富裕，坚决防止两极分化。"中国共产党在建立之初就萌生了"共同富裕"思想，1953年"共同富裕"一词第一次被写进党的重要文献和重要报刊。改革开放以来，中国经济社会发展迅速，取得了举世瞩目的成就，实现了前所未有的历史性变革。随着经济全球化的深入发展，世界经济日益成为紧密联系的一个整体，各国积极参与国际经济合作。从2001年开始，中国成为世界贸易组织（WTO）的正式成员。加入WTO为中国经济带来了许多创新，经济发展得到了进一步的增长，同时也扩大了进出口贸易，吸引了更多的外国投资。这意味着中国对外开放转变成市场主导型的、体制性的对外开放，中国的发展战略发生重大调整，我们进入了新的开放时代。我国经过几十年的迅速发展后，国内生产总值在2010年超越日本，跃居全球第二大经济体，居民收入水平得到大幅提升。但机遇与挑战是并存的，城乡、行业、地区、群体之间的收入差距拉大，甚至有持续扩大的趋势，对社会公平产生一定影响。反映这种关系的关键指标基尼系数自1994年开始越过0.4的警戒线（除1999年外），2004年超过了0.465，近年虽然有所下降，但是仍然处于较高水平。这种现象不容忽视，所以在建设中国特色社会主义现代化强国的过程中，缩小收入差距和实现社会公平是中国必须直面的重大问题。

社会主义的本质要求是解放生产力，发展生产力，消灭剥削，消除两极分化，最终达到共同富裕。习近平总书记指出："共同富裕是社会主义的本质要求，是中国式现代化的重要特征，要坚持以人民为中心的发展思想，在高质量发展中促进共同富裕。"可以看出，建设有中国特色的社会主义市场经济也要以共同富裕为目的。虽然目前我国存在收入差距较大的问题，这也是发展过程中的必然现象。中国改革开放初期提倡效率优先，兼顾公平。而效率优先的结果是一部分人获得了超额收益，拉大了收入差距。目前中国经济已经取得了举世瞩目的成就，而高质量发展，是构建新发展格局、实现共同富裕的必然要求。习近平总书记提出，要深入研究不同阶段的目标，分阶段促进共同富裕。共同富裕没有捷径，我们在完善中国收入分配的进程上还有很长的一段路需要走，而对外开放在促进中国经济增长、收入水平提高等问题上扮演着重要角色。并且中国对外开放促进共同富裕的实践，为全球特别是发展中国家的经济发展和共同富裕指明了方向，具有重要的世界价值。所以本书将在分析共同富裕内涵的基础上，基于中国对外开放的实践，研究高水平对外开放与共同富裕的关系，揭示对外开放促进共同富裕的内在机理。

本书的主要内容如下：

第一章是引言。包括了研究背景和研究意义、研究内容与框架、主要研究方法和可能的创新点。共同富裕是中国特色社会主义的根本原则、价值目标和基本要求。改革开放以后中国经济规模不断提升，人均收入水平大幅提高，其中对外开放起到了关键作用。总结对外开放的共同富裕效应，不仅有助于促进中国特色社会主义道路、理论、制度、文化不断发展，还拓展了国际价值，为发展中国家经济发展提供了全新选择，为解决人类问题贡献了中国智慧和中国方案。

第二章是共同富裕的内涵、测度与国际比较。分别从中国传统社会的理想社会思想，马克思、列宁和毛泽东有关分配的思想，以及习近平关于共同富裕的论述等方面分析共同富裕的内涵。对于共同富裕的测度，应该根据共同富裕的内涵设计测度指标。基尼系数、泰尔指数等相关指标能衡量收入差距，能在一定程度上反映经济共享的程度，但是无法反映共同富裕的全貌，指标体系框架应该包含总体富裕程度和发展成果共享程度两个维度。本章根据这两个维度对指标进行了分解，借鉴联合国开发计划署（UNDP）、万海远和陈基平（2021）、刘培林等（2021）等分类方法，对中国和国际主要国家的共同富裕程度进行了测度。

第三章为高水平对外开放促进共同富裕的理论基础。习近平总书记指出："共同富裕是社会主义的本质要求，是中国式现代化的重要特征，要坚持以人民为中心的发展思想，在高质量发展中促进共同富裕。"可以看出高质量发展是促进共同富裕的关键因素，其中对外开放是过去中国经济快速增长的主要动力，所以需要研究对外开放高水平发展的共同富裕效应。关于高水平对外开放促进共同富裕的机制，本章分别从贸易、投资和开放布局优化等方面展开。

第四章研究了高质量贸易对共同富裕的影响。理论上，赫克歇尔-俄林（H－O）和斯托尔帕-萨缪尔森（S－S）定理等都分析了对外开放对发展中国家的劳动力工资收入和收入差距的影响，并且从生产率和技能溢价角度解释了贸易开放对收入分配的影响机制。本章分别从出口、进口、农产品贸易、服务贸易、数字贸易等贸易的不同方面展开分析，研究高质量贸易对共同富裕的影响。

第五章研究了高质量直接投资对共同富裕的影响。直接投资包括外商直接投资和对外直接投资两个方面。外商直接投资首先通过直接效应和间接效应影响就业，进而对居民收入差距等产生影响。对外直接投资通过产业结构调整和贸易发展这两条路径影响要素收入分配。对外直接投资并不一定缩小国内就业规模，而是替代效应和抑制替代效应并存。

第六章研究了高水平开放布局与共同富裕。高水平开放布局包括双循环发展格局、区域开放布局和统一国内大市场等方面。构建以国内大循环为主体，国内国际双循环相互促进的新发展格局，有利于发挥我国超大规模经济体优势，推动高质量发展，扩大就业和提高收入水平，促进共同富裕。推进共同富裕，需要区域协调发展，海洋经济时代东部沿海地区获得了对外开放的益处，但也导致东西部地区之间的收入差距拉大，因此，需要深入推进区域重大战略、区域协调发展战略，强化区域间开放联动，包括陆海内外联动、东西双向互济，而这些，又需要建设统一的全国大市场。目前存在要素市场分割、商品市场分割和资本市场分割等问题，本章从理论和实证方面研究了统一大市场的共同富裕效应。

第七章为高水平对外开放促进共同富裕的世界价值。共同富裕是中国特色社会主义的本质要求，彰显了社会主义制度的优越性，也为发展中国家通过对外开放实现共同富裕提供了新的路径选择，提升了人类文明高度。本章分别从“一带一路”倡议和全球发展倡议等方面研究高水平对外开放促进共同富裕的世界价值。

第八章为对外开放与共同富裕的国际经验。本章选取了2个以高开放程度促进共同富裕的典型国家：日本和德国。分别从理论和实证两个角度研究这两个国家如何通过参与国际分工，促进共同富裕的提升，同时为中国通过对外开放促进共同富裕提供了有益的借鉴。

第九章为总结、政策建议及展望。

本书的出版得到浙江科技学院学术著作出版专项“高质量对外开放与共同富裕——中国实践及世界价值”、浙江省高质量开放研究院、国家自然科学青年基金项目（71904176）、浙江省自然科学青年基金项目（LQ19G03002）的资助。项目研究过程中许多领导、专家和同事给予了大力支持，感谢中国农业出版社赵刚老师和胡晓纯老师的辛苦付出。国际商务21级研究生郑小飞参与了第四章第一节的写作，李敏燕参与了第四章第四节的写作，张子薇参与了第五章

第一节和第六章第三节的写作，朱雅雯参与了第七章第一节的写作，还有其他多名同学参与了部分资料搜集和内容的写作。

由于作者水平有限，加之开放与共同富裕的研究是一项综合性较强的新课题，可供借鉴的经验尚比较缺乏，本书只是进行了一些探索性研究，难免存在诸多不足和遗憾之处，还请各位专家和读者批评指正，便于我们在后续的研究工作中不断加以改进。

目录

MULU

第一章 引 言

第一节 研究背景和研究意义

一、研究背景

改革开放以来，中国经济社会发展迅速，取得了举世瞩目的成就，实现了前所未有的历史性变革。随着经济全球化的深入发展，世界经济日益成为紧密联系的一个整体，各国积极参与国际经济合作。从2001年开始，中国成为世界贸易组织（WTO）的正式成员。这一里程碑为中国经济带来了许多创新，经济发展得到了进一步地增长，同时也扩大了进出口贸易，吸引了更多的外国投资，这意味着中国对外开放转变成市场主导型的、体制性的对外开放，中国的发展战略发生重大调整，我们进入了新的开放时代。但机遇与挑战是并存的，我国经济在经过几十年的迅速发展后，国内生产总值在2010年超越日本，跃居全球第二大经济体，居民收入水平得到大幅提升，但城乡、行业、地区、群体之间的收入差距拉大，甚至有持续扩大的趋势，对社会公平产生一定影响。反映这种关系的关键指标基尼系数自1994年开始越过0.4的警戒线（除1999年外），2004年超过了0.465，近年虽然有所下降，但是仍然处于较高水平。这种现象不容忽视，所以在建设中国特色社会主义现代化强国的过程中，缩小收入差距和实现社会公平是中国必须直面的重大问题。

社会主义的本质要求是解放生产力，发展生产力，消灭剥削，消除两极分化，最终达到共同富裕。习近平总书记指出："共同富裕是社会主义的本质要求，是中国式现代化的重要特征，要坚持以人民为中心的发展思想，在高质量发展中促进共同富裕。"可以看出，建设有中国特色的社会主义市场经济也要以共同富裕为目的。虽然目前我国存在收入差距较大的问题，这也是发展过程中的必然现象。中国改革开放初期提倡效率优先，兼顾公平。而效率优先的结果是一部分人获得了超额收益，拉大了收入差距。目前中国经济已经取得了举世瞩目的成就，而高质量发展，是构建新发展格局、实现共同富裕的必然要求。习近平总书记提出，要深入研究不同阶段的目标，分阶段促进共同富裕。共同富裕没有捷径，我们在完善中国收入分配的进程上还有很长的一段路需要走，而对外开放在促进中国经济增长、收入水平提高等问题上扮演着重要角色。并且中国对外开放促进共同富裕的实践，为全球特别是发展中国家的经济发展和共同富裕指明了方向，具有重要的世界价值。所以本书将在分析共同富裕内涵的基础上，基于中国对外开放的实践，研究高水平对外开放与共同富裕的关系，揭示对外开放促进共同富裕的内在机理。

二、研究意义

研究改革开放以来的共同富裕思想具有重要的理论价值。以马克思主义理论为基础研究改革开放以来形成的具有中国特色的共同富裕思想，不仅有利于坚持马克思主义的指导地位和前进方向，更有利于学习马克思主义中解决发展、分配问题的方法和策略，继承马克思主义追求人自由全面发展的价值追求。共同富裕思想的研究和探索对于在全球化时代，如何彰显中国智慧、中国方案、中国声音，无疑具有重要的理论价值。共同富裕思想是马克思主义理论的重要思想内容，集中体现了社会主义制度的优势。然而，早期马克思主义经典学者并没有直接阐释“共同富裕”的思想，而是通过相关论述间接地表达了这一思想。因此，深入梳理和研究共同富裕思想，尤其是厘清这一思想在当代中国的最新发展成果，对发展当代世界社会主义，丰富中国特色社会主义共同富裕思想，深化对马克思主义政治经济学的当代理解，具有重要的理论价值。

从理论意义上说，第一，研究对外开放和共同富裕的影响效应，将对外开放与收入差距进行实证研究，可以更好地就丰富与完善共同富裕道路提出建议；第二，通过对中国经济全球化和区域经济一体化的研究，可以为研究发展中国家社会问题和贫富差距的成因提供理论依据；第三，共同富裕是中国特色社会主义很重要的一个课题，本书将对外开放与共同富裕结合起来研究，可以为我国发展高水平开放型经济提供重要的理论基础和实践支撑。

研究改革开放以来的共同富裕思想具有重要的实践价值。中国共产党一切工作的出发点和落脚点是实现好、维护好、发展好最广大人民的根本利益。疫情对全球产业链形成冲击，尤其对生产链长度比较长、全球化程度比较高的行业，影响更为明显。这诱发全球产业链回流和布局调整转移，部分国家支持关键产业回流本国，包括卫生医疗设施等，因此疫情已经使得国际供应链和市场供需收缩叠加，经济风险加剧。

从实践意义上说，第一，对外开放和共同富裕一直是社会研究的热点问题，是全球关注的焦点，就对外开放度与收入差距的关系进行系统、深入的探讨，将有助于促进我国和其他发展中国家经济更有活力、更有效率地发展，从而缩小贫富差距，促进地区经济发展；第二，研究对外开放与共同富裕的问题，可以推动国家制定符合国情的相关政策，进一步促进国家发展制度的完善；第三，我国居民收入差距存在着一定的地区差异性，正确理解和把握各地区收入差距，有利于促进更高层次的开放，促进国家经济高质量发展。

第二节 研究内容与框架

本书从共同富裕的内涵和测度出发，在构建对外开放促进共同富裕的理论架构基础上，分别从贸易、投资、高水平开放布局和国际价值等方面进行了系统性分析和阐释。本书共分为 9 个章节。第一章引言，主要分析阐述了研究的背景和意义，说明本书的研究内容、方法和创新点等。第二章共同富裕的内涵、测度与国际比较，解析共同富裕的内涵及构建相关指标，对中国的共同富裕状况进行测度，并且对主要国家的共同富裕状况进行比较。第三章高水平对外开放促进共同富裕的理论基础，主要论述了高水平对外开放的理论及其促进共同富裕的机理。第四章高质量贸易与共同富裕，主要论述贸易的各方面，包括出口、进口、农产品贸易、服务贸易、数字贸易等对共同富裕的影响。第五章是高质量直接投资与共同富裕，主要分析了外商直接投资对就业的影响、外商直接投资对共同富裕的影响、对外直接投资对共同富裕的影响等三个方面。第六章是高水平开放布局与共同富裕。高水平开放布局包括双循环发展格局、区域开放布局和统一国内大市场等方面。首先要构建以国内大循环为主体，国内国际双循环相互促进的新发展格局，发挥我国超大规模经济体优势，推动高质量发展，扩大就业和提高收入水平，促进共同富裕；其次，推进共同富裕，需要区域协调发展，要深入推进区域重大战略、区域协调发展战略，强化区域间开放联动，包括陆海内外联动、东西双向互济。第七章为高水平对外开放促进共同富裕的世界价值。共同富裕是中国特色社会主义的原创性理论与实践，彰显了社会主义制度的优越性，也为发展中国家通过对外开放实现共同富裕提供了新的路径选择，提升了人类文明高度。本章分别从“一带一路”倡议和全球发展倡议等方面研究高水平对外开放促进共同富裕的世界价值。第八章为对外开放与共同富裕的国际经验，以日本和德国为例，研究了对外开放对共同富裕的作用。第九章为总结、政策建议及展望。

第三节　主要研究方法和可能的创新点

一、研究方法

第一，文献研究法。本书通过全面梳理学术界已有研究成果，厘清共同富裕与对外开放的概念以及两者的内在逻辑联系，明确研究起点；进一步通过梳理共同富裕的内涵外延、主要研究维度、测度方法，确立本书采用的主要方法和研究框架。本书立足现有研究成果，确立研究基础，突破已有研究视角，明晰研究的边际学术贡献。

第二，规范分析法。规范分析是根据公认的价值标准，对经济运行中应该具有的规律和结果进行阐述和说明，也即一般社会是如何研究和处理这类问题的。该方法主要用在本书的理论分析和提出研究假设部分。首先，探讨高水平对外开放以及共同富裕的主要研究维度；其次，厘清高水平对外开放影响共同富裕的内在机理，构建高水平对外开放影响共同富裕的分析框架；最后，分别从不同视角研究高水平对外开放对共同富裕的影响。

第三，实证分析法。本书使用实证计量的方法考察对外开放的共同富裕效应。具体来说，首先，在探究贸易对共同富裕及其异质性效果章节，采用控制年度和行业的双向固定效应模型，实证检验贸易对共同富裕的影响。为验证结论的确当性，通过多重稳健性及内生性处理方法进行实证检验。其次，在探讨对外投资影响共同富裕上，使用中介效应模型进行检验。最后，使用 PSM-DID 和多组别多时期 DID 等多种工具分析“一带一路”倡议对区域内国家共同富裕的影响。

二、创新之处

本书具有一定的理论价值和实践价值。尽管目前对共同富裕的研究已经有一定的成果，但在许多方面仍有待深入，特别是关于共同富裕的内涵和测度指标等。而关于高水平对外开放对共同富裕影响的文献还比较少。相较于以往的研究，本书的新见主要体现在三个方面：

一是选题视角的创新。本书基于高水平对外开放的视角，研究对外开放对共同富裕的影响，并从贸易、投资、开放布局和国际价值等视角探究高水平对外开放影响共同富裕的机制。在推动共同富裕和构建全球命运共同体的大背景下，本书尝试对开放经济条件下要素分配理论作进一步拓展。这是本书探讨的重要问题之一，也是本书的一大创新之处。

二是共同富裕的理论和测度研究。共同富裕是一个跨学科的综合研究体系，既有经济学和统计学领域的测算和定量分析，也有社会治理的概念内涵。它包含了地区间收入分配、行业间收入分配和城乡间收入分配，在国际层面也包含了国家间的收入水平问题。本书从多个维度更为精细地度量共同富裕的程度，并以此为基础，深入分析对外开放对共同富裕的影响。

三是高水平对外开放与共同富裕关系的研究。本书在理论分析对外开放与共同富裕两者关系的基础上，分别从出口和进口、服务贸易与数字贸易、贸易高质量发展等方面论证贸易与共同富裕之间的关系，从外商直接投资和对外直接投资研究投资与共同富裕的关系，从国内国际双循环、优化区域开放布局和统一大市场等角度研究开放布局对共同富裕的影响。

第二章　共同富裕的内涵、测度与国际比较

第一节　共同富裕的内涵

共同富裕是中国特色社会主义的本质要求，是马克思主义的基本主张。中国共产党自成立之初，就为全体中国人民的共同富裕而不懈奋斗。党的十九届六中全会深刻总结党的百年奋斗重大成就和历史经验，指出“中国共产党自1921年成立以来，始终把为中国人民谋幸福、为中华民族谋复兴作为自己的初心使命”。共同富裕在不同历史时期、不同历史阶段，有着不同的内涵和目标，在21世纪中叶，中国共产党的奋斗目标是“实现国家治理体系和治理能力现代化，成为综合国力和国际影响力领先的国家，全体人民共同富裕基本实现”。

新中国成立以来，特别是改革开放以后，中国经济快速发展，居民收入水平大幅提高，2019年我国人均国民收入超过1万美元。但是，在数量快速提升的同时，不同群体之间的收入差距也表现得非常明显，如城乡之间、地区之间和行业之间，要实现共同富裕，必须逐步缩小收入分配差距。

中国特色社会主义进入新时代以来，以习近平同志为核心的党中央高度重视我国发展不平衡不充分问题，将推动全体人民共同富裕放在了更加重要的位置。2021年8月，习近平总书记在中央财经委员会第十次会议上指出“共同富裕是社会主义的本质要求，是中国式现代化的重要特征”，强调“要坚持以人民为中心的发展思想，在高质量发展中促进共同富裕”，“共同富裕是全体人民的富裕，是人民群众物质生活和精神生活都富裕”，“要分阶段促进共同富裕”。同年12月，习近平总书记在中央经济工作会议上再次强调“要正确认识和把握实现共同富裕的战略目标和实践途径”，“既要不断解放和发展社会生产力，不断创造和积累社会财富，又要防止两极分化”。习近平总书记关于共同富裕的重要论述，充分体现了党中央对解决我国不平衡不充分发展问题的坚定决心，是新时代推进高质量发展、建设共同富裕社会的根本遵循（傅才武和高为，2022）。

共同富裕一直以来都是我国坚持的发展目标和政策方向，但在不同的发展

阶段，共同富裕的侧重点有所不同（邓宇，2021）。改革开放初期，邓小平提出“先富带动后富”，让一部分人先富起来，这是在当时发展水平较低的情况下，实现共同富裕的第一步。党的十三大提出“我们的分配政策，既要有利于善于经营的企业和诚实劳动的个人先富起来，合理拉开收入差距，又要防止贫富悬殊，坚持共同富裕的方向，在促进效率提高的前提下体现社会公平”。近年来，随着我国发展水平提高，以及房地产和金融市场的快速发展，居民收入与财富的差距对扩大内需、发展经济的制约逐渐显现。2020 年，我国顺利消除绝对贫困，实现全面建成小康社会目标，这是推动共同富裕取得的重要成果，也为未来进一步缩小贫富差距奠定了良好的基础。十九届五中全会以来，共同富裕成为我国政府高度关注的问题（表 2－1）。共同富裕的内涵包括了以下内容。

表 2－1　关于共同富裕的精神指示

事件	时间	表述
十九届五中全会	2020 年 10 月 26 日	全体人民共同富裕取得更为明显的实质性进展。扎实推动共同富裕
省部级主要领导干部学习贯彻党的十九届五中全会精神专题研讨班	2021 年 1 月 11 日	实现共同富裕不仅是经济问题，而且是关系党的执政基础的重大政治问题
“十四五”规划	2021 年 3 月 12 日	共同富裕是社会主义的本质要求，是人民群众的共同期盼。我们推动经济社会发展，归根结底是要实现全体人民共同富裕
中共中央政治局会议	2021 年 4 月 30 日	促进国内需求加快恢复，制定促进共同富裕行动纲要，以城乡居民收入普遍增长支撑内需持续扩大
《中共中央　国务院关于支持浙江高质量发展建设共同富裕示范区的意见》	2021 年 5 月 20 日	紧扣推动共同富裕和促进人的全面发展，坚持以满足人民日益增长的美好生活需要为根本目的，以改革创新为根本动力，以解决地区差距、城乡差距、收入差距问题为主攻方向，更加注重向农村、基层、相对欠发达地区倾斜，向困难群众倾斜
习近平总书记“七一”重要讲话	2021 年 7 月 1 日	维护社会公平正义，着力解决发展不平衡不充分问题和人民群众急难愁盼问题，推动人的全面发展、全体人民共同富裕取得更为明显的实质性进展
中央财经委员会第十次会议	2021 年 8 月 17 日	共同富裕是社会主义的本质要求，是中国式现代化的重要特征，要坚持以人民为中心的发展思想，在高质量发展中促进共同富裕

第一，共同富裕是以高质量发展为基础的共同富裕。有的观点认为共同富裕就是把富人的财富转移给穷人。共同富裕不是劫富济穷，而是逐渐消除贫困人口，扩大中等收入群体，在不断发展过程中实现共同富裕，是高质量发展的共同富裕。从经济理论看，贫富差距与经济增长之间存在倒“U”形关系，提高发展水平、提升全球竞争力是降低贫富差距的重要基础。美国经济学家库兹涅茨将经济增长与贫富差距的关系总结为“倒U形曲线”（或称“库兹涅茨曲线”）（Kuznets，1955）。这一理论认为，经济发展过程中的创造与破坏，将重塑社会和经济结构，从而影响收入分配结构（罗明忠，2022）。在经济发展初期，尤其是在国民人均收入从较低水平上升到中等水平时，收入分配状况趋于恶化；但随着经济继续发展，当国民人均收入迈过中等收入水平时，收入分配状况逐步改善。多国数据也表明，发展水平越高的国家，越有能力和条件降低国内贫富差距。因此，保持一定的经济增速、持续提高发展水平是我国实现共同富裕的重要途径。

从我国实际来看，持续提高全球竞争力、做大蛋糕是实现共同富裕的重要基础。2019 年我国人均国内生产总值（GDP）刚超过 1 万美元，2022 年人均可支配收入仅为 3.69 万元左右。在此发展阶段，若共同富裕只注重分蛋糕，通过三次分配调节财富和收入，则由此实现的平均化仅仅是低水平平均，而不是共同富裕。此外，不合理的二次和三次分配调节，可能导致税负加重、打击发展积极性等问题，进而削弱经济发展动力、减弱国际竞争力。因此，现阶段我国追求共同富裕的首要目标和前提是通过推动技术创新、提高劳动力素质等方式，提升全要素生产率，提高国际竞争力。

第二，共同富裕是中国特色社会主义现代化的鲜明特征。中国共产党的初心和使命就是为中国人民谋幸福，为中华民族谋复兴。确立共同富裕的目标，把促进全体人民共同富裕摆在更加突出的位置，明确地昭示我们所要建设的现代化是全体人民共同富裕的现代化。共同富裕是社会主义的本质要求，是中国式现代化的重要特征，因此，习近平总书记在《正确认识和把握我国发展重大理论和实践问题》中明确提出要“正确认识和把握实现共同富裕的战略目标和实践途径”，对于新时代推进共同富裕，从科学内涵、战略目标、重要地位、实践路径、政治保障等方面开辟了马克思主义新境界，丰富和发展了马克思主义（李鹏和沈传亮，2021）。

第三，共同富裕包含了“共同”和“富裕”两个词语。共同富裕不是全体人同时达到富裕水平，而是一部分人先富起来，带动另外一部分人共同富裕。共同富裕是全体人民的共同富裕，不是少数人的富裕。无论是中国历史上的半殖民地半封建社会，还是成熟的资本主义社会，都是少数人的财富占国民财富的绝大多数，财富越来越往“金字塔”顶端集中，造成财富占有的不平等与两极分化现象，而中国的共同富裕是建立在公有制基础之上，多种所有制共同创造财富，更能保障所有人的共同富裕。其次，富裕反映了程度和状态的变化。中国的共同富裕是建立在消除贫困基础上的普遍富裕，是建立在高质量发展基础上的富裕，逐渐构建和完善初次分配、再分配、三次分配协调配套的制度安排，最终实现共同富裕（李金昌和余卫，2022）。

第四，共同富裕旨在形成人民群众物质生活和精神生活共同富裕，劳动积极性充分调动，发展成果全民共享，兜底政策更加完善的良性社会发展状态。一是共同富裕强调人民群众物质生活和精神生活都富裕，发挥好两者之间的相互促进关系，提升居民幸福感和获得感。二是共同富裕不是对低收入群体进行无条件政策倾斜、无差别帮扶补贴，而是通过创造更多工作机会，改善工作环境，强调劳有所得，增强劳动者的获得感和回报，充分调动全民劳动的积极性，共同创造更多财富。三是共同富裕强调发展成果由全体人民共享。针对老弱病残等确有困难的群体，政策将加大保障力度。同时，提高教育、社保、医疗、住房、养老、扶幼等民生领域的保障水平，提高这些公共服务领域的均等化程度。

第五，中国的共同富裕具有世界价值。中国特色社会主义的现代化是全体人民共同富裕的现代化、是物质富裕和精神富裕协调的现代化，建设共同富裕社会对于世界其他发展中国家的经济发展具有重要参考价值。同时，中国通过更深层次地参与对外开放，利用中国的大规模市场优势等，带动其他发展中国家经济发展，特别是“一带一路”倡议、全球发展倡议等，不断推动构建人类命运共同体，具有鲜明的时代意义和世界价值。

第二节　共同富裕的理论基础

一、劳动价值论

商品是用来交换的劳动产品，具有使用价值和价值，可以用于交换。商品用来交换的基础是其中凝结了人类劳动，价值也就是凝结在商品中无差别的人类劳动。首先，劳动价值论与收入分配改革紧密相关，劳动价值论对收入分配改革具有指导意义。其次，劳动价值论对促进劳动生产率提高具有指导意义。在商品生产中，劳动生产率实际上与使用价值量呈正比，因此劳动生产率越高，相同时间内能够积累的财富就越多；而劳动生产率与价值量成反比，劳动生产率越高，单位商品的价值量会降低，这样的个别劳动者就能比同行业的平均水平有更多的收益，在竞争中处于优势地位。价值和使用价值的这种矛盾，就是促进生产力提高的动力。

二、公平和效率理论

共同富裕经常涉及的一对概念是效率与公平。中央财经委员会第十次会议在研究扎实促进共同富裕时特别强调，要正确处理效率和公平的关系。共同富裕的基础在于效率和公平的互促，在于做大蛋糕和分配蛋糕间的协调；否则，要么会出现社会分化，要么会陷入共同贫困。由此就带来一个问题——对市场经济中所获得的初次收入进行适当的二次分配或三次分配是否会降低效率？这是我们在践行共同富裕理念和制定政策过程中需要关注的重要议题。效率和公平之间在短期内的显著替代关系表现在不公正的产权界定、不公正的交换机制等都会促使收入和财富集中到一小部分人尤其是利润收入者身上，相应地，他们就可以将剩余产品投入到再生产中，由此来推动经济增长。效率和公平之间在长期上具有的正向、互补和共生关系可以从这样三方面加以说明。第一，当每个人只能通过劳动获取收入，而且所获收入与其劳动贡献相称，那么，这就可以最大程度地激励和迫使人们通过增加劳动支出来改善生活，进而也就会推动经济增长；第二，由于社会经济发展主要源于每个人的劳动投入，由此就可以最大化地使用具有易逝性的社会劳动并节约那些固定且稀缺的自然资源，进而有助于促进社会经济的可持续发展；第三，收入差距的相对平等使得人们更看重集体或社会的长期发展，由此就容易塑造出人与人之间的信任关系，进而建立起更为和谐的社会关系。

三、发展与共享理论

新发展理念是习近平新时代中国特色社会主义经济思想的主要内容。2015年10月，在党的十八届五中全会上，习近平总书记提出了创新、协调、绿色、开放、共享的新发展理念。其中，共享发展注重的是解决社会公平正义问题，旨在促进经济社会发展的物质文明成果和精神文明成果由全体人民共同享有。习近平总书记多次强调，“使发展成果更多更公平惠及全体人民，朝着共同富裕方向稳步前进”。我国全面打赢脱贫攻坚战、全面建成小康社会、巩固拓展脱贫攻坚成果同乡村振兴有效衔接、扎实推动共同富裕等新时代中国特色社会主义发展的重大实践，都离不开共享发展理念的指导。这一科学理念为实现经济社会高质量发展提出了目标要求和行动准则，也为实现第二个百年奋斗目标和中华民族伟大复兴凝聚了深厚的思想伟力。

中华优秀传统文化中的“不患寡而患不均”，“损有余补不足”等思想蕴含着共享的意蕴。马克思、恩格斯曾指出，“所有人共同享受大家创造出来的福利”，“生产将以所有的人富裕为目的”。共享发展理念，体现了对中华优秀传统文化和马克思主义“共享”“共富”思想的继承与发展，也是对新时代中国特色社会主义面临的现实问题的理论回应，具有丰富而深刻的思想内涵和明确的实践指向。

四、高质量发展理论

深刻认识高质量发展的科学内涵和基本要求。习近平总书记指出：“高质量发展，就是能够很好满足人民日益增长的美好生活需要的发展，是体现新发展理念的发展，是创新成为第一动力、协调成为内生特点、绿色成为普遍形态、开放成为必由之路、共享成为根本目的的发展。”“新时代新阶段的发展必须贯彻新发展理念，必须是高质量发展。”党的十九届五中全会明确提出，“十四五”时期经济社会的发展要“以推动高质量发展为主题”，这意味着高质量发展成为新发展阶段的工作重心和着力点。“以推动高质量发展为主题”，是中国经济社会发展的历史必然，它经过了一个较长的萌发、延展和形成过程。高质量发展是适应我国社会主要矛盾转变的必然要求，是新时代我国经济发展的硬道理。高质量发展是一种发展理念、发展方式、发展战略；是以质量为价值取向、核心目标的发展；是经济发展理论的重大创新；是习近平新时代中国特色社会主义经济思想的重要内容；是能够产生更大福利效应、更加丰富 GDP 内涵、更低成本、更有效率、更高水平层次形态、更加协调稳健可持续的发展。构建反映高质量发展的指标体系和统计体系，形成引领高质量发展的绩效考核评价体系和体制机制政策体系，是高质量发展的实践要求。以推动高质量发展为主题，是党的理论的又一次重大创新，必将在今后相当长的时期作为各项工作的努力方向和评价检验的价值标准。我们要在新发展阶段，大力推进经济和社会的全面高质量发展，为 21 世纪中叶建成社会主义现代化强国奠定坚实的基础。

第三节　共同富裕的测度

一、共同富裕的指标体系

共同富裕应该是人民共创共享日益丰富的物质财富和精神成果，建立在不断发展的生产力、不断增强的综合国力基础上，实现全体人民的共同富裕、共享发展成果、共同过上幸福美好的生活。而幸福美好的生活拥有多维指标，不同发展阶段、不同国家幸福生活的指标是不同的，但是也有相同点，包括环境生活质量、预期寿命、教育、医疗健康、就业与收入、社会福利等维度，单纯通过收入和消费的货币指标已无法有效测度共同富裕。针对这一问题，学术界已进行了一系列有益探索，早期针对贫困人口占比较高的现实，共同富裕主要从相对贫困的视角出发，构建了“兜底型、数值型、比例型、多维度和共享繁荣指标”等标准类型。很多研究认为，共同富裕应该是总体富裕程度和发展成果共享程度，总体富裕程度是经济方面的总体规模和人均水平，而发展共享程度体现了人与人之间的差距，包括了人群差距、区域差距和城乡差距（刘培林，2021）。也有部分研究者构建了过程导向和结果导向的指标评价体系，如万海远等（2020）构建了结果导向的共享发展指标体系，测度了中国指标，并与世界 162 个国家的结果进行了对比。解安和侯启缘（2022）构建了就业与收入、社会福利、生活质量、健康状况和人力资本等维度 23 个具体指标的体系。许宪春等（2019）利用 4 个一级指标、20 个二级指标、49 个三级指标构建了“平衡发展指数”。高质量发展研究课题组（2020）利用 4 个二级指标、26 个三级指标构建了“经济共享发展指数”，它们包含了经济、政治、文化、社会、生态等多方面内容，最后通过加总得到综合指标。指标越多，反映得越全面，但是越容易出现指标之间的冲突（Klugman，2011；Ravallion，2012），违背现实逻辑（Ravallion，2011）。

为了推进共同富裕，并且使其具有国际可比性，有必要构建统一的量化指标体系，这套指标体系应尽量客观定量，紧扣主题，少而精，能够获取客观的数据，可以包括过程指标与结果指标（李金昌 等，2019）。定性的指标虽然能够反映共同富裕的全貌，但是具有主观性，难以在国际进行比较。综合来看，虽然国内外对于共同富裕的理解有一定偏差，但是主体内容基本相同，囊括了发展和共享两大方面。对于发展，学界一般采用经济发展规模或者速度来表示，世界银行对于发展有不同的定义，而联合国开发计划署提出的人类发展指数包括预期寿命、教育水平和生活质量三个指标。对于共享指标，学界一般用反映不同群体之间收入差距的基尼系数来表示，而基尼系数反映了货币收入的差异，并不能反映支付能力，所以需要结合财富水平、消费水平等指标来衡量。从现实角度看，虽然“发展”和“共享”都包含多层次含义，但企图把它们都囊括进来并不现实；从务实角度看，指标选取应尽量考虑数据的可得性、结果的可比性和过程的可操作性，要考虑指标的易识别程度、逻辑清晰程度，最好能通俗易懂地反映问题的最主要方面。因此目前最多认可、最具可比性的指标有人均国民收入和人均可支配收入的基尼系数（万海远和陈基平，2021；Klugman，2011；UNDP，1990）。

表 2-2　共同富裕评价指标体系的相关文献

主要文献	理论内涵	评价指标体系的维度划分	评价体系的基础指标选择
刘培林等	在中国特色社会主义制度保障下，全体人民共创日益发达、领先世界的生产力水平，共享日益幸福而美好的生活	总体富裕程度； 发展成果共享程度	人均国民收入绝对水平和其相对于发达国家的水平、人均财富绝对水平和其相对于发达国家的水平等； 初次分配中劳动者报酬占比、地区间人均可支配收入差距、城乡间人均可支配收入差距等
万海远和陈基平	全民共富、全面富裕、共建共富、逐步共富	国民总体富裕； 全体居民共享富裕	人均国民收入； 人均可支配收入的基尼系数
陈丽君等	通过补偿和矫正制度性因素导致的不平等，让全体人民有机会、有能力均等地参与高质量经济社会发展并共享经济社会发展的成果	发展性维度； 共享性维度； 可持续性维度	城镇居民人均可支配收入、城镇居民人均消费支出、恩格尔系数等； 劳动年龄人口平均受教育年限、每千人医疗机构床位数、社会保障支出占 GDP 之比等； 数字经济产业增加值占 GDP 比重、民间资本投资比重、志愿者活跃度等
李金昌和余卫	共同富裕是“共同”和“富裕”两者的有机统一，其中，“共同”是生产关系在各个领域的系统反映，“富裕”是生产力水平在整体社会的综合体现	过程指标体系：经济质效并增、发展协调平衡、精神生活丰富、全城美丽建设、社会和谐和睦、公共服务优享； 结果指标体系：共享性、富裕度、可持续性	数字经济核心产业增加值/GDP、城乡居民可支配收入之比、文化产业增加值/GDP、碳排放量/GDP、高等教育在校人数/18～22 岁总人口数等； 收入差异系数、中等收入群体规模、15 岁以上人口平均受教育年限等

根据以上研究文献（表 2-2），基于可操作性、可比较性等原则，我们设计了共同富裕的测度指标体系。这个指标体系包含共享程度和富裕程度两大一级指标，共享程度又分为收入分配和人本发展两个二级指标，富裕程度分为财富拥有和生活质量两个二级指标。这 4 个二级指标下面又分为 13 个三级指标（表 2-3）。

表 2-3 共同富裕的测度指标体系

一级指标	二级指标	三级指标	指标说明	预期方向
共享程度	收入分配	基尼系数	反映整体收入差别指标，数据来源世界银行	−
		中等收入占比	中位数收入居民占比	+
		劳动收入份额	劳动要素占国民收入比例	+
	人本发展	受教育年限	反映人力资本发展水平	+
		预期寿命	反映居民健康和医疗水平	+
		城镇化率	反映人的集聚水平	+
富裕程度	财富拥有	人均 GDP	衡量经济发展水平	+
		财产性收入比例	反映居民财富的增值程度	+
		研发投入占比	反映社会财富的未来潜力	+
	生活质量	人均可支配收入	反映居民实际收入水平	+
		恩格尔系数	衡量消费结构和生活水平	−
		人均实际工作时间	反映工作和生活的平衡	−
		社会支出占比	反映居民享有的保障和福利水平	+

二、研究方法和数据来源

（一）指标数据计算方法——熵值法赋权

1. 数据标准化

首先对各个指标进行去量纲化处理，给定 m 个指标：X_1，X_2，…，X_m，其中，$X_i=\{X_1, X_2, \cdots, X_n\}$。

然后对各指标进行数据标准化，值为 Y_1，Y_2，…，Y_m。

当 X_i 为正向指标时：

$$Y_{ij}=\frac{X_{ij}-\min(X_i)}{\max(X_i)-\min(X_i)}$$

当 X_i 为负向指标时：

$$Y_{ij}=\frac{\max(X_i)-X_{ij}}{\max(X_i)-\min(X_i)}$$

2. 求各指标在各方案下的比值

第 j 项指标在第 i 个方案中占该指标的比重：

$$P_{ij}=\frac{Y_{ij}}{\sum_{i=1}^{n}Y_{ij}}(i=1,2,\cdots,n;j=1,2,\cdots,m)$$

3. 求各指标的信息熵

根据信息论中信息熵的定义，一组数据的信息熵为

$$E_j = -\ln(n)^{-1}\sum_{i=1}^{n} P_{ij}\ln P_{ij}$$

其中 $E_j \geqslant 0$。若 $P_{ij}=0$，定义 $E_j=0$。

4. 确定各指标的权重

通过计算信息冗余度来计算权重：

$$D_j = 1 - E_j$$

然后计算指标权值：

$$W_j = \frac{D_j}{\sum_{j=1}^{m} D_j}$$

5. 最后计算每个方案的综合评分

$$S_i = \sum_{j=1}^{m} W_j \times X_{ij}$$

(二) 数据来源和处理

本章采用的人均可支配收入来源于世界银行的 WDI 数据库，该数据库包含了 695 种发展指数的统计数据，以及 208 个国家和 18 个地区与收入群从 1960 年至今的年度经济数据。数据包括了社会、经济、财政、自然资源和环境等各方面的指数。

对于人均可支配收入基尼系数，本章选择世界财富与收入数据库（WID. world），该数据库是一个致力于提供开放的国家内与国家间收入与财富分布历史变化数据的大型数据库，始建于 2011 年，包括全球 125 个国家从 1930 年以来的收入不均等时间序列数据。该数据库系统性地结合财政数据、普查数据与国民账户数据。在平均收入上，包含了人均国民收入和人均国内生产总值；在收入不平等上，包含了前 10%份额、最低 50%份额和前 1%份额的指标；在平均财富上，包括每名成人国民财富、财富与收入比等指标。收入不平等是用税前国民收入的全额分配来衡量的，税前国民收入是所有税前个人收入的总和，包括了生产要素、劳动力和资本所有者收入流，社会保险福利也包括在内，但不包括其他再分配形式（所得税、社会援助福利等）。而且该数据库基准系列中的所有不平等估计都是使用购买力评价构建的，而不是使用汇率方法。

基于 2000—2021 年世界银行相关数据，综合运用熵值法和德尔菲法，本章对指标体系进行赋权。

第四节　共同富裕的国际比较

一、中国共同富裕的测度结果分析

我们依据上述公式计算了中国和世界各国的共同富裕水平。

（一）中国整体的共同富裕指数

从图 2-1 中可以看出，整体上中国共同富裕指数呈现出先下降后上升的趋势。2000 年，中国的共同富裕处于较高的水平，随着改革开放程度的逐步加深，一部分人富裕起来，导致中国的基尼系数等出现上升，使得中国的共同富裕指数出现了下降的趋势。但是 2012 年之后，中国更加注重缩小贫富差距，特别是解决贫困人口的脱贫致富问题。党的十八届三中全会聚焦经济社会发展中的深层次矛盾和问题，全面深化改革。共享发展理念和脱贫致富奠定了共同富裕初步实现的思想基础和物质基础。脱贫地区农村居民人均可支配收入从 2013 年的 6 079 元增长到 2020 年的 12 588 元，年均增长 11.6%。这一时期，中国的共同富裕指数开始出现上升，从 2014 年的 66.76 上升到 2021 年的 71.29。

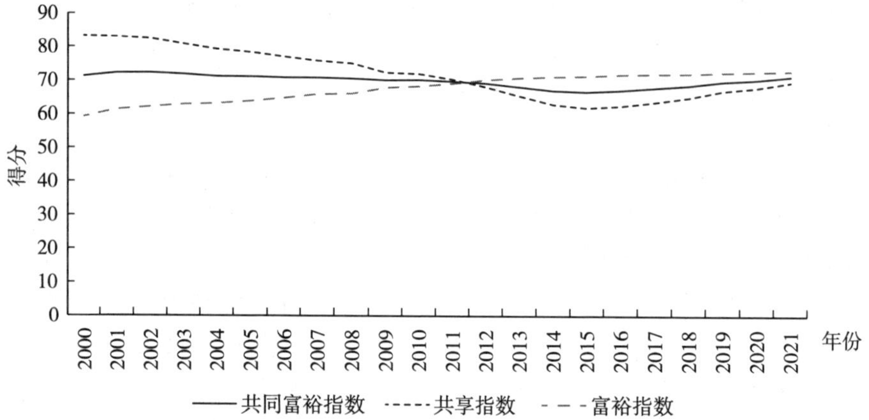

图 2-1　2000—2021 年中国共同富裕整体指数和分指数变化

从分指数看，我国富裕指数一直处于上升趋势，2000 年富裕指数只有 59.24，这一指标到 2021 年上升为 72.95，从富裕指数包含的三级指标看，财富拥有的人均 GDP 和生活质量的人均可支配收入是影响此指数变化的主要积极因素。2000 年，我国人均 GDP 只有 0.79 万元，到 2021 年增长为 8.14 万元，21 年时间增长了约 9.3 倍。相较同处东亚地区的日本，我国人均 GDP 与日本人均 GDP 比值从 2000 年的四十分之一上升到 2021 年的三分之一左右，可以看出中国物质财富得到极大提升。除了人均 GDP 外，我国人均可支配收入也得到较快提升，居民可支配收入被认为是消费开支的最重要决定性因素，因而常被用来衡量一个国家生活水平的变化情况，它包含了工资性收入、经营性净收入、财产性净收入和转移性净收入等四项内容。2000 年我国人均可支配收入为 0.37 万元，2021 年这一指标为 3.51 万元，增长了 8.49 倍，与人均 GDP 的增长趋势相近。但是，我们也看到一个问题，人均可支配收入的增长速度低于人均 GDP 的增长速度，在反映生活质量水平的三级指标里面人均实际工作时间、社会支出占比等对指标的贡献程度较低，这说明物质财富虽然得到较快增长，生活水平却没有得到同步提升。从反映共享程度的指标看，我国人本发展得到了较大提升，根据第七次全国人口普查的数据，15 岁及以上人口的平均受教育年限由 9.08 年提高至 9.91 年，拥有大学（指大专及以上）文化程度的人口为 2.18 亿人，人均预期寿命从 2000 年的 71.4 岁上升到 2021 年的 78.2 岁，人均预期寿命和人均 GDP 结合起来能反映一个国家国民生活质量和健康指数的高低。而收入分配是近年中国的一个突出问题，基尼系数是国际上用来综合考察居民内部收入分配差异状况的一个重要分析指标。每个人的收入有多有少，差距大时，基尼系数就高；差距小时，基尼系数就低。中国基尼系数在 2000 年就比较高，在 0.47 左右，其后随着中国进一步融入全球化，基尼系数在 2005 年进一步拉大到 0.49，不仅高于发达国家，在发展中国家中也处于较高水平。2009 年之后，随着国家进一步采取缩小收入差距的措施，基尼系数才有所降低，但是直到 2021 年我国基尼系数还一直高于全球平均水平，这一定程度上拉低了中国的共同富裕程度。除了基尼系数的负面影响外，劳动收入份额也是一个比较大的负面影响因素，随着全球化的开展，资本可以在全球进行资源配置，也就是哪个地方的劳动力资源丰富，劳动力成本越低，资本就流动到哪，在这种趋势下，本国的高成本劳动力将被其他国家成本更低的劳动力代替，整体提升了国民经济中资本收入所占份额，而劳动收入所占份额大幅下降。而且这是全球的趋势，自 20 世纪 80 年代以来，劳动收入在总产值中的比重普遍出现下降趋势，美国、英国和日本等工业化国家都经历过不同程度的劳动收入份额的下降。从中国的实践来看，中国劳动收入份额 1984 年最高为 54.45%，资本要素的进步使得资本要素边际产出增加，进一步增加资本要素的收入份额，到 2007 年劳动收入份额下降为 46.7%，之后在国家重视降低收入差距的情况下，劳动收入占比开始出现上升。技术进步对劳动和资本要素具有偏向性替代，这一新的结构转型将影响劳动收入份额，1996 年之前的技术进步偏向于劳动，1996 年之后的技术进步偏向于资本，所以导致资本收入占比上升，劳动收入占比下降。随着资本要素的富余，劳动就业人口的下降，劳动所占报酬出现了上升的趋势。但总体比例仍然低于资本报酬占比。

（二）地区共同富裕指数比较

中国各省份（指我国省级行政区，后文同）共同富裕指数呈现典型的区域差异性。根据共同富裕指标体系以及测度方法，我们计算了中国31个省（自治区、直辖市）共同富裕指数，其结果见表2-4。从表中可以看出，东部沿海地区和京津地区的共同富裕指数较高，包括上海、北京、浙江、江苏、天津等地。这些省份富裕指数较高，物质财富比较丰富，如人均GDP和人均可支配收入，相比其他地区处于较高水平，分配相对均衡，城乡收入差距相对较低。而西部和边疆地区的富裕指数较低，共享指数也较低。这与地区的经济发展阶段有关，属于待发展过程中的普遍现象。而中部省份处于中间水平。

表2-4　中国各省份2000—2021年共同富裕指数情况

排序	省份	共同富裕指数	富裕指数	共享指数	排序	省份	共同富裕指数	富裕指数	共享指数
1	北京	75.31	80.22	70.40	17	海南	67.24	68.21	66.27
2	浙江	74.93	76.39	73.47	18	陕西	66.83	70.15	63.51
3	上海	73.92	79.83	68.01	19	四川	66.72	72.37	61.07
4	广东	73.84	78.42	69.26	20	宁夏	66.27	66.91	65.63
5	天津	73.23	77.31	69.15	21	甘肃	66.03	73.19	58.87
6	江苏	72.05	78.36	65.74	22	吉林	65.98	70.22	61.74
7	河南	71.76	77.18	66.34	23	云南	65.37	70.17	60.57
8	福建	71.36	75.22	67.50	24	黑龙江	65.02	71.26	58.78
9	重庆	71.02	75.98	66.06	25	贵州	64.19	69.25	59.13
10	安徽	70.85	76.01	65.69	26	新疆	63.28	64.92	61.64
11	山东	70.73	77.92	63.54	27	青海	63.02	65.27	60.77
12	湖南	69.26	72.65	65.87	28	内蒙古	62.97	68.92	57.02
13	湖北	68.87	74.72	63.02	29	辽宁	62.35	72.26	52.44
14	江西	68.71	74.02	63.40	30	西藏	62.28	67.18	57.38
15	河北	67.19	72.98	61.40	31	广西	61.39	69.06	53.72
16	山西	67.55	73.09	62.01					

数据来源：《中国统计年鉴》和各省份统计年鉴。

二、国际共同富裕的比较分析

根据世界银行 2000—2021 年的数据，我们测度了 162 个国家和地区的共同富裕情况（表 2-5）。同样也把共同富裕分为富裕指数和共享指数。我们根据地区和收入进行分组。从地区分组看，北欧国家共同富裕程度最高，无论是富裕指数还是共享指数，其次分别是西亚和西欧，非洲、南亚和中亚的共同富裕程度相对较低，特别是共享指数极大拉低了这些地区的共同富裕水平。由于实行开放的政策，通过对外开放不断融入全球生产网络，东亚地区的富裕指数相对较高，但是由于共享指数相对稍低，拉低了共同富裕指数。美洲地区共同富裕水平处于中游，虽然人均收入水平较高，但是基尼系数也非常大，相应地拉低了共同富裕水平。

表 2-5　2000—2021 年不同国家和地区共同富裕指数情况

分组	地域	共同富裕指数	富裕指数	共享指数
地区分组	北欧	82.08	83.86	80.29
	西欧	81.03	85.22	76.83
	中东欧	73.30	76.27	70.32
	北美	76.19	80.25	72.13
	南美	70.21	72.17	68.24
	东亚	75.28	78.42	72.13
	中亚	54.19	55.98	52.39
	西亚	81.49	83.76	79.22
	东南亚	68.62	69.26	67.98
	南亚	46.43	49.63	43.22
	非洲	40.77	41.38	40.16
	大洋洲	74.07	75.27	72.87
收入国家分组	低收入国家	41.53	42.18	40.87
	中等收入国家	57.74	62.19	53.29
	高收入国家	74.81	78.22	71.39

数据来源：世界银行。

从收入分组看，高收入国家普遍共同富裕水平高，无论是富裕指数还是共享指数，中等收入国家和低收入国家依次降低。这说明共同富裕程度与国家经济发展阶段密切相关。随着经济的不断发展，国家也逐渐重视收入分配问题，降低了基尼系数和贫富差距。所以要想提升共同富裕水平，有必要不断地发展经济，提高居民收入，在此过程中不断解决收入分配差距问题。其次我们也可以发现开放是促进共同富裕的关键因素。在诸多影响共同富裕的因素之中，包括了开放、初次分配、再次分配、教育等，它们都对共同富裕产生影响，但是我们可以看到开放程度越高的国家，其共同富裕的水平也越高，特别是德国和日本等制造业参与全球化程度非常高的国家。一方面这些国家的贸易规模比较大，贸易顺差也比较多，另一方面它们积极参与跨国投资。当然，对外开放不是共同富裕的充分必要条件，还需要配合必要的初次分配和再次分配政策工具。

第五节　小　结

共同富裕是中国特色社会主义的本质要求，是马克思主义的基本主张，是中国特色社会主义优越性的具体体现。中国特色社会主义进入新时代以来，以习近平同志为核心的党中央高度重视我国发展不平衡不充分问题，将推动全体人民共同富裕放在了更加重要的位置。习近平的共同富裕思想，对于新时代推进共同富裕，从科学内涵、战略目标、重要地位、实践路径、政治保障等方面开辟了马克思主义新境界，丰富和发展了马克思主义。中国特色社会主义的现代化是全体人民共同富裕的现代化、是物质富裕和精神富裕协调的现代化，建设共同富裕社会对于世界其他发展中国家的经济发展具有重要参考价值。同时，中国通过更深层次地参与对外开放，利用中国的大规模市场优势等，带动其他发展中国家经济发展，特别是“一带一路”倡议、全球发展倡议等，不断推动构建人类命运共同体，具有鲜明的时代意义和世界价值。

基于已有研究，借鉴万海远和陈基平（2021）、刘培林等（2021）的方法，围绕富裕、共享基本原则，本章构建了总体富裕程度和发展成果共享程度两个维度的指标体系，对中国整体、各省份以及国际各国的共同富裕指数进行了对比分析。研究结果发现，中国共同富裕指数呈现先下降后上升的趋势，富裕指数一直上升，共享指数先是大幅下降，近年呈上升趋势。从各省份的共同富裕指数来看，共同富裕指数呈现典型的地域特征，东部沿海地区和京津地区的共同富裕指数比较高，而西部和边疆地区的共同富裕指数处于较低水平，中部省份处于两者之间。从国际比较来看，收入差距较大的国家或地区，共享发展程度也会偏低。共同富裕国际比较的特征呈现典型的区域差异性，开放是促进共同富裕的关键因素。

第三章　高水平对外开放促进共同富裕的理论基础

第一节　高水平对外开放的理论

从国际经验看，对外开放是实现国富民强的保证。无论是第一次工业革命时期的英国，还是20世纪中期的美国，都是在对外开放中不断壮大，成为当时的世界第一大强国。第二次世界大战以后发展中国家和地区的实践也证明了这一点，包括韩国、中国台湾等地区“四小龙”“四小虎”的经济腾飞，都得益于融入全球产业分工中，东盟地区也通过发展外向型经济，缔造了“东亚奇迹”。

新中国经济发展的实践证明，只有改革开放，才能促进中国经济的快速发展，所以改革开放是中国的基本国策。新中国成立后，实行了一段时间高度集中的计划经济，虽然经济相较新中国成立前有所发展，但是相较国际上其他国家的快速发展，中国与世界的差距越来越大。党的十一届三中全会作出了实行改革开放的伟大决策，之后开放的步伐越来越大，特别是1984年邓小平同志首次深圳特区行，作出“建立经济特区的政策是正确的”这一判断，为建设中国特色的社会主义指明了道路。从兴办经济特区、开放沿海港口城市、设立经济技术开发区，到扩大内陆沿边开放，我国开放由点到线、由线到面逐步展开。2001年中国加入世界贸易组织（WTO），标志着中国深度融入国际分工体系中，中国的对外贸易、外商直接投资和经济增速都出现了巨大的飞跃。中国经济规模位居世界第二位，构建了完整的产业链，人均国民收入快速增长。

从中国对外开放的阶段看，1979—1991年积极试点，探索推进，包括设立经济特区、沿海开放城市等，突出“点开放”的特征和格局。1992—2001年，由点及面，加快开放，以浦东开发为着力点，抓住国际产业转移的机遇，积极融入全球。2002—2012年，中国的对外开放进入新阶段，多层次、宽领域、有重点推进对外开放，深化金融、外贸、外汇体制改革，开放区域从东部沿海地区向中西部地区拓展。2013年以后加快形成全面开放新格局，虽然面临世界经济持续低迷导致外需下滑的严峻形势以及贸易保护主义带来的挑战，但中国对外开放的步伐进一步加大，以更广领域扩大外资市场准入、更大力度加强知识产权保护国际合作、更大规模增加商品和服务进口、更加有效实施国际宏观经济政策协调、更加重视对外开放政策贯彻落实，中国对外开放的基本国策不会改变，开放的大门只会越开越大。对外开放的层次更高、质量更高，主要体现在以下方面：

第一，贸易自由化。它包括对外的自贸协定和对内的自贸区建设。目前中国已与26个国家和地区签署了19个自贸协定，与10年前相比增长了近1倍。自贸协定是2个或者2个以上的国家通过签订自由贸易协定，相互取消大部分货物的关税和非关税壁垒，取消绝大多数服务部门的市场进入限制，从而促进要素的自由流动。中国坚定致力于高质量实施《区域全面经济伙伴关系协定》（RCEP），与东盟成员积极打造中国-东盟自贸区3.0版，持续推进加入《全面与进步跨太平洋伙伴关系协定》（CPTPP）和《数字经济伙伴关系协定》（DEPA），中国自贸区提升战略正加快推进。国内自贸区面向全球所有经济体开放，自主开放、单方给惠。中国大自贸、小自贸、自主创新“三自联动”机制加上跨境电商综合试点从三方面拓展了传统区域合作的正向经济效应，克服其不利影响。

第二，进一步放宽外资市场准入。加大对外资企业和外资项目服务的保障力度，推动区域全面经济伙伴关系协定尽快生效实施，积极参与构建高标准国际投资规则。2022年，商务部负责人表示要在六方面发力稳外资。一是在扩大高水平开放上持续发力，落实好2021年版全国和自贸试验区外资准入负面清单，确保汽车制造等领域开放举措落地见效，吸引更多跨国公司投资。二是在完善支持政策上持续发力，修订扩大《鼓励外商投资产业目录》，引导外资更多投向先进制造、现代服务、高新技术、绿色低碳、数字经济等领域和中西部地区。三是在提升服务水平上持续发力，完善重点外资项目工作专班机制，对外资企业遇到的困难问题，快速响应、及时解决；加强重点外资项目用地、用能、环保、人员出入境等方面的保障，推动项目早签约、早投产、早达产。四是在强化平台作用上持续发力，发挥自贸试验区、自由贸易港、服务业扩大开放综合试点示范等开放平台作用，对接高标准国际经贸规则，加快推动制度型开放。落实好国家级经开区新版考核评价办法，大力发展开放型经济，打造稳外贸稳外资“主阵地”。五是在加强投资促进上持续发力，举办多种形式的招商活动，促进重点产业外资项目对接。六是在优化营商环境上持续发力，实施好外商投资法及其实施条例，持续完善配套规定。充分发挥外资企业投诉工作机制，加大外商投资合法权益保护力度，落实好外资企业国民待遇。

实施更宽领域对外开放，通过大幅放宽市场准入，吸引更多更优质外资在我国市场上同台竞争，有利于推动我国企业和产业不断增强国际竞争力。要稳妥推进银行、证券、保险、基金、期货等金融领域开放，深化境内外资本市场互联互通，健全合格境外投资者制度。完善自由贸易试验区布局，赋予其更大改革自主权，深化首创性、集成化、差别化改革探索，积极复制推广制度创新成果。稳步推进海南自由贸易港建设，以货物贸易“零关税”、服务贸易“既准入又准营”为方向推进贸易自由化便利化。

第三，优化区域开放布局。实施更大范围对外开放，优化开放空间布局。通过加快自由贸易试验区、自由贸易港等对外开放高地建设，引导沿海内陆沿边开放优势互补，促进区域协同发展。巩固东部沿海地区和全国特大城市的开放先导地位，率先推动全方位高水平开放；加快中西部和东北地区开放步伐，助推内陆地区成为开放前沿；推动沿边开发开放高质量发展，更好发挥重点口岸和边境城市内外联通作用。

第四，为世界经济发展贡献中国方案。“一带一路”倡议目标是要建立一个包括欧亚大陆在内的世界各国政治互信、经济融合、文化包容、互惠互利的利益共同体、命运共同体和责任共同体。“一带一路”突出中国与丝路沿途国家分享优质产能，共商项目投资、共建基础设施、共享合作成果，内容包括政策沟通、设施联通、贸易畅通、资金融通、民心相通等“五通”，肩负着三大使命：探寻经济增长之道，实现全球化再平衡，开创地区新型合作。全球发展倡议的目的就是呼吁各国更加重视发展问题，从而形成合力，共迎挑战。倡议最核心的理念是以人民为中心，最重要的目标是助力落实联合国2030年可持续发展议程。

第二节　高水平对外开放促进共同富裕的机理

经济增长一般来源于要素投入的增加以及要素效率的提升，在传统经济增长模型如索洛增长模型中经济增长的路径有三种。

第一种路径就是改变要素投入及比例，包括劳动力、资本。在只有两种要素投入的情况下，加大要素投入和对要素配置进行优化，例如增加劳动力和资本投入，或者调整两种要素比重的变化，都可以促进经济增长。这种路径是传统经济的增长模式，是一般国家工业化发展的必经路径，即使是在数字经济时代也是必不可少。它既包括要素投入的增加，也包括投入质量的提高，可以对生产资料在各部门质量进行分配，保证经济发展投入要素的充足性和持续性。这种路径将生产点尽可能靠近生产可能性曲线，即在既定的条件下达到产出最大化。

第二种路径是改变资源配置方式，改变生产函数的形式或者加入新的变量。对于高水平对外开放来说，要素代入经济增长模型，可以增加生产要素种类，也能提升原有要素的生产效率。传统要素除了劳动力和资本以外，包括自然资源和土地等都不足以支撑经济增长，随着大数据、云计算、5G等技术的使用，需要将一些新的要素加入经济增长模型，这种数据要素本身对生产函数不能产生质的影响。在C-D函数中，α 值在 0～1 之间，只要提升 α 的数值就可以促进经济增长，改变传统规模报酬不变的假设。

第三种路径是改变全要素生产率，即除了劳动力和资本等之外的其他要素的贡献，后来的罗默增长模型以及 Grossman - Helpman 等修正模型都将其他要素加入生产函数，增长模型改写为：$Y=A(t)F[K(t), L(t)]$。其中的$A(t)$既包括技术创新的作用，也包括商业模式的创新等，在投入要素和技术进步固定的情况下，商业模式的创新能够对技术进步和要素投入产生溢出促进作用，助推经济高质量发展。

这三种增长路径中，第一种路径是使生产点尽可能地靠近生产可能性曲线，第二和第三条路径是把生产可能性曲线外移。高水平对外开放对这三种增长方式都有强化作用，对于要素增长占据主导地位的增长路径，开放的制度创新也是一种生产要素，能够直接促进经济增长。

第三节　小　　结

对外开放是经济发展的动能，传统上有贸易是经济增长的发动机之论点。国内外实践都表明，对外开放可以促进经济发展和生活水平的提高，进而促进共同富裕。当前虽然面临世界经济持续低迷导致外需下滑的严峻形势以及贸易保护主义带来的挑战，但中国对外开放的步伐进一步加大，以更广领域扩大外资市场准入、更大力度加强知识产权保护国际合作、更大规模增加商品和服务进口、更加有效实施国际宏观经济政策协调、更加重视对外开放政策贯彻落实，中国对外开放的基本国策不会改变，开放的大门只会越开越大。对外开放的层次更高、质量更高，主要体现在贸易更加自由化，进一步放宽外资市场准入，优化区域开放布局，为全球提供更多的中国智慧和公共产品。

对于高水平对外开放如何促进共同富裕。马克思恩格斯共同富裕思想为高水平对外开放促进共同富裕指明了方向，新发展阶段强调要在高水平对外开放中促进共同富裕，高水平对外开放主要通过改变要素投入及比例、改变资源配置方式和改变全要素生产率等路径促进共同富裕。

第四章 高质量贸易与共同富裕

第一节 高质量贸易的现状分析

一、引言和文献综述

《"十四五"对外贸易高质量发展规划》中明确提出，"立足新发展阶段，完整、准确、全面贯彻新发展理念，构建新发展格局，坚持稳中求进工作总基调，以深化供给侧结构性改革为主线，以推进贸易高质量发展为主题，以贸易创新发展为动力，统筹贸易发展和安全，推动高水平对外开放"。近年来，中国对外贸易出口虽然体量位居世界前列，但出口的产品多数是处于中下游的低附加值产品，上游高附加值产品较少，且在国际市场中的竞争力不足，与欧美发达国家尚存差距。现今，国际局势动荡不稳定，国内经济大环境发生变化，我国对外贸易发展面临新的阶段，要推动贸易出口产品结构升级，增加产品科学技术含量以增加其附加值，从而促进我国对外贸易出口持续健康发展。对各省份来说，升级贸易发展现有格局，推动对外贸易的高质量、高水平发展势在必行。

现有不少学者研究对外贸易高质量发展。在定性分析方面，贾怀勤等（2017）对贸易质量进行定义，认为它是贸易发展状态符合国家或者地区自身发展的程度，其对贸易质量的测度以贸易增长、结构转型与优化、生态可持续、国际地位提升进行测评，并提出要进一步发展服务贸易，推进国际市场多元化，促进国内区域的均衡发展，推进贸易产品结构的转型升级。高建昆（2019）从理论和实践层面对我国对外开放体系的高质量发展进行研究，提出要积极推动实体经济的高质量发展、推进区域开放体系的高质量发展。马林静等（2020）对中国贸易高质量发展进行思考，认为贸易发展的基础是贸易增长，要促进贸易结构、动力、方式、环境等发展。其从高质量发展的逻辑动因进行具体的分析研究，并从产业基础、增长动力、贸易结构、发展环境及国际地位等方面对贸易高质量发展提出相应的政策建议。余淼杰等（2022）研究数字贸易对中国贸易高质量发展的影响，他们从数字贸易发展、数字贸易规则制定等角度进行分析，结果表明数字贸易是推动中国贸易高质量发展的重要因素。同时，数字贸易推动中国对外贸易产品在全球价值链中不断攀升，从而使贸易产品在国际市场竞争中形成新的比较优势。戴翔（2019）从主动扩大进口的角度研究高质量发展。他认为要通过进口贸易所产生的补齐短板、高端要素虹吸及倒逼改革等作用推动高质量发展。但其研究主要是针对经济的高质量发展，并未对细分的贸易高质量发展进行研究。从定量分析方面来看，李鸿阶等（2019）通过构建对外贸易发展质量指标体系，将福建贸易发展质量状况与广东、江苏、浙江的贸易发展质量状况进行比较，认为福建对外贸易质量与其他三省仍有较大差距，提出相关的政策建议以促进福建贸易高质量发展。王敏等（2022）基于长江经济带 11 省市，从投入、产出指标构建对外贸易效率评价指标体系，静态与动态分析结合，实证分析长江经济带 11 省市对外贸易效率的影响因素。其研究发现 11 省市的政策实施、技术创新和产业结构调整，对对外贸易效率的影响较为明显，同时也发现该地区的对外贸易高质量发展仍具备上升的空间和潜力。王孝松等（2020）从微观企业角度出发，在贸易高质量发展的背景下，以企业生产率为中介变量，实证分析经济政策的不确定性对企业出口产品质量的影响。研究发现该影响整体呈现倒“U”形特征，并且这种效应广泛存于多个出口企业之中。但是其仅仅从出口产品质量进行分析，并未深入研究对外贸易高质量发展。付文宇等（2021）采用 2018 年的省份数据，从四个维度（贸易发展环境、发展条件、发展能力以及贸易合作水平）构建对外贸易高质量发展指标测度体系，对各省份的对外贸易高质量发展进行评价。但其仅仅以单一年份的数据进行测度分析，数据相对较少。曲维玺等（2020）从国家层面出发，以“创新、协调、绿色、开放、共享”理念，构建对外贸易高质量发展指标体系，通过实际数据认为我国外贸在高技术制成品和跨境电子商务领域出口占据优势，但与发达国家相比，我国外贸发展仍存在不足。其研究对外贸易高质量发展是从宏观国家层面进行测度。

综上，目前学者对我国对外贸易高质量发展的研究主要集中在定性分析，而针对对外贸易高质量发展的定量分析研究较少，且大多数学者的研究只是关注某些地区，或者聚焦单一年份，对各省份对外贸易高质量发展的研究有限。参考相关学者的研究成果，并结合 2019 年 11 月中共中央、国务院下发实施的《中共中央　国务院关于推进贸易高质量发展的指导意见》（以下简称《意见》），本节选取相应指标，以 2011—2020 年的面板数据构建多维层次，使用熵值法测度各省份对外贸易高质量发展水平并评析，对我国各省份贸易高质量发展具有重要参考价值。

二、研究方法

熵值法是一种客观赋权方法，它能够避免主观因素的干扰，较为客观地测算各指标在评价体系中的权重，并计算出相应综合得分，具有较强的可信度。其基本原理是权重系数由指标值之间的差异程度来测算。指标的熵值越小，其所提供信息量越多，所占权重就越大。反之亦然。

具体公式同第二章共同富裕程度的计算。

三、指标选取和数据来源

（一）指标选取

《意见》中提及，推动我国对外贸易结构更加优化，提升贸易效益，增强贸易产品的国际竞争力，需要建立对外贸易高质量发展的指标、政策、统计、绩效等评价体系。而要推动我国进出口贸易高质量发展，政府一方面要坚持创新驱动发展战略思想，鼓励企业加大研发投入，培育企业贸易产品出口竞争新优势；另一方面，还要调整优化出口结构，增加出口产品技术含量，提高贸易质量和效益，促进出口贸易均衡协调，推动贸易绿色可持续发展，进而使出口贸易拉动经济发展。参考相关学者的研究和《意见》，本节构建了贸易创新、贸易结构和贸易协调持续发展 3 个二级指标，并选择 10 个三级指标来衡量中国各省份对外贸易高质量发展的水平。具体指标构建如下表 4 - 1。

表 4 - 1　对外贸易高质量发展测度指标体系

一级指标	二级指标	三级指标	属性
对外贸易高质量发展	贸易创新	创新指数	+
		高新技术产品出口比	+
		出口产品质量指数	+
	贸易结构	"一带一路"贸易出口比	+
		中小企业出口比	+
		一般贸易出口贡献率	+
	贸易协调持续发展	贸易进口指数	+
		服务贸易弹性	+
		双向投资比	+
		能源消耗率	−

1. 贸易创新

贸易创新指某国或地区在对外贸易过程中，贸易商品的技术含量或附加值含量。贸易创新越大，科技含量越高，产品附加值越大，在国际市场上的竞争越强。胡佩（2016）从产品创新、贸易创新的角度，对我国的全要素生产率（TFP）进行研究，结论表明，贸易创新虽对TFP的拉动作用居于产品创新之后，但却是实现我国经济顺利转型的必要因素之一，并有助形成以创新推动我国经济发展水平的体系和模式。卢跃等（2017）对中国对外贸易方式创新进行研究，将贸易方式的创新分为扩展性、效率型和模式型三种，认为在对不同国家、不同地区和不同对象进行贸易时应使用不同贸易方式，以便降低交易成本，提高交易效率。黄先海等（2021）从微观角度——企业层面对出口企业创新进行研究，他们通过构建知识产权保护和出口成本因素的模型，表明推进国内知识产权和对外开放新格局建设，有助于促进企业创新发展。但其也仅仅是从企业微观层面研究，未能对各省份的贸易创新进行分析。

推动各省份对外贸易高质量发展，培养各省份贸易竞争优势需要注意以下三方面。第一，各省份要夯实贸易发展的产业基础，健全对外贸易基础配套设施，优化升级贸易竞争力较弱的产业，摒弃落后产业企业，提高地区贸易出口竞争力；第二，增强企业的科技创新能力，加强与先进企业、先进地区、先进国家的技术交流合作，提高企业技术创新水平；第三，企业要按现今国际标准，采用先进的生产技术生产产品，提升外贸产品质量，提高外贸商品竞争力。综合学者的相关研究结果和《意见》，本节将贸易创新分为3个三级指标，分别是创新指数、高新技术产品出口比和出口产品质量指数。其中，创新指数以各省份的国家专利申请受理量与各省份常住人口之比进行衡量，高新技术产品出口比以高新技术产品出口额与各省份出口总额的比值进行衡量，出口产品质量指数以各省份出入境货物检验检疫不合格货值占各省份出入境货物检验检疫总值的比值进行测量。3个指标属性均为正向。

2. 贸易结构

贸易结构指对外贸易商品中，不同商品种类的出口情况，包括货物贸易出口和服务贸易出口。一般认为，对外贸易结构须符合当前经济的发展情况，但有时候也会出现贸易出口结构滞后于经济发展的状况。刘建生等（2018）通过研究国际金融危机背景下中国高新技术产业出口结构，发现中国高新技术产品出口的贸易主体、贸易方式、产品结构、国际市场和国内产业布局有均衡发展的趋势，提出创新驱动外贸发展的政策建议。其用出口产品结构的转换率，来测算高新技术产品出口的竞争力，这对对外贸易结构的衡量方法有一定的参考价值。苏昕等（2019）通过研究中国与“一带一路”沿线国家农产品的贸易，测度两者的贸易竞争性、互补性指数，结果表明中国与“一带一路”沿线国家在农产品进出口贸易上的合作愈加密切，贸易产品竞争性和互补性交替共存，最后提出政策建议——建议中国强化区域战略对接，加大政策支持，促进农产品贸易合作。但其研究具有一定的局限性，仅对对外贸易结构中的部分产品也就是农产品进行研究，且农产品贸易结构测度主要以具体的分类进行，概括不太全面。吴鹏等（2020）以 2002—2016 年全国各省份的数据，对各省份的贸易结构进行测算。其测度方式使用一般贸易额与各省份总贸易额之比，以各省份高新技术产品贸易额占总贸易额的比重测算产业结构。结果表明，中国区域产业结构与贸易结构存在严重错配现象，且大多数省份的关联匹配程度未反映出其与经济发展水平的关联性。

优化进出口贸易结构，提高出口产品质量，增加外贸效益需要注意以下四方面。第一，优化我国出口贸易国际布局，进一步增强与“一带一路”国家的进出口贸易，加强与其他国家的友好交流合作；第二，优化贸易经营主体，制定相应的优惠政策支持中小企业积极参与国际市场竞争，鼓励中国企业走“专精特新”的国际化发展之路；第三，优化发展高质量、高技术、高附加值的出口贸易，增强贸易产品在国际市场上的竞争力；第四，优化对外贸易方式，协调发展多种贸易，做大做强一般贸易，进而扩大对外出口规模、提高贸易效益。结合相关学者的研究成果和《意见》的内容，本节将贸易结构分为 3 个三级指标，分别是“一带一路”贸易出口比、中小企业出口比和一般贸易出口贡献率。其中，“一带一路”贸易出口比用中国各省份向“一带一路”沿线国家贸易出口额占该省份出口总额的比值来衡量，中小企业出口比是用各省份民营企业（私营企业，个体工商户和其他企业）出口额与各省份对外贸易出口总额的比值进行测算，一般贸易出口贡献率以各省份统计的一般贸易出口额占该省份出口总额的比值进行衡量。3 个指标均为正向指标。

3. 贸易协调持续发展

贸易协调持续发展一方面是指对外贸易过程中，贸易商品生产绿色可持续；另一方面是指以拉动投资、促进服务贸易发展为主要表现形式的贸易发展协调可持续。曹俊文等（2021）从贸易的有效、创新、协调、持续、开放、共享维度构建对外贸易质量评价体系，通过构建贸易质量评价和贡献度模型，对我国对外贸易质量进行研究评析。其对贸易持续发展以高耗能产品出口占比、高污染产品出口占比和资源性产品出口占比来衡量，对贸易协调持续发展具有一定的借鉴意义，但其测度角度是从国家宏观层面出发。汤婧等（2020）从服务贸易的五个维度——开放与安全、结构协调、可持续发展、创新驱动和国际竞争力，构建测度体系对服务贸易进行研究。其对服务贸易可持续发展以服务贸易的弹性系数、就业拉动指数、附加值贡献率和能源消耗率进行衡量，但仍是国家层面的数据，未能对各省份的发展进行衡量。付文宇等（2021）以 2018 年中国 30 省份的数据，从贸易的四个维度——发展环境、发展条件、发展能力以及合作水平，构建对外贸易高质量发展的测度体系。但其仅分析了2018年单一年份的数据，参考能力有限。并且，其对贸易协调持续发展也并未展开阐述。

我国对外贸易要均衡、可持续发展需要注意以下四方面。第一，政府要鼓励企业进口，在扩大进口规模的同时，要降低企业进口的关税成本、制度成本，激发企业进口潜力和进口动力，优化企业进口贸易结构，鼓励企业进口“高、顶、尖”技术和产品；第二，政府要积极推动服务贸易发展，推进改革现有相对缺少竞争力的服务贸易，进而升级服务贸易结构，推动服务贸易的健康发展；第三，各省份要积极吸引外商进行投资，完善配套基础设施，鼓励贸易和投资双向、有效互动，充分发挥外资对地方外贸企业产业升级带动作用，促进地方外贸高质量发展；第四，推进对外贸易企业的产品制造、出口与环境的绿色协调发展，鼓励绿色制造、绿色贸易。结合相关学者的研究成果和《意见》的内容，本节将贸易协调持续发展分为贸易进口指数、服务贸易弹性、双向投资比和能源消耗率4个三级指标进行衡量。其中，贸易进口指数以各省份对外贸易进口额与出口额的比值进行测算，服务贸易弹性以各省份服务贸易出口额与各省份总出口额之比进行测算，双向投资比以各省份对外直接投资（OFDI）与外商直接投资（FDI）之比进行衡量，能源消耗率以各省份碳排放量与贸易出口额之比进行衡量。其中贸易进口指数、服务贸易弹性和双向投资比为正向指标，能源消耗率为负向指标。

（二）数据来源

本节采用2011—2020年中国31省（自治区、直辖市）的面板数据，设计3个二级指标和10个三级指标来衡量对外贸易高质量发展水平。鉴于数据的真实性和可得性，本节主要从《中国统计年鉴》、地方统计年鉴、海关总署、地方海关、《国民经济和社会发展统计公报》等渠道查找获取数据。计算方法和数据来源详见表4-2。对于部分年份、部分地区所缺失数据，用线性插值法进行填补。

表4-2　对外贸易高质量发展测度指标计算方法及数据来源

指标	计算方法	数据来源
创新指数	专利申请受理量/常住人口	国家统计局
高新技术产品出口比	高新技术产品出口额/总出口额	各省份统计年鉴、地方海关、国家统计局
出口产品质量指数	不合格货值/检验检疫货值	国家统计局

（续）

指标	计算方法	数据来源
“一带一路”贸易出口比	“一带一路”贸易出口额/总出口额	各省份统计年鉴、统计公报、国家统计局
中小企业出口比	民营企业出口额/总出口额	各省份统计年鉴、地方海关、国家统计局
一般贸易出口贡献率	一般贸易出口额/总出口额	各省份统计年鉴、统计公报、地方海关、国家统计局
贸易进口指数	进口额/出口额	国家统计局
服务贸易弹性	服务贸易出口额/总出口额	国家统计局
双向投资比	对外直接投资/外商直接投资	《中国对外直接投资统计公报》、国家统计局
能源消耗率	碳排放量/出口额	各省份统计年鉴、国家统计局

四、实证分析

（一）综合得分

本节以2011—2020年全国31个省（自治区、直辖市）的面板数据，共310个样本量，构建3个二级指标、10个三级指标来衡量各省份对外贸易发展水平，运用熵值法，计算各个指标的权重（如表4-3所示）和综合得分（如表4-4所示）。

表4-3　对外贸易高质量发展测度指标权重

三级指标	权重
创新指数	0.102 433
高新技术产品出口比	0.095 328
出口产品质量指数	0.106 750
“一带一路”贸易出口比	0.089 400
中小企业出口比	0.090 856
一般贸易出口贡献率	0.087 391
贸易进口指数	0.097 233
服务贸易弹性	0.094 624
双向投资比	0.151 158
能源消耗率	0.084 828

表 4-4　2011—2020 年各省份对外贸易高质量发展综合得分

地区	年份									
	2011	2012	2013	2014	2015	2016	2017	2018	2019	2020
北京	0.395 1	0.412 7	0.414 5	0.426 6	0.450 1	0.443 6	0.440 9	0.463 8	0.470 0	0.489 7
天津	0.298 0	0.292 1	0.329 4	0.341 7	0.358 7	0.398 0	0.405 7	0.421 6	0.354 1	0.366 1
河北	0.324 3	0.316 2	0.326 4	0.321 6	0.331 1	0.340 6	0.369 9	0.381 5	0.392 7	0.405 4
山西	0.215 0	0.242 4	0.243 4	0.286 7	0.224 8	0.236 7	0.245 9	0.266 7	0.271 8	0.283 1
内蒙古	0.174 9	0.178 3	0.179 9	0.212 0	0.212 5	0.249 1	0.297 6	0.308 6	0.308 3	0.327 6
辽宁	0.211 0	0.213 8	0.222 0	0.246 2	0.261 6	0.274 0	0.266 5	0.274 3	0.279 4	0.285 0
吉林	0.231 5	0.234 1	0.243 8	0.258 8	0.284 7	0.311 6	0.308 8	0.297 7	0.312 9	0.351 7
黑龙江	0.289 0	0.293 3	0.284 6	0.283 6	0.273 7	0.283 2	0.280 4	0.339 0	0.335 2	0.332 7
上海	0.275 1	0.285 4	0.298 6	0.293 5	0.309 6	0.334 7	0.341 4	0.335 7	0.340 6	0.376 9
江苏	0.290 6	0.310 4	0.330 0	0.341 8	0.355 0	0.354 6	0.348 9	0.350 3	0.344 6	0.356 0
浙江	0.303 0	0.314 1	0.327 6	0.330 6	0.341 1	0.357 2	0.359 7	0.358 3	0.342 3	0.355 7
安徽	0.274 3	0.286 1	0.293 5	0.282 4	0.294 4	0.298 7	0.300 0	0.301 9	0.299 5	0.309 7
福建	0.272 9	0.280 4	0.295 3	0.312 1	0.329 5	0.343 4	0.350 7	0.328 2	0.296 7	0.323 4
江西	0.232 5	0.240 3	0.257 4	0.269 4	0.277 6	0.291 4	0.294 3	0.301 7	0.312 6	0.324 9
山东	0.245 1	0.246 8	0.284 0	0.286 5	0.305 7	0.324 7	0.318 1	0.326 1	0.334 2	0.347 5
河南	0.197 4	0.213 2	0.218 2	0.262 5	0.232 2	0.259 7	0.261 0	0.262 8	0.266 0	0.273 9
湖北	0.221 6	0.237 8	0.259 0	0.275 2	0.289 0	0.312 0	0.317 9	0.323 9	0.334 9	0.340 6
湖南	0.232 5	0.236 2	0.246 7	0.256 5	0.264 6	0.291 6	0.297 3	0.300 6	0.304 7	0.310 4
广东	0.244 6	0.254 4	0.268 9	0.279 9	0.308 6	0.327 2	0.342 8	0.354 3	0.355 1	0.366 7
广西	0.317 1	0.314 2	0.333 4	0.337 1	0.353 5	0.373 2	0.371 1	0.337 2	0.312 2	0.302 8
海南	0.315 2	0.293 0	0.282 2	0.244 0	0.251 1	0.332 4	0.231 1	0.242 8	0.274 7	0.315 3
重庆	0.241 0	0.239 8	0.255 4	0.261 7	0.325 2	0.317 4	0.306 0	0.299 5	0.308 6	0.329 2
四川	0.200 9	0.221 8	0.251 3	0.274 7	0.288 8	0.306 1	0.306 5	0.294 3	0.290 3	0.297 6
贵州	0.154 8	0.228 0	0.268 8	0.293 3	0.303 6	0.290 7	0.303 5	0.286 8	0.301 2	0.366 7
云南	0.263 4	0.270 4	0.286 0	0.277 2	0.282 7	0.305 7	0.332 6	0.344 8	0.351 1	0.365 0
西藏	0.217 7	0.225 1	0.237 0	0.212 8	0.235 5	0.233 8	0.262 6	0.259 5	0.273 4	0.284 0
陕西	0.216 3	0.231 5	0.224 5	0.273 3	0.276 2	0.246 7	0.261 6	0.214 0	0.264 0	0.321 3
甘肃	0.219 1	0.277 5	0.291 8	0.298 2	0.290 7	0.451 2	0.412 9	0.470 2	0.383 3	0.373 8
青海	0.274 7	0.283 2	0.282 8	0.383 1	0.389 5	0.396 6	0.289 4	0.317 0	0.325 2	0.294 6
宁夏	0.204 1	0.207 4	0.236 6	0.261 8	0.273 6	0.262 6	0.278 7	0.293 2	0.292 1	0.317 7
新疆	0.290 3	0.299 7	0.296 0	0.303 7	0.305 0	0.324 9	0.302 0	0.302 3	0.330 1	0.315 0

由表 4-3 可知，熵值法对各个三级指标的权重评定整体上相差不大，其中双向投资比以 0.151 158 占居首位，能源消耗率以 0.084 828 位于最后一位。具体来讲，就对外贸易的高质量发展而言，投资对一国贸易的增长起到重要的引领作用。在当前全球新冠疫情持续蔓延和局部动荡不安的大环境下，2022 年全球贸易投资促进峰会提出要汇聚贸促力量，推动开放发展，推动贸易和投资自由化，促进全球经济复苏，由此可见投资在对外贸易中的重要作用。21 世纪初，中国对外贸易一直处于高速增长发展阶段，外贸商品多以一些不计环境污染的方式生产出口，可以说是牺牲环境换取经济发展，贸易质量相对落后。但近年来，政府将稳增长放在首位，2022 年两会，强调要稳定增长、稳字当头，稳中求进。我国经济由高速增长转变为高质量发展，由高污染、高消耗向绿色经济转变。但可能是由于起步较晚，虽近几年国家加大整治能源消耗，着力提升环境保护力度，但与其他测度指标相比，能源消耗率的权重占比相对较低。

如表 4-4 所示，2011—2020 年全国各省份对外贸易高质量发展综合得分整体呈上升趋势。从均值上看，2011—2020 年，北京市的对外贸易高质量发展得分整体位居第一。北京的创新指数、高新技术产品出口比、双向投资比等，对其对外贸易高质量发展均有重要的促进作用。贵州 2011 年、内蒙古 2012—2015 年、西藏 2016 年、海南 2017 年、陕西 2018—2019 年及河南 2020 年对外贸易高质量发展得分处于当年末尾，一方面可能是自身地理位置原因，使得其对外贸易出口较少；另一方面，也有贸易产品的问题，这些地区的贸易产品在国际市场上竞争力不强，最终导致对外贸易高质量发展得分较低。

具体细分，2018 年北京市对外贸易高质量发展得分有较大幅度的增长，增幅约为 5.19%，2019 年增长幅度较低，增幅约为 1.34%，具体原因可能是受到新冠疫情的影响，贸易出口受到限制，2020 年增速回升，增速为 4.19%。天津市在 2019 年受国际形势和新冠疫情影响较大，对外贸易高质量发展得分出现下降现象，下降约 16.01%。河北省 2015—2020 年对外贸易高质量发展得分呈现稳步上升状态。吉林省对外贸易高质量发展得分在 2017—2018 年之间虽处于下降态势，但下降幅度较小。2020 年，吉林省对外贸易高质量发展得分快速增长，增幅约为 12.40%。辽宁省、江苏省对外贸易高质量发展得分在 2017—2020 年趋于稳定状态，变化幅度较小。浙江省和福建省因国际形势等原因，对外贸易高质量发展得分在 2018—2019 年整体呈现下降趋势。下降的主要原因推测是经济的下行压力，当然，也有部分中美贸易摩擦的后续影响。但两省的对外贸易高质量发展得分在 2020 年较快回升，增幅分别是 3.91% 和 9.00%，经济恢复速度较快。黑龙江省对外贸易高质量发展得分在 2018 年处于增长状态，增幅约为 20.90%，但在 2018 年之后，其对外贸易高质量发展综合得分处于下滑趋势，2019 年和 2020 年增速分别为−1.12%和−0.75%。

（二）具体分析

1. 子系统得分

如表 4-5 所示，从对外贸易高质量发展测度体系的 3 个子系统（贸易创新、贸易结构和贸易协调持续发展）的权重分布可以得出，贸易协调持续发展在子系统中的权重较大，约为 42.78%，贸易创新和贸易结构占比分别为 30.45%和 26.76%，位居第二和第三，但两者相差不大。贸易协调持续发展是我国各省份对外贸易高质量发展的主要影响因素，符合实际情况。对外贸易高质量发展需要改变过去高耗能、高污染的发展模式，促进贸易绿色可持续。近年来，中国不断加强对各省份贸易产品的生产治理，推行绿色环保政策，减少经济发展过程中的环境污染问题。鼓励进口贸易，吸引外资投资制造业和服务业，升级产业结构，推动对外贸易的发展。就贸易结构来讲，自 2013 年习近平主席提出建设丝绸之路经济带和 21 世纪海上丝绸之路的倡议以来，中国加强与“一带一路”沿线国家的交流和合作，截至 2022 年 4 月 19 日，中国签订共建“一带一路”合作文件超两百份，与“一带一路”沿线国家进行的贸易出口在整体的贸易出口中占有越来越大的比重。而对中小企业的发展，各地方政府陆续出台一系列的减税降费政策，推动中小企业健康稳定发展。中美间的贸易摩擦，一方面可以看出中国的国际地位提升，另一方面也要看到中国企业在某些领域、某些方面仍面临西方国家“卡脖子”的风险。但近几年中国注重高新技术的发展，推动企业加大技术领域研究投入，增强企业的创新能力，中国的高新技术产品在国际市场中的地位日益攀升。

表 4-5　对外贸易高质量发展测度体系子系统权重

子系统	贸易创新	贸易结构	贸易协调持续发展
得分	0.304 5	0.267 6	0.427 8

如图 4-1 所示，从趋势上看，对外贸易高质量发展测度体系 3 个子系统（贸易创新、贸易结构和贸易协调持续发展）的均值在 2011—2020 年整体上处于增长态势。其中贸易结构和贸易协调持续发展在整体测度体系中得分较高，并且贸易结构在 2016 年之前，一直处于三者中的领先地位。2016—2019 年，贸易协调持续发展综合得分反超贸易结构，成为第一。2020 年贸易结构又处于领先地位。贸易创新综合得分在 2011—2020 年整体增幅较大约为 84.17%，其中 2017—2019 年处于负增长，2020 年增速回正，符合实际情况。2016 年之

前，中国对外贸易快速发展，贸易结构合理并处于领先地位，但在 2016 年之后，随着互联网经济的发展和全球经济形势的变化，中国对外贸易结构相对落后于对外贸易的发展，而在此基础上，中国加大环境治理力度，注重吸引外资等，使得对外贸易持续协调发展占据首位。2020 年贸易结构重新占领首位，究其原因，得益于近年来政府调整外贸出口结构，提出国内国际双循环的口号，并取得了巨大的成效。另外，政府和企业更加重视贸易创新和贸易协调持续发展，使得两者的得分也呈上升趋势。在全球新冠疫情和局部动荡冲突带来经济低迷的情况下，虽然中国经济整体受到影响，出口受挫，但整体 GDP 增速仍然是正增长，在世界经济增长排名中处于前列。中国近几年也是一直高举自由贸易政策，努力推行“一带一路”倡议，拉动区域经济增长，在构建人类命运共同体中发挥着重要的引领作用。

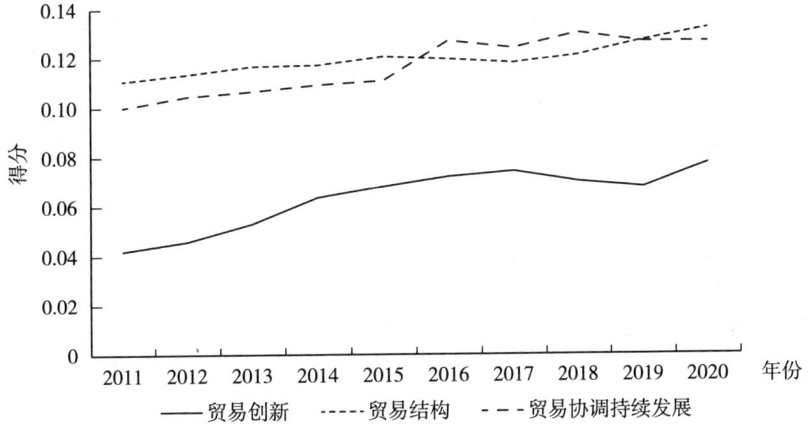

图 4－1　2011—2020 年中国对外贸易高质量发展测度子系统综合得分均值

2. 区域分析

（1）中、东、西部

从所处的地理位置进行划分，全国各省份可分为东、中、西部三大地区（具体划分为“三大经济带”）。以 2020 年为例，东部地区的对外贸易高质量发展得分均值为 0.362 5，中部地区对外贸易高质量发展得分均值为 0.315 9，西部地区对外贸易高质量发展得分均值为 0.324 6（表 4－6）。

表 4－6　2020 年三大经济带对外贸易高质量发展综合得分均值

三大经济带	东部	中部	西部
综合得分均值	0.362 5	0.315 9	0.324 6

如图 4－2 所示，2011—2020 年，东、中、西部对外贸易高质量发展综合得分均值整体呈上升趋势，表明我国对外贸易整体向好。其中，东部地区在对外贸易高质量发展中占领先地位，西部地区第二，中部第三。整体来看，我国三大地区的对外贸易差距正在缩小，由 2011 年的最大差距 0.057 4 缩小到 2020 年的 0.046 6。相对来讲，因地理位置优越，交通基础设施完善，重视科技创新投入，注重人才培养和环境保护等，处于沿海地区的省份对外贸易高质量发展得分相对较高。相对于东部，中部和西部地区因其所在的地理位置，对外贸易的运输成本相对较高，而其对科研的投入和人才培养能力相对于东部地区较弱，导致其对外贸易高质量发展得分均值较低。近年来国家大力推行“一带一路”建设，开行中欧班列，带动西部地区的贸易出口和经济增长。而中部地区因为其地理位置，贸易出口条件相对受到限制，出口成本较高，故测度得分西部第二、中部最后。

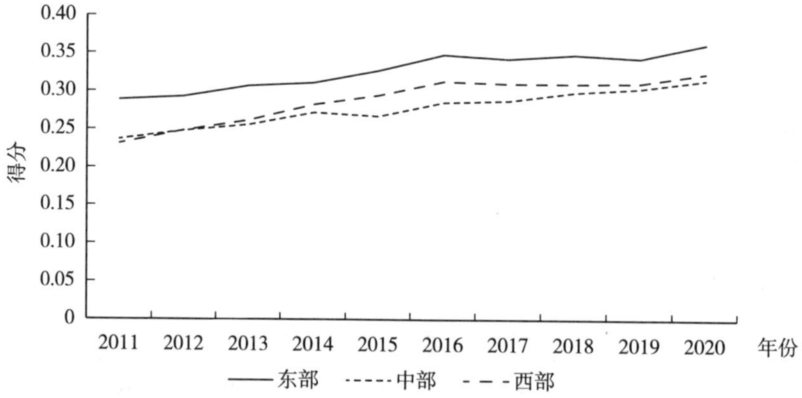

图 4－2　2011—2020 年中国东、中、西部对外贸易高质量发展综合得分均值

（2）十大经济带

如表 4－7 所示，从全国划分的十大经济区来看，包含北京*、天津、河北和山东的北部沿海经济区以 0.402 2 的得分处于 2020 年对外贸易高质量发展的首位。排名靠前的北部沿海经济区、东部沿海经济区、珠江上中游经济区、东南沿海经济区和东北经济区的对外贸易高质量发展得分均值均在 0.32 以上。这五个区域的共同特点是位于我国的沿海地区，对外贸易基础条件优越，外商直接投资和对外直接投资较多。长江上中游经济区和黄河上游经济区综合得分相对较低，但仍在 0.30 以上，符合预期。新疆经济区、内蒙古经济

* 北京不属于沿海城市，考虑其地缘区位，本书将其置于沿海经济区中讨论。——编者注

区得分也相对较高，可能原因是单一省份测算和数据误差。青藏高原经济区对外贸易高质量发展得分靠后，符合预期。

表 4-7　2020 年十大经济区对外贸易高质量发展综合得分

十大经济区	地区	得分	均值
北部沿海经济区	北京	0.489 7	0.402 2
	天津	0.366 1	
	河北	0.405 4	
	山东	0.347 5	
东部沿海经济区	上海	0.376 9	0.362 9
	江苏	0.356 0	
	浙江	0.355 7	
珠江上中游经济区	贵州	0.366 7	0.344 8
	云南	0.365 0	
	广西	0.302 8	
东南沿海经济区	广东	0.366 7	0.335 2
	海南	0.323 4	
	福建	0.315 3	
东北经济区	辽宁	0.285 0	0.323 1
	吉林	0.351 7	
	黑龙江	0.332 7	
长江上中游经济区	江西	0.340 6	0.318 7
	安徽	0.310 4	
	重庆	0.309 7	
	湖北	0.297 6	
	湖南	0.324 9	
	四川	0.329 2	
黄河上游经济区	山西	0.283 1	0.313 9
	河南	0.373 8	
	陕西	0.273 9	
	甘肃	0.317 7	
	宁夏	0.321 3	
青藏高原经济区	西藏	0.284 0	0.289 3
	青海	0.294 6	
内蒙古经济区	新疆	0.315 0	0.315 0
新疆经济区	内蒙古	0.327 6	0.327 6

五、结论和建议

基于2011—2020年的面板数据，通过熵值法，本节构建了3个二级指标，10个三级指标对全国31个省份对外贸易高质量发展进行了量化测度评析，对后续学者的研究具有较强的参考意义。从各省份的综合得分上看，我国对外贸易高质量发展水平整体呈上升趋势，贸易创新能力愈加增强，贸易结构愈加趋于完善，贸易协调持续发展能力愈加提高。这源于国家越来越注重贸易出口的创新能力和出口产品的品质问题。并且现今中小企业在国际市场中占有越来越重要的地位，高新技术产品在各国对外贸易出口产品中愈加重要。为此，提出的政策建议如下：

一是夯实产业基础，推动地区企业转型升级。第一，各省份应注重地区的企业外贸出口状况，发挥财政政策的引导作用，灵活制定相关政策，鼓励企业健康、持续、稳定发展。第二，各省份应积极推动在国际市场中竞争力较弱的外贸企业转型和升级，取缔落后产业企业。第三，目前竞争能力较强的企业要合理调整出口结构，鼓励在原有产品出口的基础上，向产品上游进行延伸，增强自身的贸易竞争力。第四，各省份要推动现代服务业的发展，发展高附加值的生产性服务业，促进先进制造业与现代服务业深度融合。

二是加强科研投入，提升企业的创新能力。一方面，各省份要支持企业培养人才团队，加大科研创新投入，鼓励企业升级完善研发机构，提升创新发展的规模效应。各省份应鼓励企业增加产品技术研发投入，推动企业研发自身的核心技术和知识产权产品，提高企业在国际市场上的竞争力。另一方面，企业要提高产品质量，积极采取先进的生产技术和质量检测标准，推动重点出口产品达到国际先进水平。

三是优化贸易结构，实现贸易的绿色可持续。第一，各地要增加创新技术产品、先进制造设备和关键零部件的进口，并鼓励节能环保产品和生产性服务产品的进口。第二，各地要大力发展进出口服务贸易，建设优秀服务贸易创新发展示范区，建立健全服务贸易健康持续发展的体制机制，出口优秀的文化产品和特色服务产品，打造“中国服务”国际优秀品牌。第三，地方要积极制定相关政策，完善配套的基础设施，吸引外资对信息产业、高新技术产业、节能环保产业等技术领域的投资，发挥外资对产业结构升级和贸易高质量发展的带动促进作用。第四，政府要大力发展绿色贸易经济，减少高污染、高耗能产品生产和出口，制定激励政策，鼓励企业进行绿色生产制造，按国际先进环保标准生产产品，制定贸易出口产品的绿色认证标准，推动贸易可持续发展。最后，各地应合力推动国内统一大市场的建设，制定统一的标准和外贸出口测评体系，形成国内“一盘棋”，提升我国外贸出口产品的整体竞争力。

第二节 高质量贸易与共同富裕：中国整体的实践

一、引言和文献综述

改革开放以来，中国经济快速增长，人均收入水平也大幅提高，但是在经济增长的同时，人均收入差距也呈现拉大的趋势，根据世界银行的数据，中国基尼系数一直高于世界平均水平。近些年国家开始采取各种措施，在城乡间、行业间和地区间不断降低收入差距，基尼系数开始出现下降趋势。与此同时，贸易也在不断进行转型升级，实现高质量发展，贸易的高质量发展与共同富裕之间是什么关系？贸易高质量发展如何促进共同富裕？这些问题值得进行研究。

关于收入差距的研究，Kuznets（1955）提出经济发展与收入差距之间呈现倒“U”形曲线的关系。Levin（2001）、Cai 等（2002）、Johnson 等（2002）、Fleisher 等（2004）认为，政府对城市在政策上的倾向是导致城乡居民收入差距拉大的主要原因。Hiroko Uchimura（2005）研究了改革开放以来的市场经济发展，指出社会保障制度改革也使得城乡收入差距扩大。

程永宏（2007）认为城乡收入差距是各种收入差距中最为突出的问题。由于我国城乡间财富分配的不合理，长时期的积累造成了我国城乡居民收入拉大，从而导致收入差距问题。一方面，我国农村居民的收入对农产品依赖性较强，农村居民的收入受农产品价格的影响，农产品当年价格较低会导致农村居民的收入显著下降（董先安，2004）。另一方面，我国城市居民的收入来源较多，城市的工资水平远高于农村地区（Dethier et al.，2012），而且城市居民存在隐性补贴（孙华臣 等，2019），公有住房补贴、医疗补贴、教育补贴、社会保障等都在长期加剧城乡收入差距（李实 等，2007）。

城乡居民收入来源是造成我国城乡间收入差距的重要原因。李齐云和迟诚（2015）运用基尼系数及其分解方法进行研究，得出不同地区不同收入来源对城乡收入差距的影响不同，但工资性收入对城乡收入差距的扩大作用最大，其次是转移性收入，而财产性收入表现为一定的缩小作用。吴鹏等（2016）运用时间序列分析得出，经营性收入、财产性收入在一定程度上起到了缩小城乡收入差距的作用，但效果不显著。何茜（2020）认为转移性收入是造成我国城乡收入差距不断扩大的重要原因，转移性收入对城乡居民收入差距的影响呈现逐年波动上升的趋势，会扩大我国城乡收入差距。

另外城镇化也会影响城乡收入差距。陈迅和童华建（2007）对城乡收入差距进行了多元回归分析，认为中国的城市化扩大了城乡收入差距。闫东升等（2021）通过空间效应分析发现，城镇化率对城乡收入差距具有较强的空间溢出效应，且在核心区和边缘区都显著存在。周靖和史乐来（2021）认为城镇化水平在纵向财政失衡上对城乡收入差距的影响具有双重作用。杨萍和徐鹏杰（2021）认为核心城镇化发展水平的提升有利于缩小省际收入差距，同时有利于缩小省内地市间收入差距。

在国际贸易方面，许志波和钟昌标（2012）引入 H-O 模型，研究发现进出口贸易利益分配在城乡居民间存在差异，扩大了城乡收入差距，同时，贸易成本的增加对收入差距的影响效应具有扩大作用。魏浩和耿园（2015）从贸易规模、结构、方式等视角分析，结果表明进出口贸易的发展扩大了城乡收入差距，影响程度都表现为先下降、后上升的态势。曾宏锐（2016）利用 1978—2013 年我国省级面板数据进行实证研究，发现进出口贸易扩大了城乡居民收入差距，且空间相关性对城乡居民收入差距起到正向作用。胡文骏（2017）则从政府部门的财政支出进行重点研究，认为进出口贸易可以通过影响财政支出间接扩大城乡收入差距。尹越（2019）利用我国 1997—2016 年的省级面板数据进行实证研究，发现大多数发达地区的城乡居民收入差距随进出口贸易的扩大而增大。孙华臣和焦勇（2017）提出贸易开放有利于缩小城乡收入差距，同时可以显著弱化地方政府竞争对城乡收入差距的正向影响。张小溪和刘同山（2020）发现贸易和投资的开放有助于缩小收入差距，其中贸易开放的作用更为显著。也有部分研究认为进出口贸易对收入差距存在不同影响。沈海萌（2016）认为进出口贸易对城乡收入差距的影响与地区经济发展程度有关，对于东部较发达地区，进出口贸易的发展会显著扩大城乡居民收入差距，而对中部及西部欠发达地区，进出口贸易则有助于缩小城乡居民收入差距。将贸易分为出口和进口，李玉辉（2017）认为东部进出口贸易与城乡收入差距呈现倒“U”形趋势，中部地区出口贸易与城乡收入差距呈现“U”形趋势，而进口贸易则呈现倒“U”形趋势，西部地区进出口贸易对城乡收入差距同样呈现倒“U”形趋势。张远超（2017）通过非线性效应研究，发现实际人均 GDP 较低时，出口会缩小城乡居民收入差距，越过第一个门限值时，出口的影响效应会减弱，超过第二个门限值时，出口会扩大城乡收入差距，而进口始终扩大城乡居民收入差距，且实际人均 GDP 越高，进口的影响效应越大。苗语涵（2021）利用门槛效应分析，把人均 GDP 当作门槛变量，发现出口贸易对城乡居民收入比均有负向影响，有利于降低城乡居民收入差距，但进口贸易对城乡居民收入差距有正向影响，会扩大城乡居民收入差距。

二、中国整体对外开放现状分析

中国对外贸易持续多年高速增长且规模不断扩大，对外贸易进出口总额从1978年的355.04亿元，增加至2021年的391 009亿元。2002—2021年中国对外贸易的发展情况如图4-3所示。

中国对外贸易规模在近20年呈现不断扩大的趋势，其中进出口贸易总额从2002年51 378.15亿元增长至2021年的391 009亿元，增长339 630.85亿元，年均增长率为11.27%。中国对外贸易受全球金融危机的影响，进出口总额在2008—2009年期间出现下降，而2009—2014年进出口总额又持续增长。由于全球经济总体复苏乏力，前景艰难曲折，国内经济下行压力较大，2015年和2016年中国进出口贸易总额都出现了下跌，分别下降7.09%和0.86%。2017年，全球经济温和复苏，国内经济转好，推动我国进出口贸易总额增长14.26%，扭转了此前两年下降的局面，其中，出口总额153 309.43亿元，增长10.76%，进口总额124 789.81亿元，增长18.88%。

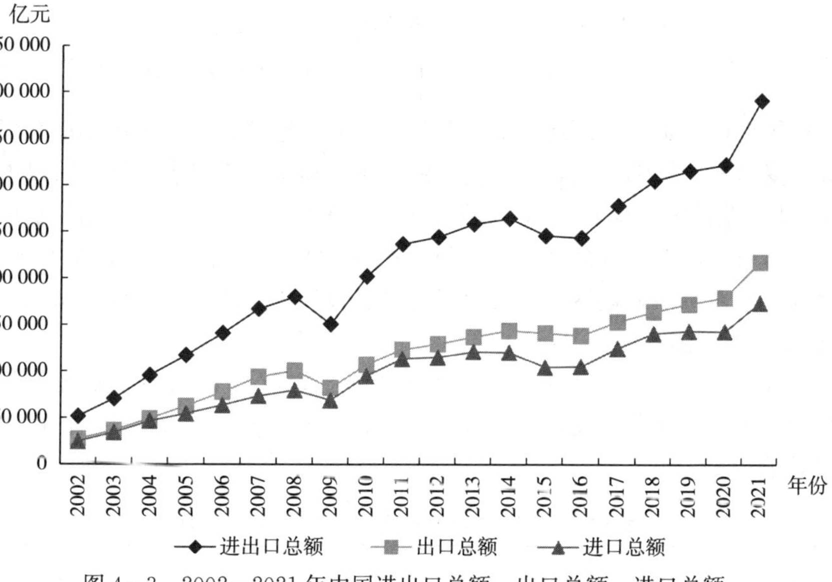

图4-3　2002—2021年中国进出口总额、出口总额、进口总额

对外开放度是一个国家或地区的进出口贸易总额与国内生产总值的比值，指一个国家或地区经济对外开放的程度，具体表现为市场的开放程度，本书将会采用对外开放度来进行相关的测算。从图4-4中可以看到2002—2021年中国的对外开放度、出口依存度、进口依存度均呈现先上升后下降的趋势，2001年中国加入世贸组织，随后几年中国的对外贸易增长非常迅速，对外开

放度最高增速达 21.4%，在 2006 年达到最高值 0.64，此后就呈现下降的趋势。2020 年新冠疫情全面暴发，全球经济低迷，中国的贸易却没有受到较大的影响，进口贸易和出口贸易都有一定的增长。

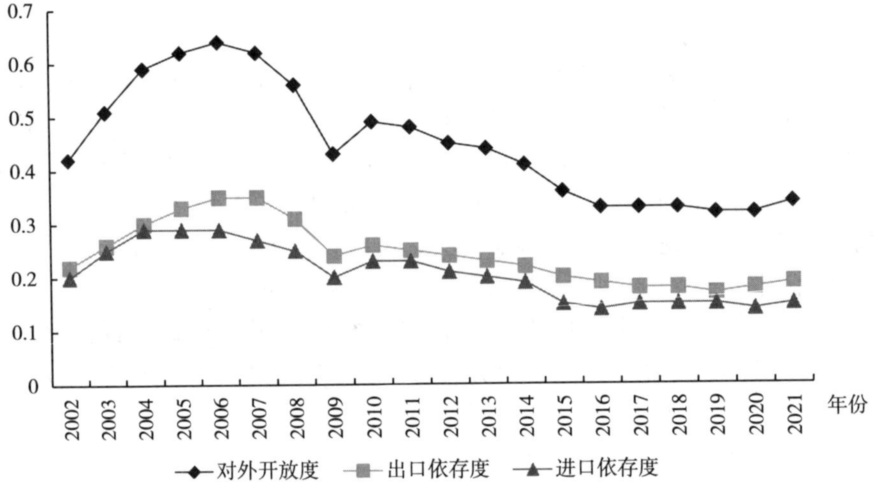

图 4-4　2002—2021 年中国对外开放度、出口依存度、进口依存度

中国地域辽阔，不同地区的自然环境、人文地理、生活习惯等都有很大的差异，受这些因素的影响，不同地区的经济活动也有着显著不同。所以本节搜集了中国 31 省份 2002—2021 年进出口贸易总额及地区生产总值相关数据，计算得出各省份的对外开放度，并且将全国分为八大经济地区：北部沿海地区、东北地区、东部沿海地区、南部沿海地区、黄河中游地区、长江中游地区、西南地区、西北地区。

表 4-8 详细呈现了中国 31 省份的对外开放情况，由于年份跨度较长，所以仅列出各省份部分年度的对外开放度，表中还呈现了八大经济地区的对外开放度均值。

表 4-8　2002—2020 年中国各省份对外开放度

地区	省份	年份									
		2020	2018	2016	2014	2012	2010	2008	2006	2004	2002
北部沿海	北京	0.64	0.82	0.69	1.11	1.35	1.36	1.60	1.50	1.25	0.96
	天津	0.52	0.61	0.59	0.77	0.81	0.81	1.08	1.45	1.33	0.98
	河北	0.12	0.11	0.11	0.15	0.14	0.16	0.19	0.15	0.15	0.10
	山东	0.30	0.29	0.26	0.34	0.36	0.38	0.41	0.40	0.38	0.28
	均值	0.40	0.46	0.41	0.59	0.67	0.68	0.82	0.88	0.78	0.58

（续）

地区	省份	年份									
		2020	2018	2016	2014	2012	2010	2008	2006	2004	2002
东北地区	辽宁	0.26	0.32	0.28	0.35	0.37	0.39	0.41	0.46	0.44	0.33
	吉林	0.10	0.12	0.12	0.16	0.18	0.18	0.19	0.20	0.23	0.15
	黑龙江	0.11	0.14	0.09	0.20	0.22	0.21	0.23	0.19	0.14	0.11
	均值	0.16	0.19	0.16	0.24	0.26	0.26	0.28	0.28	0.27	0.20
东部沿海	上海	0.90	0.95	0.96	1.13	1.29	1.39	1.54	1.71	1.63	1.04
	江苏	0.43	0.47	0.44	0.53	0.64	0.76	0.88	1.07	0.95	0.55
	浙江	0.52	0.49	0.47	0.54	0.57	0.63	0.69	0.72	0.61	0.43
	均值	0.62	0.64	0.62	0.73	0.83	0.93	1.04	1.17	1.06	0.67
南部沿海	福建	0.32	0.32	0.35	0.44	0.49	0.49	0.54	0.67	0.69	0.53
	广东	0.64	0.72	0.77	0.97	1.09	1.16	1.30	1.62	1.58	1.35
	海南	0.17	0.17	0.18	0.28	0.32	0.29	0.21	0.22	0.35	0.24
	均值	0.38	0.40	0.43	0.56	0.63	0.65	0.68	0.84	0.87	0.71
黄河中游	山西	0.09	0.09	0.09	0.08	0.08	0.10	0.14	0.11	0.13	0.08
	内蒙古	0.06	0.06	0.06	0.07	0.07	0.07	0.10	0.11	0.10	0.10
	河南	0.12	0.11	0.12	0.12	0.11	0.05	0.07	0.07	0.07	0.04
	陕西	0.14	0.15	0.10	0.10	0.07	0.08	0.08	0.09	0.10	0.08
	均值	0.10	0.10	0.09	0.09	0.08	0.08	0.10	0.10	0.10	0.08
长江中游	安徽	0.14	0.12	0.11	0.13	0.14	0.12	0.15	0.15	0.12	0.09
	江西	0.16	0.14	0.14	0.17	0.16	0.16	0.14	0.11	0.09	0.06
	湖北	0.10	0.08	0.08	0.09	0.09	0.11	0.13	0.12	0.10	0.08
	湖南	0.12	0.08	0.06	0.07	0.07	0.06	0.08	0.08	0.08	0.06
	均值	0.13	0.11	0.10	0.12	0.12	0.11	0.13	0.12	0.10	0.07
西南地区	广西	0.22	0.21	0.20	0.18	0.16	0.14	0.14	0.12	0.11	0.08
	重庆	0.26	0.24	0.23	0.40	0.29	0.10	0.11	0.11	0.10	0.07
	四川	0.17	0.14	0.10	0.15	0.16	0.13	0.12	0.10	0.09	0.08
	贵州	0.03	0.03	0.03	0.07	0.06	0.05	0.07	0.06	0.08	0.05
	云南	0.11	0.09	0.08	0.13	0.12	0.12	0.11	0.12	0.10	0.08
	均值	0.16	0.14	0.13	0.19	0.16	0.11	0.11	0.10	0.10	0.07

（续）

地区	省份	年份									
		2020	2018	2016	2014	2012	2010	2008	2006	2004	2002
西北地区	西藏	0.01	0.03	0.04	0.15	0.30	0.11	0.13	0.09	0.08	0.07
	甘肃	0.04	0.05	0.07	0.08	0.10	0.13	0.14	0.14	0.09	0.06
	青海	0.01	0.02	0.04	0.06	0.05	0.05	0.05	0.09	0.11	0.05
	宁夏	0.03	0.07	0.08	0.13	0.07	0.08	0.11	0.17	0.14	0.10
	新疆	0.11	0.10	0.12	0.18	0.21	0.22	0.37	0.25	0.21	0.14
	均值	0.04	0.05	0.07	0.12	0.15	0.12	0.16	0.15	0.13	0.08

将表4-8中国八大经济地区的对外开放度均值制成折线图后得到图4-5，可以看出北部沿海、东部沿海、南部沿海这三大沿海地区的对外开放度远远领先其他五大地区，其中东部沿海地区对外开放度又明显高于南部沿海地区和北部沿海地区，且变化幅度比其他地区要大得多。从时间跨度上看，这三大沿海地区的对外开放度都经历了较为明显的起伏，且起伏趋势与中国整体对外开放度的起伏趋势相对一致。中国加入世贸组织后，各个地区的贸易往来逐渐密集，所以可以看到2001年后的几年，八大经济地区的对外开放度都有一定的增长，特别是三大沿海地区。2006年，东部沿海地区的对外开放度均值达到峰值1.17，随后受全球金融危机的影响开始逐年下降，直到2016年后趋于平稳。

三大沿海地区具有自身的经济开放优势，近二十年来国际贸易往来不断扩大，但中国其他地区缺乏这样的优势，经济开放水平相对较低。在这些地区中，东北地区的对外贸易往来处于中等水平，二十年来对外开放度没有明显的变化起伏，但受全球经济低迷、市场形势严峻的影响，在2016年和2020年也出现了一定程度的下降。而黄河中游地区、长江中游地区、西南地区及西北地区的对外开放都处于比较低的水平，且这些地区历年来对外开放度都较为接近，平均都在0.2以下，同样没有明显的变化趋势。

从中国各个地区来看，可以看到2020年中国对外开放度最高的省份是上海市，达到了0.90，其次是北京市和广东省，对外开放度均为0.64，这三个地区的交通运输体系发达，有较好的对外开放优势。而2020年中国对外开放度最低的省份是青海省和西藏自治区，仅为0.01，这两个省份位于中国内陆的大西北，经济基础薄弱，不具备地理环境优势，处于对外开放的劣势地位。由此可以看出区位的有利条件是促进贸易往来的重要原因，所以中国几十年以来的开放政策让沿海地区利用自身的优势实现了快速发展，而其他地区仍得不到较好的发展机会。同样处于大西北地区的新疆对外开放度却并不低，2020年新疆的对外开放度为0.11，超过了中国约三分之一的地区，这是因为新疆与8个国家接壤，是我国边境线最长、对外开放口岸最多的省份，新疆充分利用边境优势，在周边国家特别是中亚国家中发挥了重要的贸易往来作用。所以，各个地区应该致力于寻求不同的发展优势，通过不同的手段、方式形成具有自身特点的经济开放模式。

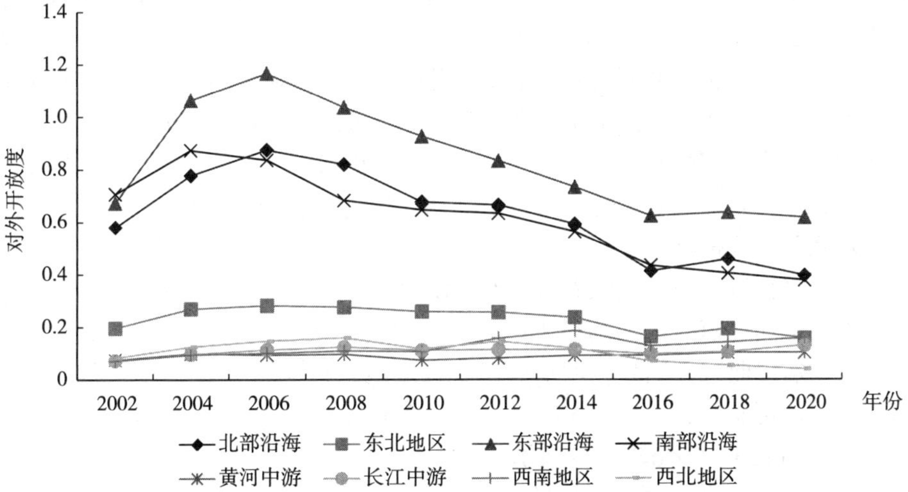

图4-5　2002—2020年中国八大经济地区对外开放度均值

三、中国共同富裕现状分析

新中国成立以来，党一直带领人民朝着实现共同富裕的目标不断努力，在实践中不断深化对共同富裕的认识，不断提高共同富裕思想内涵的高度。党的十八大以来，习近平总书记围绕共同富裕进行了全面深刻的论述，阐明了共同富裕是全体人民的共同富裕，是各个方面的共同富裕，是全民共建的共同富裕，是实事求是的共同富裕。党的十九届五中全会把共同富裕纳入2035年的远景目标，提出要让“人民生活更加美好，人的全面发展、全体人民共同富裕取得更为明显的实质性进展”的目标。共同富裕是社会主义的本质要求和奋斗目标，是我国社会主义的根本原则，也是中国式现代化的重要特征。

目前，共同富裕面临着诸多现实的挑战，经济下行压力、收入分配格局不合理、现代社会治理难度加大等问题阻碍了共同富裕的前进脚步。改革开放

40 多年来，中国经济得到了高速发展，但从全球经验来看，很多经济体在经历一段高速增长后，都会转入中低速甚至是负增长的发展，随后会出现越来越明显的社会贫富分化。所以我们在推动实现共同富裕的过程中必须引以为戒。据国家统计局的数据显示，近二十年我国的基尼系数都超过了 0.4 的警戒线，这说明国内居民收入差距过大的矛盾客观存在。社会收入分配差距过大，会导致社会低收入人群无法实现资本积累，进而陷入长期贫困中，而高收入人群可以利用原有资源获得更多财富，直接影响了社会资源和机会分配公平，这会削弱中国经济发展的动力与活力，甚至影响人民群众对于共同富裕的认可度，以至于进一步拉大社会成员贫富差距。

当前，制约我国共同富裕的主要问题仍然表现在城乡间、区域间与行业间收入差距过大。实现共同富裕，必须解决好发展的不平衡不充分问题，而这一问题的突出表现就是地区间、城乡间收入差距仍然很大。因此，实现共同富裕的首要目标就是探究我国的收入差距现状，通过数据分析找到主要影响因素，为制定相关政策提供参考。

本节将会以城乡居民收入水平差距作为衡量共同富裕的指标，而城乡居民收入差距会用城镇居民人均可支配收入与农村居民人均可支配收入之比来衡量，城乡居民收入比越大，城乡居民收入差距就越大。中国 1978—2021 年城镇居民人均可支配收入、农村居民人均可支配收入如图 4－6 所示，城乡居民的收入比如表 4－9 和图 4－6 所示。

1978—2021 年，中国整体城乡居民收入逐年增加，城镇居民人均可支配收入从 343 元增长到 47 412 元，年均增长率为 12.15%，而农村居民人均可支配收入从 134 元增长到 18 931 元，年均增长率为 12.20%，略高于城镇居民人均可支配收入年均增长率。中国 1978 年的城乡居民人均可支配收入差额为 209 元，而 2021 年城乡居民人均可支配收入差距达到了 28 481 元，收入差距年均增长率为 12.11%，说明伴随着城乡居民收入的增加，城乡居民收入差距也在不断扩大。

中国城乡居民收入比在 2000 年以前呈现波动上升的趋势，在 2000 年以后整体呈现下降的趋势，整体起伏变化处于 1.8～3.2 之间。2000 年以前，1994 年城乡居民收入比达到最高值 2.863，在连续下降三年后，1997—2003 年城乡居民收入差距又在逐年扩大，从 2.469 增加至 3.125。2002—2009 年的城乡居民收入比变化相对平稳，且都在 3 以上，在 2007 年达到最大值 3.144，而后开始下降。2020 年，城乡居民收入比相较于 2019 下降 0.085，是党的十八大以来下降最快的一年。观察 2002 年以后的城乡居民收入比，可以发现中国城乡居民收入差距的变化趋势与中国对外开放度的变化趋势大体一致。

随着国家脱贫攻坚和农业农村改革发展的推进，农村居民的收入增速不断提高，观察近十年的城乡居民收入比，可以发现城乡居民收入比在逐年地下降，目前数值已经逐渐接近 20 世纪 90 年代末和改革开放初期。虽然根据城乡居民收入比变化趋势来看，近几年来中国城乡收入相对差距正在不断缩小，但从整体来看，中国城乡收入的绝对差距仍比较突出。

表 4－9　1978—2021 年中国城乡居民收入比

年份	城乡居民收入比	年份	城乡居民收入比
1978	2.560	2000	2.741
1979	2.531	2001	2.835
1980	2.503	2002	3.026
1981	2.242	2003	3.125
1982	1.981	2004	3.084
1983	1.823	2005	3.081
1984	1.837	2006	3.114
1985	1.857	2007	3.144
1986	2.125	2008	3.110
1987	2.164	2009	3.110
1988	2.165	2010	2.994
1989	2.282	2011	2.898
1990	2.201	2012	2.876
1991	2.399	2013	2.807
1992	2.585	2014	2.750
1993	2.795	2015	2.731
1994	2.863	2016	2.719
1995	2.714	2017	2.710
1996	2.512	2018	2.685
1997	2.469	2019	2.644
1998	2.496	2020	2.559
1999	2.620	2021	2.504

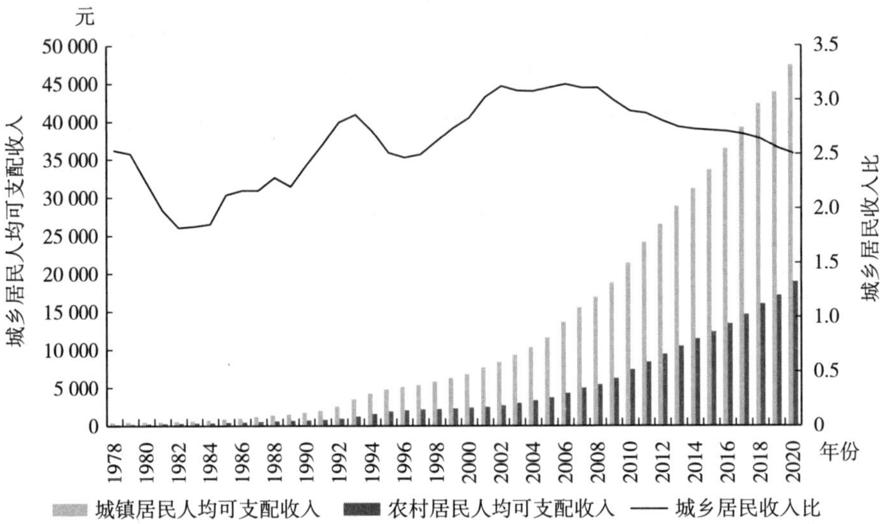

图 4-6　1978—2021 年中国城乡居民人均可支配收入、城乡居民收入比

由于各省份城乡居民收入情况不同，表 4-10 详细呈现了中国 31 省份的城乡居民收入比情况。由于年份跨度较长，表中仅列出各省份部分年度的城乡居民收入比，表中还呈现了八大经济地区的城乡居民收入比均值。

2002—2020 年，中国八大经济地区的城乡居民收入比均值都呈现波动下降的趋势（图 4-7）。其中，西北地区的城乡居民收入比下降幅度最大，从 2002 年的 3.962 下降至 2020 年的 2.803，下降 1.159。其次是西南地区和黄河中游地区，分别下降了 0.934 和 0.547。其他地区的城乡居民收入比变化相对比较平稳，比值均在 3 以下，变化幅度都在 0.5 之内，特别是东部沿海地区，2002—2020 年仅变化了 0.044。

从八大经济地区中的各个省份来看，西北地区中的西藏自治区城乡居民收入比下降明显，从 2002 年的 5.573 下降至 2020 的 2.819，下降了 49.4%，而西南地区中则是云南省下降较为明显，从 2002 年的 4.299 下降至 2020 的 2.920，下降了 32.1%，这两个省份就是西北地区和西南地区整体城乡居民收入比下降的主要原因。但西北地区甘肃省和西南地区贵州省的城乡居民收入比在 2020 年仍超过了 3，2020 年中国 31 省份中只有这两个省份的城乡居民收入比仍在 3 以上。2020 年城乡居民收入比最小的省份是天津市，为 1.855，比值同样在 2 以下的省份还有浙江省和黑龙江省。虽然中国整体城乡居民收入比呈现下降的趋势，但是 2020 年北京市、上海市、江苏省的城乡居民收入比相较于 2002 年却有所上升，但上升幅度不大。

表 4－10　2002—2020 年中国各省份城乡居民收入比

地区	省份	年份									
		2020	2018	2016	2014	2012	2010	2008	2006	2004	2002
北部沿海	北京	2.510	2.567	2.567	2.572	2.623	2.598	2.678	2.715	2.774	2.462
	天津	1.855	1.863	1.848	1.852	1.956	2.233	2.301	2.176	2.193	2.121
	河北	2.264	2.350	2.370	2.370	2.479	2.662	2.744	2.664	2.474	2.464
	山东	2.332	2.427	2.437	2.459	2.577	2.697	2.756	2.685	2.612	2.529
	均值	2.240	2.302	2.306	2.313	2.409	2.547	2.620	2.560	2.514	2.394
东北地区	辽宁	2.314	2.548	2.552	2.599	2.675	2.771	2.756	2.673	2.522	2.441
	吉林	2.079	2.195	2.188	2.154	2.214	2.328	2.473	2.577	2.533	2.660
	黑龙江	1.924	2.115	2.175	2.163	2.258	2.441	2.573	2.749	2.607	2.623
	均值	2.106	2.286	2.305	2.305	2.382	2.513	2.601	2.666	2.554	2.575
东部沿海	上海	2.189	2.240	2.261	2.305	2.357	2.378	2.418	2.330	2.415	2.164
	江苏	2.194	2.264	2.281	2.296	2.374	2.456	2.488	2.383	2.177	2.036
	浙江	1.964	2.036	2.066	2.085	2.141	2.183	2.250	2.320	2.317	2.281
	均值	2.116	2.180	2.202	2.229	2.291	2.339	2.385	2.344	2.303	2.160
南部沿海	福建	2.259	2.364	2.401	2.429	2.524	2.630	2.643	2.639	2.579	2.492
	广东	2.495	2.583	2.597	2.625	2.698	2.850	2.929	3.023	3.021	2.782
	海南	2.279	2.384	2.403	2.470	2.616	2.736	2.693	2.740	2.637	2.736
	均值	2.344	2.443	2.467	2.508	2.613	2.739	2.755	2.801	2.746	2.670
黄河中游	山西	2.507	2.641	2.713	2.732	2.864	2.947	2.906	2.914	2.873	2.779
	内蒙古	2.496	2.775	2.840	2.842	2.968	3.123	3.036	3.048	3.078	2.875
	河南	2.157	2.305	2.328	2.375	2.492	2.645	2.761	2.836	2.884	2.730
	陕西	2.844	2.971	3.027	3.072	3.225	3.427	3.739	3.808	3.791	3.809
	均值	2.501	2.673	2.727	2.755	2.887	3.035	3.111	3.152	3.156	3.048
长江中游	安徽	2.373	2.457	2.488	2.505	2.649	2.695	2.834	3.070	2.849	2.744
	江西	2.271	2.339	2.362	2.403	2.479	2.613	2.687	2.718	2.681	2.725
	湖北	2.251	2.300	2.309	2.291	2.403	2.493	2.598	2.681	2.636	2.678
	湖南	2.514	2.604	2.622	2.641	2.763	2.842	2.972	3.025	2.981	2.865
	均值	2.352	2.425	2.445	2.460	2.573	2.661	2.773	2.874	2.787	2.753

（续）

地区	省份	年份									
		2020	2018	2016	2014	2012	2010	2008	2006	2004	2002
西南地区	广西	2.420	2.608	2.734	2.841	3.000	3.186	3.338	3.199	3.460	3.422
	重庆	2.445	2.532	2.564	2.650	2.791	2.981	3.177	3.737	3.467	3.314
	四川	2.401	2.492	2.529	2.592	2.715	2.845	2.900	2.978	2.957	3.060
	贵州	3.100	3.252	3.306	3.380	3.607	3.735	3.909	4.333	4.066	3.865
	云南	2.920	3.110	3.172	3.259	3.435	3.589	3.846	4.114	4.459	4.299
	均值	2.658	2.799	2.861	2.944	3.110	3.267	3.434	3.672	3.682	3.592
西北地区	西藏	2.819	2.952	3.057	2.992	3.223	3.701	4.004	3.727	4.949	5.573
	甘肃	3.270	3.403	3.445	3.474	3.646	3.688	3.885	4.061	3.896	3.808
	青海	2.877	3.032	3.088	3.063	3.278	3.590	3.807	3.820	3.743	3.700
	宁夏	2.572	2.724	2.756	2.769	2.879	2.945	3.205	3.088	2.938	3.039
	新疆	2.479	2.736	2.795	2.661	2.766	2.900	3.229	3.212	3.320	3.688
	均值	2.803	2.969	3.028	2.992	3.158	3.365	3.626	3.582	3.769	3.962

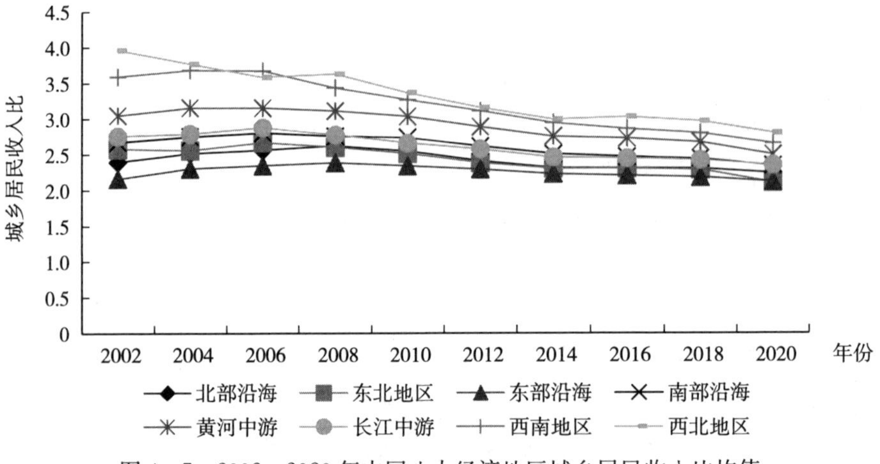

图 4-7　2002—2020 年中国八大经济地区城乡居民收入比均值

四、实证研究

（一）变量选取及模型构建

为研究中国对外开放对于共同富裕的影响，本节将会以城乡收入差距作为衡量共同富裕的指标，而对外开放的衡量指标将会分为贸易开放和外资开放两方面分别来研究，所以这里选用的是中国2002—2020年31个省（自治区、直辖市）的城乡居民收入比、对外开放度和外资开放度等数据，具体如下：

被解释变量：

城乡居民收入比（*INCOME*）：城镇居民人均可支配收入与农村居民人均可支配收入之间的比值，比值越大，城乡居民收入差距越大。

解释变量：

对外开放度（*OPEN*）：各地区进出口总额占该地区生产总值的比重，反映各地区的贸易开放程度，对外开放度会对地区经济发展产生很大的影响，进而影响城乡收入差距。本节将对外开放度作为核心解释变量。

控制变量：

外资开放度（*FDI*）：外商直接投资总额占该地区生产总值的比重，衡量各地区的外资开放程度。

教育程度（*EDU*）：财政教育支出占该地区生产总值的比重，反映各地区的教育程度，受教育程度越高，收入相对越高。

农业机械化水平（ln*TECH*）：农业机械总动力的对数，农业机械总动力指主要用于农、林、牧、渔业的各种动力机械的动力总和，是反映地区农业机械技术水平的重要指标。

政府行为（*GOV*）：各地区政府财政支出占该地区生产总值的比重，反映财政的集中程度，反映社会再生产的规模和结构。

第三产业贡献率（*MR*）：第三产业增加值占地区生产总值的比重。我国的产业结构会对城乡收入差距产生一定的影响，第一产业大多分布在农村地区，而第二产业和第三产业大多分布在城镇地区，特别是第三产业，所以采用了第三产业增加值占地区生产总值的比重来衡量产业结构指标，比值越大，说明该地区相对较为发达。

构建的模型如下：

$$INCOME_{it} = C_i + \beta_1 OPEN_{it} + \beta_2 FDI_{it} + \beta_3 EDU_{it} + \beta_4 \ln TECH_{it} + \beta_5 GOV_{it} + \beta_6 MR_{it} + \varepsilon_{it}$$

其中，$INCOME_{it}$是被解释变量，表示中国i省份t年的城乡居民收入比；$OPEN_{it}$是解释变量，表示中国i省份t年的对外开放度；FDI_{it}、EDU_{it}、$\ln TECH_{it}$、GOV_{it}、MR_{it}是控制变量，分别表示中国i省份t年的外资开放度、教育程度、农业机械化水平、政府行为、第三产业贡献率；C_i表示常数项；ε_{it}表示随机误差项。

（二）描述性统计

由表4-11可知，中国2002—2020年的城乡居民收入比均值是2.792，最大值为5.573，在2002年的西藏自治区，最小值为1.845，在2015年的天津市。对外开放度最大值为1.711，出现在2006年的上海市，最小值为0.008，说明不同地区对外开放水平相差较大。

表4-11 描述性统计

变量分类	变量代码	样本量	均值	标准差	最小值	最大值
被解释变量	*INCOME*	589	2.792	0.529	1.845	5.573
解释变量	*OPEN*	589	0.306	0.364	0.008	1.711
控制变量	*FDI*	589	0.025	0.023	0.000 1	0.163
	EDU	589	0.038	0.022	0.014	0.168
	ln*TECH*	589	7.476	1.104	4.543	9.499
	GOV	589	0.252	0.187	0.081	1.354
	MR	589	0.462	0.092	0.298	0.837

（三）模型回归结果及分析

1. 基于全国整体回归视角的分析

本节将用中国31省份2002—2020年的数据分别进行混合效应回归（OLS）、固定效应回归（FE）和双固定效应回归（DFE），结果如表4-12所示，可以看到双固定效应回归结果最优。

根据回归结果，对外开放度在10%的显著性水平下通过了显著性检验。从系数上看，对外开放度对城乡居民收入比具有负向影响，说明随着进出口贸易的增加，城乡居民收入比会降低，也就是说城乡收入差距会缩小。结合理论来看，这验证了S-S定理和贸易的商品价格机制。中国作为发展中国家，在进行贸易时会选择出口使用低技能劳动力要素生产的产品，提高了低技能劳动密集型产品的价格，进口使用高技能劳动力要素生产的产品，降低了高技能劳动密集型产品的价格，因此，由于需求的变化，降低了高技能劳动力要素的价格，减少了高技能劳动力的收入，从而缩小了收入差距。

外资开放度、教育程度、农业机械化水平和政府行为在固定效应模型和双固定效应模型中都对城乡收入比表现为负向的影响，即都会缩小城乡居民收入差距。其中，教育对城乡收入差距的影响程度比较大，其次是外资开放度。

表 4-12　全国样本回归结果

	被解释变量：城乡居民收入比		
	OLS	FE	DFE
对外开放度	−0.236***	−0.071	−0.164***
	(−2.980)	(−1.070)	(−2.760)
外资开放度	−8.948***	−1.291**	−1.332***
	(−9.600)	(−2.230)	(−2.670)
教育程度	4.099	−3.382*	−7.377***
	(1.020)	(−1.940)	(−4.320)
农业机械化水平	−0.250***	−0.276***	−0.225***
	(−12.160)	(−8.170)	(−6.860)
政府行为	−0.133	−1.323***	−0.552**
	(−0.270)	(−5.120)	(−2.370)
第三产业贡献率	−2.206***	−1.457***	0.903***
	(−9.810)	(−8.300)	(3.750)
常数项	5.849***	6.042***	4.567***
	(25.060)	(26.200)	(17.370)
样本量	589	589	589
R^2	0.408	0.647	0.759

注：*、**、*** 分别代表在1%、5%和10%的水平下显著。括号内为 t 值。

2. 基于地区回归视角的分析

为研究中国对外开放对不同地区的影响是否存在异质性，这里将中国各地区分为两大区域：一是经济发展速度较快的三大沿海地区（包括北部沿海地区、东部沿海地区、南部沿海地区）；二是经济发展相对落后的其他五大地区（包括黄河中游地区、长江中游地区、东北地区、西南地区、西北地区），对两大区域进行的回归分析结果如表 4-13 所示。

根据回归结果可以发现对外开放度对不同区域的影响存在差异，三大沿海地区是中国经济发展最好的区域，回归结果显示，三大沿海地区的对外开放度在10%的显著性水平下通过了检验，对外开放度的提高在一定程度上扩大了城乡居民收入差距。可能的原因是这些地区对外开放度极高，出口产品和外资结构较优，出口和外资对城乡收入差距的积极影响减弱。出口产品更多为技术密集型产品，要求工人有更高的技术水平，对农村非熟练劳动力的需求少，而对城镇熟练劳动力的需求多，所以扩大了该区的城乡收入差距。而外资开放度、教育程度、农业机械化水平、政府行为对城乡收入差距均具有负向影响，但影响效果并不显著，因为这三大地区的经济发展已经达到非常高的水平，这些变量的变化不再会对城乡收入差距产生较大影响。第三产业贡献率对城乡收入差距具有负向且显著的影响，可能是第三产业的发展增加了服务型就业岗位，这些岗位对劳动力的技术要求并不高，可以吸收这一部分农村劳动力，缩小城乡收入差距。

观察其他五大地区的回归结果，可以看到对外开放度在10%的显著性水平下通过检验，对城乡居民收入差距具有负向作用，会缩小城乡收入差距，这与全国样本的回归结果基本相同。五大地区经济发展相对落后，特别是西北地区，人民的收入水平偏低，根据回归结果，教育程度、农业机械化水平、政府行为和第三产业贡献率都对城乡收入差距具有负向且显著的影响，所以为了缩小城乡收入差距，改善人民生活水平，各地区应该提升对外开放程度，政府需要积极干预，提高教育水平，大力发展第三产业。

表 4-13　分地区样本回归结果

	三大沿海地区	其他五大地区
对外开放度	0.155***	−1.171***
	(3.580)	(−5.290)
外资开放度	−0.343	0.872
	(−0.760)	(0.890)
教育程度	−2.487	−5.297***
	(−0.800)	(−2.660)
农业机械化水平	−0.019	−0.304***
	(−0.510)	(−6.970)
政府行为	−0.289	−1.055***
	(−0.490)	(−3.680)
第三产业贡献率	−0.943***	−1.812***
	(−4.020)	(−8.160)
常数项	3.414***	6.577***
	(11.850)	(19.680)
样本量	190	399
R^2	0.872	0.899

注：*、**、*** 分别代表在1%、5%和10%的水平下显著。括号内为 t 值。

3. 稳健性检验

(1) 替换被解释变量

为了检验回归结果的稳健性，将替换被解释变量，将各地区泰尔指数作为衡量城乡收入差距的指标，进行的回归结果如表 4 - 14 所示。

从表 4 - 14 可以看到，对外开放度的系数和显著性与基准回归的结果一致，都对城乡收入差距产生负向影响，且在 10%的显著性水平下通过检验。外资开放度、教育程度、农业机械化水平、政府行为和第三产业贡献率的系数都与基准回归结果一致，实证结果稳健。

表 4 - 14 替换被解释变量回归结果

	被解释变量：泰尔指数		
	OLS	FE	DFE
对外开放度	−0.049***	−0.026***	−0.048***
	(−5.970)	(−3.120)	(−6.760)
外资开放度	−0.890***	−0.088	−0.124**
	(−10.120)	(−1.220)	(−2.120)
教育程度	0.590	−0.442**	−0.664***
	(1.510)	(−2.050)	(−3.340)
农业机械化水平	−0.024***	−0.031***	−0.016***
	(−11.400)	(−7.280)	(−4.100)
政府行为	−0.038	−0.107***	−0.003
	(−0.780)	(−3.410)	(−0.110)
第三产业贡献率	−0.326***	−0.241***	0.116***
	(−13.300)	(−10.630)	(4.040)
常数项	0.475***	0.515***	0.240***
	(19.540)	(17.650)	(7.650)
样本量	558	558	558
R^2	0.521	0.620	0.768

注：*、**、*** 分别代表在 1%、5%和 10%的水平下显著。括号内为 t 值。

(2) 替换解释变量

为了检验回归结果的稳健性，将替换解释变量，将出口总额占各地区生产总值的比例作为衡量对外开放度的指标，进行的回归结果如表 4 - 15 所示。

从表 4 - 15 可以看到，出口（对外开放度）的系数和符号与基准回归的结果一致，说明扩大对外开放对缩小城乡收入差距具有积极的影响。外资开放度、教育程度、农业机械化水平、政府行为第三产业贡献率都与基准回归结果一致，实证结果稳健。

表 4-15 替换核心解释变量回归结果

	被解释变量：城乡居民收入比		
	OLS	FE	DFE
出口	−0.523***	−0.252**	−0.390***
	(−3.850)	(−2.070)	(−3.610)
外资开放度	−8.739***	−1.120*	−1.167**
	(−9.640)	(−1.930)	(−2.330)
教育程度	3.790	−3.590**	−7.694***
	(0.940)	(−2.060)	(−4.520)
农业机械化水平	−0.247***	−0.270***	−0.226***
	(−12.570)	(−8.100)	(−7.060)
政府行为	−0.068	−1.300***	−0.509**
	(−0.130)	(−5.040)	(−2.190)
第三产业贡献率	−2.434***	−1.520***	0.831***
	(−12.650)	(−8.660)	(3.440)
常数项	5.936***	6.046***	4.609***
	(25.190)	(26.320)	(17.840)
样本量	589	589	589
R^2	0.415	0.649	0.761

注：*、**、*** 分别代表在1%、5%和10%的水平下显著。括号内为 t 值。

从全国整体上看，提升对外开放度对缩小城乡收入差距具有积极的作用，且影响显著，说明扩大对外开放会改善城乡收入差距的问题。另外，在固定效应模型和双固定效应模型中外资开放度、教育程度、农业机械化水平、政府行为都对城乡收入差距呈负向影响。外资开放度的提高，能在一定程度上促进产业结构升级，提高了劳动生产率，从而提高收入。政府的财政行为和教育投入会提升劳动力素质，进而改善收入分配。农业机械化水平的提高大大增加了农村居民的收入，可以明显改善农村居民收入。而第三产业贡献率的上升可能会扩大城乡收入差距，因为第三产业的发展对劳动力素质的要求较高，需求的上涨提高了城镇居民的工资，从而扩大收入差距。

不同地区对外开放度对城乡收入差距的作用存在差异，三大沿海地区高水平的对外开放有着扩大城乡收入差距的作用，其他五大地区对外开放度的提高会缩小城乡收入差距。而教育程度、农业机械化水平、政府行为、第三产业贡献率都对城乡收入差距具有负向的影响。

五、结论和建议

本节运用2002—2020年中国31省份的面板数据，以城乡收入差距作为衡量共同富裕的指标，研究对外开放度对城乡居民收入的影响，小结如下：

中国各省份对外贸易呈逐年上升趋势，进出口贸易占GDP的比重自2008年后趋于平稳。实证结果表明对外开放度的提高会缩小城乡收入差距，但不同地区的对外开放度对城乡收入差距的影响效应存在差异，对于经济发展较为落后的地区，对外开放度的提高更能缩小收入差距。

此外实证结果还表明，外资开放度的提升能够改善城镇与农村居民之间收入不平等的问题。近年来部分外资的投资方向转向农村，外资的使用提高了农业劳动生产率，农村居民的收入得到增长，有助于改善城乡居民收入不平等现象。城乡居民的收入会受到政府行为的影响。城乡收入不平等加剧不仅会阻碍经济的发展还会影响社会的稳定，因此采取各种财政政策、教育投入来缩小城乡居民收入差距是各级地方政府非常重要的任务。政府能够通过扩大财政支出和增加转移支付等手段，缩小城乡收入差距。实证结果还显示提高农业机械化水平能够提高农民的劳动生产率，从而增加农民收入，进而缩小城乡收入差距。根据以上研究结论，这里提出以下五点建议。

第一，国家要继续扩大对外开放。从研究结果可以看出，随着开放程度的提升，中国的城乡收入差距问题将会得到改善。但是，中国各地区的发展水平相差很大，对外开放水平也出现了明显的区域不均衡，所以中国必须进一步加大开放力度，实现水平上和深度上的持续发展，要抓住“引进来”和“走出去”这两条路径，既要不断引进优秀的人才和技术，还要把中国的产品推向世界，并充分发挥优势，抓住“一带一路”的机遇，扩大“走出去”的范围。

第二，政府要积极采取措施支持农业，提升农业机械化水平，提高农民的收入。在对外开放的大背景下，尽管政府竭尽全力保障社会公平，但贫富差距在短期内将持续扩大。所以，国家要从财政上给予农业一定的支持，特别支持对农业发展具有基础性、开发性作用的大型农业基础设施、农业科研、新技术推广等。其次，要大力发展农业高新技术，加强农业信息化管理和服务，尤其要发展现代化技术、生物技术，提高农业生产效率，提高农产品的市场竞争能力。

第三，政府要加强调控，制定优惠政策，增加对第一产业的投入，鼓励资金分布到各个区县，同时强化当地企业与外资企业的联系。政府应加强区县建设，打造区县特色，让每个区县都有自己独特的产业，都有自己独特的产品，让优质的产品走出国门，促进出口，加快经济发展，为当地居民创造利润，增加当地居民的收入。

第四，政府要加大农村教育投入力度，在农村地区制定优惠政策吸引更多的人才到农村发展，改善农村地区居民的受教育程度。目前农村地区仍有大量的劳动力没有被充分利用，这些劳动力往往文化水平不高，素质普遍较低。由于教育投入不足，农村地区教师匮乏，受过高等教育的人不愿返回农村，而留守农村的人又大多文化水平不高，这就使得城乡之间的收入差距进一步拉大，要解决这个问题，必须加大教育投入力度，让农村地区的居民获得更多受教育的机会。同时政府可以出台相关的扶持政策，鼓励大学生到农村就业。提高农村总体教育发展水平，有助于缩小城乡居民收入差距。

第五，国家要大力发展高科技产业。中国要想在全球经济中立足，必须重视科学技术的研究和开发，并加强对其的扶持。中国在改革开放之初，依靠大量的廉价劳动力来制造低附加值的商品，从而取得了快速的经济增长，目前，中国面临着严峻的人口老龄化、低出生率挑战，相对优势正在丧失，不能像过去一样充分利用人口的红利，所以必须努力提高科技水平、提高生产技术水平、加快产业升级，才能对中国的发展起到重要作用。

第三节　贸易与共同富裕：农产品贸易视角

一、引言

党和国家非常重视的问题之一就是“三农”问题，“十三五”期间，我国农业在国际合作中取得巨大成就，在农产品贸易、农业国际投资、农业科技合作和农业对外援助等方面取得全面进步，对保障国家粮食安全、服务外交外贸大局作出了重大贡献。“十四五”期间中国农业国际合作将面临全新的挑战，因为国际政治经济环境的变化，影响农产品贸易的变量增多，未来时期的目标确定较为困难。实现全面建设社会主义现代化国家的宏伟蓝图，其核心问题之一就是提高农民的收入，因此，探求城乡收入差距相关问题，并提出对策措施，便具有很强的现实意义。

此外，作为农业大国，农产品对外贸易是我国对外贸易的重要组成部分。农业出口贸易是农业发展的重要动力之一，也是农村发展的重要动力之一，农产品出口贸易规模的扩大，不仅可以推动我国农业技术的发展，还可以调整我国产业结构、优化资源配置。而且，我国土地资源丰富，劳动力丰富，气候适宜，在农业发展方面具有先天优势，并且我国的农业产品在全球市场上处于相对领先地位，因此，农产品出口作为发展农业的重要手段，在我国国际贸易中发挥着重要的作用，也是提高我国 GDP 不可忽视的力量之一。“十四五”时期，“三农”工作重心历史性转向全面推进乡村振兴，农产品出口将转向高品质和优秀品牌的产品，出口的种类也不再局限于劳动密集型产品，而将不断提高档次，不断升级。

二、文献综述

关于开展国际贸易对收入分配影响的经济学理论最早是由经济学家斯托尔帕和萨缪尔森所提出的 S-S 定理，其认为国家贸易不仅会导致贸易国之间的相同要素价格趋于相等，进而降低国家间的收入差距，还会进一步对一国内不同要素所有者的收入差距产生影响。定理的提出，为各类学者提供了理论基础，学者们纷纷展开研究。Wood（1997）对拉美地区国家的贸易与收入分配进行研究，认为一旦实施贸易相关政策，收入分配将出现不平等。还有学者认为贸易是促进拉丁美洲经济发展的重要因素，而国内的收入差距会随着贸易的发展而扩大（Perry，2007）。Kanbur 和 Zhang（2005）发现中国地缘辽阔，贸易开展情况不均衡，东部沿海城市的地理优势使得该区域贸易增长迅速，相反内陆城市贸易则相对欠缺，因此造成不同区域间收入差距的逐渐扩大。

此外，也有不少学者从不同角度研究贸易对收入差距的影响。例如 Tinbergen（1972）运用欧美数据进行实证分析，研究教育程度对收入分配的影响，他认为在经济贸易增长时期，教育程度的不同将会对收入分配产生影响，受教育时间越长，收入差距越小。20 世纪末期在贸易逐渐发达的欧美国家，研究者以中等教育入学率作为变量，研究贸易对高收入者与低收入者之间的关系，通过模型得出教育对低端收入者有显著效应，教育程度的提升将会增加低端收入者的收入，从而缩小低、高端收入者间的收入差距（Morrisson，1990）。

除了实证方法外，还有理论与实践相结合的方法。Kruger（1983）认为发展中国家多以劳动密集型产业为主导，劳动人口密度大，如果进出口贸易不平衡，会对其劳动力产生压力，最终使得劳动力输出过大。因此他对发展中国家进行长期考察，发现出口贸易将有效减小收入差距。

不少学者以城镇化水平衡量中国在贸易发展历程上的变化，考察城镇化水平对城乡收入差距带来的影响程度（欧阳金琼和王雅鹏，2014；王敏和曹润林，2015；齐红倩和席旭文，2015；冯梦黎和王军，2018）。其中，欧阳金琼和王雅鹏（2014）证实城镇化率对收入差距的影响呈现先缩小、后扩大、再缩小的变化趋势。王敏和曹润林（2015）指出城镇化进程正加速缩小城乡间的收入差距。他们先后采用GE指数分析和Stata软件进行实证分析，得到的结论为随着农村人口逐渐向城市转移，城乡居民收入差距逐渐减小。齐红倩和席旭文（2015）则认为城镇化率的不稳定将对城乡收入差距产生短期扩大而长期缩小的影响趋势。而冯梦黎和王军（2018）认为中国城镇化与城乡收入差距之间存在倒“U”形关系，城镇化水平的提升有助于提高劳动生产率和劳动力成本，进而有效缩小城乡收入差距。

GDP是衡量经济发展的度量标准，一些学者选取GDP作为指标变量进行实证研究（张帅 等，2009；何飞帆，2018）。其中张帅等（2009）认为GDP增长率是反映中国经济发展速度的标准，随着时代发展，进城务工人员逐渐增多，GDP的增长对城镇居民的收入有提高作用。何飞帆（2018）基于贸易角度，以中国多个省份为研究对象，选取GDP、教育程度等作为控制变量，认为收入分配会随着经济发展的变化而变化，经济发展水平上升将会缓解城乡收入差距。上述文献均提到了变量对城乡收入差距的控制程度，还有学者从劳动力角度分析影响劳动者收入的原因，并以此来检验贸易开放对收入的影响。宋将（2006）利用回归模型得出进出口贸易有利于推动国民收入提升，从长期来看，尤其出口贸易更有利于带动农村劳动力就业，从而增加农村居民收入，缩小城乡收入差距。李磊等（2011）运用调查数据方法，认为贸易开放对不同分工的劳动力有着不同的影响，尤其对于高技能劳动者的影响较大，地区间开放程度不统一造成了劳动者收入的不平等，若各地区持续开展贸易，将有效减小地区间的收入差距。

除此之外，还有一些学者也从不同角度证实贸易将有效缩小我国城乡收入差距（王少瑾，2007；胡超，2008；杨森平 等，2015；黄丽娟，2018）。

三、农产品贸易及城乡收入差距现状分析

（一）我国对外贸易发展趋势

自我国2001年加入世界贸易组织（WTO）后，我国对外贸易迈上了新台阶。2002—2020年，我国对外贸易进出口总额从2002年的51 378.15亿元增至2020年的322 215.24亿元，增长了5.27倍。其中，出口额从26 947.87亿元增至179 278.83亿元；进口额从24 430.27亿元增至142 936.40亿元；并且，在进口、出口对比方面，一直处于出口额大于进口额的状态。2002年，出口

额高于进口额 2 517.6 亿元，2020 年，出口额高于进口额 36 342.43 亿元，进出口差额逐渐增大。可见，我国对外贸易在规模上逐年扩大，也进一步说明我国对外贸易具备较强的国际市场发展潜力。

从我国对外贸易同比增速上看，我国呈现“先增后降”的循环波动趋势，近年来增速较慢，趋于稳定（表 4-16）。

表 4-16　2002—2020 年中国对外贸易进出口情况

单位：亿元

年份	进出口总额	出口总额	进口总额	进出口差额	贸易额增长率（%）
2002	51 378.15	26 947.87	24 430.27	2 517.60	21.70
2003	70 483.45	36 287.89	34 195.56	2 092.32	37.19
2004	95 539.09	49 103.33	46 435.76	2 667.57	35.55
2005	116 921.77	62 648.09	54 273.68	8 374.41	22.38
2006	140 974.74	77 597.89	63 376.86	14 221.03	20.57
2007	166 924.07	93 627.14	73 296.93	20 330.20	18.41
2008	179 921.47	100 394.94	79 526.53	20 868.41	7.79
2009	150 648.06	82 029.69	68 618.37	13 411.32	−16.27
2010	201 722.34	107 022.84	94 699.50	12 323.34	33.90
2011	236 401.95	123 240.56	113 161.39	10 079.16	17.19
2012	244 160.21	129 359.25	114 800.96	14 558.29	3.28
2013	258 168.89	137 131.43	121 037.46	16 093.98	5.74
2014	264 241.77	143 883.75	120 358.03	23 525.72	2.35
2015	245 502.93	141 166.83	104 336.10	36 830.73	−7.09
2016	243 386.46	138 419.29	104 967.17	33 452.12	−0.86
2017	278 099.24	153 309.43	124 789.81	28 519.62	14.26
2018	305 008.13	164 127.81	140 880.32	23 247.49	9.68
2019	315 627.32	172 373.63	143 253.69	29 119.94	3.48
2020	322 215.24	179 278.83	142 936.40	36 342.43	2.09

数据来源：《中国统计年鉴》。

2001 年，我国加入世贸组织，使得 2002—2008 年我国对外贸易总额增长势头迅猛，平均增速达 23.37%。2009—2014 年我国对外贸易总额增速处于波动态势。2008 年，世界金融危机阻碍了世界经济的快速发展，导致全球贸易进入深度调整期，抑制了我国对外贸易的进一步发展，我国 2009 年进出口贸易情况出现不稳，进出口总额有所回落，从 2008 年的 179 921.47 亿元下降到 2009 年的 150 648.06 亿元，同比下降了 16.27%。2010—2011 年随着国际经济的日益复苏，我国对外贸易也开始恢复增长，这两年的平均同比增速为 25.55%。随后，我国对外贸易同比增速放缓，2012—2014 年同比增速分别为 3.28%、5.74%、2.35%。2015 年，我国对外贸易进出口总额 245 502.93 亿元，同比下降了 7.09%，出口 141 166.83 亿元，同比下降了 1.89%；进口 104 336.1 亿元，同比下降了 13.31%，造成贸易顺差 36 830.73 亿元。这主要是由于我国经济发展已经步入新常态，我国贸易条件明显改善，对外贸易效益有所上升，步伐有所放缓，处于对外贸易增速的换挡期和结构的转型期。

虽然我国对外贸易同比增速呈现“先增后降”的循环波动趋势，但整体上来看，2002—2020 年我国对外贸易平均同比增速是 12.18%，说明我国对外贸易一直保持长年增加的势头，有利于我国经济再创新高。

从总量上看，2002—2008 年，由于中国经济发展和改革的进一步深化，国有企业发展进入新的阶段，我国对外贸易稳步增长。但是 2008 年美国发生次贷危机，全球进入贸易紧缩模式，中国的贸易也受到影响，影响效果体现出滞后的经济特征，所以 2009 年我国对外贸易出现绝对下滑和相对增长不足。2011 年以后，中国国际贸易结构调整。2013 年，中国提出“一带一路”的发展倡议，贸易重点从传统的进出口国转向“一带一路”沿线国家，贸易多元化得以实现，因此贸易得到较快增长。但是 2014 年开始，美国的国际霸权主义抬头，影响到中国这个世界第二大经济体，我国的贸易额出现下降然后又回升的规律。2015 年全球贸易进入自我调整时期，全球大宗商品价格下降，从而抑制中国对外出口，一些东南亚国家大力生产取代中国市场，比如越南等国家进军低端出口市场，在劳动密集型产品中扩张本国劳动力，因此造成 2015 年，中国进出口额整体下降，以东部地区为首的国际贸易呈下降趋势。随着 2016 年进出口额继续下滑，即使发达国家也面临着持续低速增长的状况，全球经济低迷。随后经过两年的市场竞争与政策调整，世界经济逐步复苏，最终在 2017 年我国对外贸易实现反弹，但由于 2019 年突发疫情，直到 2020 年我国对外贸易也处在低速增长的状况，进出口额最高达到 322 215.24 亿元。

依据农业农村部资料，本节对近 10 年我国主要农产品进出口额、数量进行分析，分为农产品进出口总体情况和农产品中的谷物、蔬菜、食糖、水果、畜产品和水产品进出口情况。

如图 4 - 8 所示，2002—2020 年我国农产品进出口额呈增加趋势，由

2002 年的 2 518.7 亿元，增加至 2020 年的 17 025.3 亿元，年均增长率 11.20%，2020 年比 2002 年增加了 5.76 倍。农产品进出口额占全部货物进出口额由 2002 年的 4.90%稳步提高至 2020 年的 5.28%。

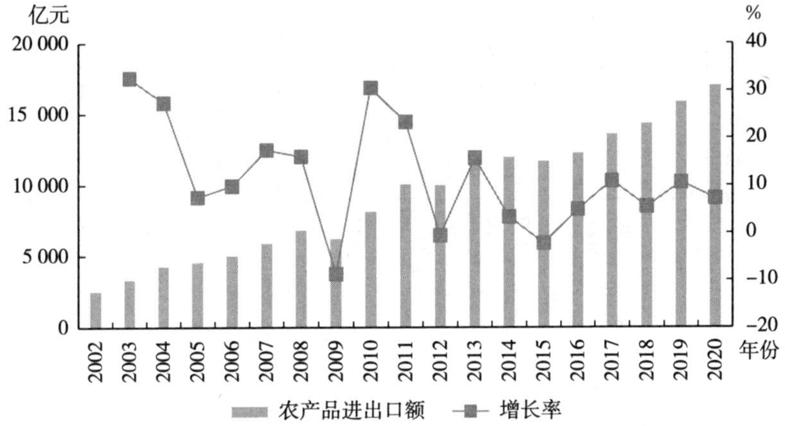

图 4-8　2002—2020 年中国农产品进出口额变化

如图 4-9 所示，2002—2020 年我国农产品出口额呈增加态势，由2002 年的 1 491.5 亿元，增加至 2020 年的 5 244.2 亿元，年均增长率为 7.23%，2020 年比 2002 年增加了 2.52 倍。

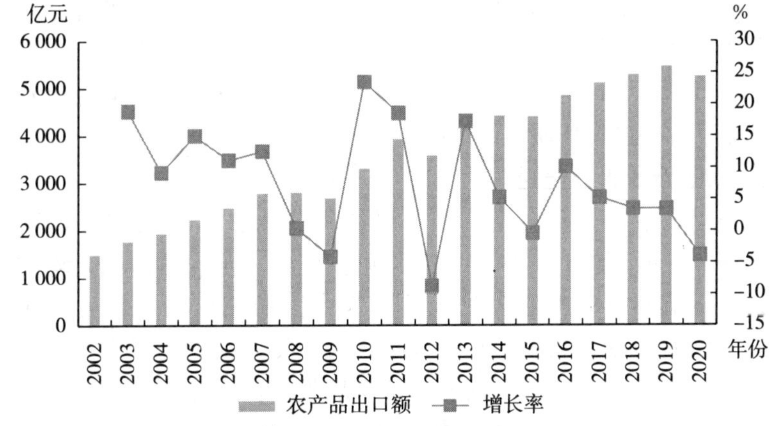

图 4-9　2002—2020 年中国农产品出口额变化

如图 4-10 所示，2002—2020 年我国农产品进口额同样不断增加，由 2002 年的 941.9 亿元，增加至 2020 年的 11 781.1 亿元，年均增长率为 15.07%，2020 年比 2002 年增加了 11.51 倍。

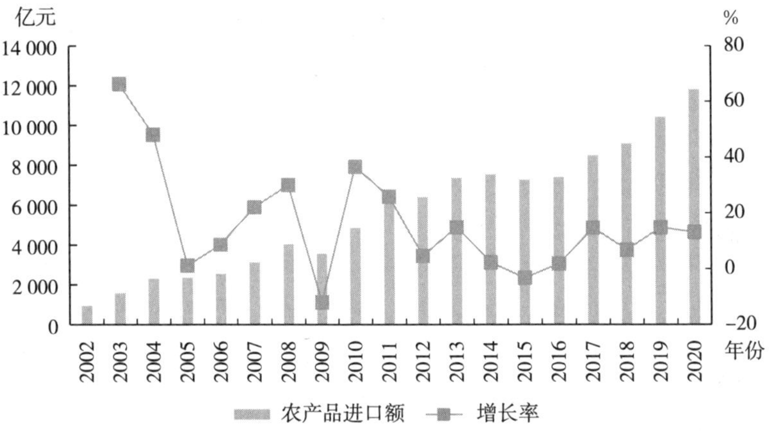

图 4-10　2002—2020 年中国农产品进口额变化

2001 年加入世界贸易组织后，我国农产品进出口额呈现双向增长态势，但二者之间的增长幅度却有很大差别，出口增长较为平缓，进口却呈大幅增长态势，出现了农产品进口额远远大于出口额而严重失衡的情况。尤其在 2020 年新冠疫情全球暴发后，各国均出台了严格的限制措施，2020 年我国农产品进口额同比增长 13.1%，出口同比减少 3.9%。海关总署数据显示，2020 年我国仅仅从美国进口农产品总额就达 1 627.4 亿元，由此可以看出我国对进口农产品尤其是对发达国家农产品的依赖性。新冠疫情的发生进一步放大了我国农产品进出口的失衡状况，一些农产品出口大国开始囤积粮食，限制其优质农产品出口，导致全球农产品价格上涨，在一定程度上影响了我国农产品进口，增加了我国进口优质农产品的难度。

（二）我国城乡收入差距现状

收入差距是指在一定时期内，居民所得收入在量上的差异，城乡收入差距是指在一定时期内，城镇居民人均可支配收入与农村居民人均纯收入之间的差异。本节所研究的城乡收入差距为中国城镇居民人均可支配收入与中国农村居民人均可支配收入间的差距。为了使论证更为严谨，实证结果更为合理，本节选用中国城乡居民人均可支配收入比率作为被解释变量，将从不同视角分析造成城乡收入差距的原因，提出解决办法，更好地维护社会公平。

随着社会不断发展，中国城乡收入差距问题仍然存在，表 4-17 选取 2002—2020 年我国城镇居民人均可支配收入与农村居民人均可支配收入数据，对我国整体城乡收入的差距情况进行统计分析。

表 4-17　2002—2020 年中国城乡收入差距情况

单位：元

年份	农村居民人均可支配收入	城镇居民人均可支配收入	收入差距	差距增长率（%）
2002	2 529	7 652	5 123	33.20
2003	2 690	8 406	5 716	11.58
2004	3 027	9 335	6 308	10.36
2005	3 370	10 382	7 012	11.16
2006	3 731	11 620	7 889	12.51
2007	4 327	13 603	9 276	17.58
2008	4 999	15 549	10 550	13.73
2009	5 435	16 901	11 466	8.68
2010	6 272	18 779	12 507	9.08
2011	7 394	21 427	14 033	12.20
2012	8 389	24 127	15 738	12.15
2013	9 430	26 467	17 037	8.25
2014	10 489	28 844	18 355	7.74
2015	11 422	31 195	19 773	7.73
2016	12 363	33 616	21 253	7.48
2017	13 432	36 396	22 964	8.05
2018	14 617	39 251	24 634	7.27
2019	16 021	42 359	26 338	6.92
2020	17 131	43 834	26 703	1.39

数据来源：中经网数据库。

由图 4-11 和图 4-12 可知，2002—2020 年，我国城镇、农村居民人均可支配收入都呈逐年上涨趋势，同时城乡差距也逐渐增大，差距增长率在 2008 年金融危机后开始有所下降，这说明中国政府及时对此作出调控，改善原有结构，统筹城乡发展，使得金融危机后，中国城乡收入差距增长率呈现逐渐减小趋势，然而形成这种现象与诸多因素相关，这正是本节所要研究的内容。2013 年开始，中国城乡收入差距增长率开始平稳低速增长，这是由于 2013 年正是政府调整思路、改变政策重心的一年，政府经济目标转向提高居民生活质量水平，更加注重民生，尤其以收入和就业作为 2013 年的重要经济指标。2013 年实现充分就业使得农村居民收入增长，这是否意味着就业与失业是城乡收入差距的影响因素呢？这也是本节接下来要具体研究的因素之一。

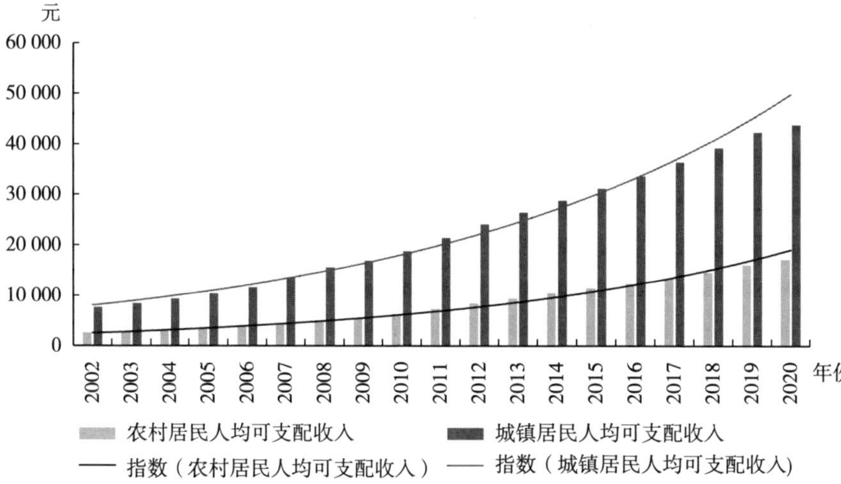

图 4-11　2002—2020 年中国城乡收入对比及趋势

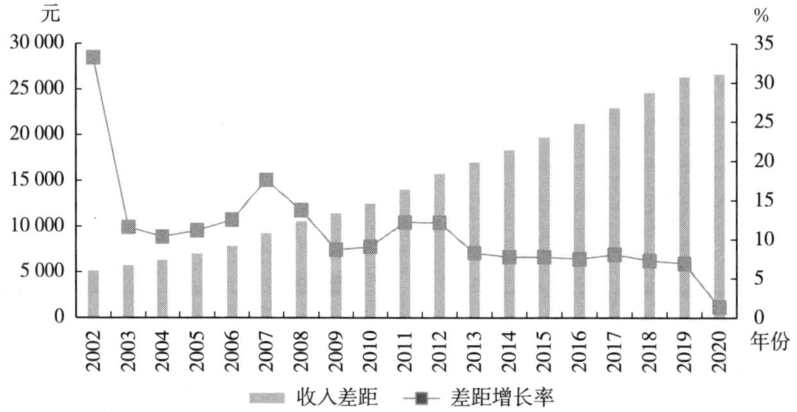

图 4-12　2002—2020 年中国城乡收入差距及差距增长率

四、农产品出口影响因素及实证分析

（一）变量与模型

根据 S-S 定理，影响收入的主要因素是生产，基于生产函数的框架，本节构建反映农产品进出口与农民收入关系的生产函数作为理论模型：

$$Y = f(K, L, T)$$

上式中，因变量为我国城镇和农村居民人均可支配收入的比值，用 Y 来表示。因为本节考察的是农产品出口额与城乡收入差距的关系，因此需要引入主要变量农产品出口额（EX），考虑到异方差等误差，对此变量进行对数处理，得到 $\ln EX$，即我国历年农产品出口额的对数。本节根据上述作用机制的分析，引入了城镇化率、经济发展程度、教育程度、失业率四种重要变量作为控制变量进入模型，分别用 $CITYR$、$\ln GDP$、EDU、$\ln UNEMP$ 来表示。最终本节的实证模型设定如下：

$$Y = \beta_0 + \beta_1 \ln EX + \beta_2 CITYR + \beta_3 \ln GDP + \beta_4 EDU + \beta_5 \ln UNEMP + E$$

上式中，β_0 为常数项，β_1 至 β_5 为待估参数，E 为残差项。

（二）变量选取及数据处理

实证分析所涉及的变量主要有：被解释变量，即城乡收入差距；解释变量，即农产品出口额（相应的取对数）；控制变量，即除贸易外的其他影响因素，分别是城镇化率、经济发展程度、教育程度、失业率。

被解释变量：

本节参考张然（2020）的变量选取方法，运用《中国统计年鉴》的数据整理计算，得到被解释变量——我国城镇居民人均可支配收入与农村居民人均可支配收入的比值，用 Y 表示。

解释变量：

根据《中国统计年鉴》和我国农业农村部的数据并结合实际，本节使用农产品出口额的对数作为解释变量，用 $\ln EX$ 来表示，单位为亿元。《中国统计年鉴》此项数据单位为亿美元，为了与本节各变量单位（亿元）保持一致，进行了汇率币值转变。

控制变量：

城镇化率。不少学者采用城镇人口与城镇和农村人口总和的比值得出城镇化率，并以此作为控制变量研究其对城乡收入差距的影响（王敏和曹润林，2015；李恒和袁冬梅，2012）。本节借鉴其方法并查阅《中国统计年鉴》相关数据计算得到各省份城镇化率，用 $CITYR$ 表示。

经济发展程度。何飞帆（2018）、张帅等（2009）等用 GDP 增长率来衡量经济发展程度，并以此作为解释变量对城乡收入差距进行研究，特别是张帅等（2009）以 GDP 增长率考察其对城镇居民与农村居民收入的不同影响。本节取 GDP 增长率的对数作为控制变量，查阅《中国统计年鉴》中中国各省份的地区生产总值，用“（本年度地区生产总值－上年度地区生产总值）/上年度地区生产总值”的计算方法计算各地 GDP 增长率。

教育程度。从国内、国外文献来看，很多学者的研究中都以教育程度作为变量研究其对城乡收入差距的影响。本节采用六岁及以上人口中高中人口占比作为控制变量，用 *EDU* 表示。

失业率。奥肯定律由阿瑟·奥肯（1962）提出，他认为 GDP 与失业率存在相对稳定的关系。中国人口基数大，失业问题也会导致城乡居民收入不平等。失业率是相对于就业率来说的，本节研究城乡收入差距，其中收入与就业率、失业率都有着密不可分的关系，并且在文献中也得到证实。本节参照孙永强和万玉琳（2010）、沈海萌（2016）的方法，查阅《中国统计年鉴》中我国历年失业率取其对数作为本节的控制变量，用 ln*UNEMP* 表示。

（三）实证分析

1. 模型回归结果及分析

本节所有变量的数据均来自《中国统计年鉴》以及我国农业农村部网站。根据前一节的回归模型进行静态面板数据回归，回归结果如表 4－18。

表 4－18　农产品出口回归结果

	被解释变量：城乡收入差距
农产品出口额	－0.278***
	（－1.807）
城镇化率	－10.958*
	（－6.381）
经济发展程度	0.658*
	（5.499）
教育程度	－4.143**
	（－2.889）
失业率	－2.523*
	（－3.705）
常数项	7.349*
	（3.541）
样本量	19
R^2	0.981
F 统计量	131.685

注：*、**、*** 分别代表在 1%、5%和 10%的水平下显著。括号内为 t 值。

从表 4－18 回归结果可以看出，R^2 高达 0.981，各变量的 P 值在不同百分比下均通过检验，F 统计量高达 131.685，可见该回归方程的拟合程度好。

解释变量农产品出口额的系数为负，说明我国农产品出口额与城乡收入差距是负相关关系，也即我国农产品出口额的扩大会缩小城乡收入差距。

变量城镇化率的系数为负，说明我国城镇化水平的提升会缩小城乡收入差距。我国为解决区域发展不平衡不充分问题，实施新型城镇化战略，持续推进城镇化，因此会产生缩小城乡收入差距的结果。

变量经济发展程度的系数为正，说明 GDP 的增长会扩大我国城乡收入差距。因为我国目前存在区域发展不平衡不充分的问题，虽然我国经济稳步前进，但这种不平衡不利于农产品产业链的优化，将会影响收入（对不同地区影响不同），因而拉大了二者间的收入差距。

变量教育程度的系数为负，意味着我国居民受教育程度的提高会缩小我国城乡收入差距。因为教育能够使劳动者掌握各项劳动技能，不断拓宽丰富我国劳动者的就业领域，进而为劳动者带来较为可观的收入。然而，目前我国教育体制仍然有待完善，部分农村地区受教育的客观条件较差，进而影响该部分农村居民的收入，此种状况不利于缩小城乡收入差距。因此，我国应加强重视教育，进一步扩大对农村地区教育人力资本的投入，这样有助于缩小我国城乡收入差距，尽早实现共同富裕的目标。

变量失业率的系数为负，说明失业率与城乡收入差距之间存在负相关关系。这也不难理解，失业率越高，社会上闲置人口自然更多，闲置资源就更多。第七次全国人口普查结果显示我国城镇人口比重超过 60%。失业的影响在城镇更大，城镇居民人均收入将会下降，而失业对农村带来的影响较小，其结果就会缩小二者间的收入差距，这符合经济现实意义。但不能用较大的失业率来换取城乡收入均衡的表象，因为失业率的扩大会加剧社会的动荡，失业率只能当做变量来控制而不能基于此运用政策来调控其他指标。

2. 稳健性检验及分析

（1）替换被解释变量

为了检验回归结果的稳健性，将用城乡收入偏离度来替换被解释变量，进行的回归结果如表 4－19 所示，农产品出口额的系数和显著性与基准回归的结果一致，对城乡收入差距产生负向影响，且在 10%的显著性水平下通过检验。城镇化率、经济发展程度、教育程度和失业率的系数都与基准回归结果一致，实证结果稳健。

表 4－19　替换被解释变量回归结果

	被解释变量：城乡收入偏离度
农产品出口额	－0.277***
	(－1.798)
城镇化率	－10.965*
	(－6.367)
经济发展程度	0.658*
	(5.483)
教育程度	－4.146**
	(－2.883)
失业率	－2.526*
	(－3.697)
常数项	6.353*
	(3.053)
样本量	19
R^2	0.981
F 统计量	130.943

注：*、**、*** 分别代表在1%、5%和10%的水平下显著。括号内为 t 值。

（2）替换解释变量

为了检验回归结果的稳健性，将解释变量替换为我国农产品对外贸易总额，进行的回归结果如表 4－20 所示，主要变量的系数和显著性水平与基准回归的结果一致，说明无论是农产品单方面的出口还是农产品总进出口都对缩小城乡收入差距具有积极的影响。城镇化率、经济发展程度、教育程度和失业率的系数都与基准回归结果一致，实证结果稳健。

表 4－20　替换解释变量回归结果

	被解释变量：城乡收入差距
农产品对外贸易总额	－0.080***
	(－0.931)
城镇化率	－10.650*
	(－5.353)
经济发展程度	0.625*
	(3.711)

（续）

	被解释变量：城乡收入差距
教育程度	−0.250***
	(−12.160)
失业率	−2.180*
	(−3.137)
常数项	5.849**
	(2.837)
样本量	19
R^2	0.977
F 统计量	111.883

注：*、**、*** 分别代表在 1%、5%和 10%的水平下显著。括号内为 *t* 值。

3. 异质性检验及分析

农产品出口额对城乡收入差距的计量回归结果表明发展农产品出口贸易会缩小城乡收入差距。为了得到更进一步的回归结果，这里对农产品出口贸易进行细分，根据前文以及我国农业农村部资料，本节将农产品出口贸易分为六大类。为了更深层地探索农产品出口对城乡收入差距的具体影响程度，我们根据资料数据的可得性，选取其中四类进行异质性分析，一是谷物，二是蔬菜，三是食糖，四是水产品，试图得到更具体的回归结果。

接下来，我们将四类农产品出口类别再次进行回归，回归结果如表 4-21 所示。

表 4-21 拓展回归结果

	谷物	蔬菜	食糖	水产品
	ln*GUWU*	ln*SHUCAI*	ln*SHITANG*	ln*SHUI*
农产品出口额	0.035***	−0.014***	−0.236***	−0.253*
	(1.905)	(−0.156)	(−2.980)	(−4.560)
城镇化率	−10.794*	−9.776*	−8.948***	−12.943*
	(−6.524)	(−5.275)	(−9.600)	(−9.954)
经济发展程度	0.592*	0.499*	4.099	0.691*
	(6.508)	(4.347)	(1.020)	(10.213)
教育程度	−3.526**	−4.576**	−0.250***	−0.662***
	(−2.334)	(−2.796)	(−12.160)	(−0.505)

（续）

	谷物 lnGUWU	蔬菜 lnSHUCAI	食糖 lnSHITANG	水产品 lnSHUI
失业率	−2.071*	−2.040**	−0.133	−2.900*
	(−3.371)	(−2.867)	(−0.270)	(−6.142)
常数项	4.858**	5.856**	5.849***	7.428*
	(2.486)	(2.753)	(25.060)	(5.442)
样本量	19	19	19	19
R^2	0.981	0.976	0.983	0.991
F 统计量	134.686	104.933	148.442	276.380

注：*、**、*** 分别代表在1%、5%和10%的水平下显著。括号内为 t 值。

在区分农产品出口贸易类别后，通过回归得到如下结果。在考虑控制变量的情况下，蔬菜、食糖以及水产品出口均对城乡收入差距呈现负相关，也就是说发展以上三种农产品的出口贸易会缩小城乡收入差距，一定程度上会促进我国接近共同富裕的最终目标，其结果与本节所要得到的结论基本一致。

然而谷物出口对城乡收入差距呈现正相关，在10%的显著水平下系数是显著的，也就是说谷物出口贸易会扩大城乡收入差距。这种结果虽与研究的目标结果有偏差，但也可以理解。因为根据 Taiji Furusawa 和 Hideo Konishi（2020）的研究可知，贸易与收入存在一个倒“U”形关系，也就是说只有当贸易发展达到一定程度时才能降低城乡收入差距。而近几年我国在谷物出口贸易方面一直处在上升阶段，各项技术、政策也在不断地变化中，谷物的出口很大程度上处在倒“U”形的上升阶段，因此系数为正（谷物出口的增加会扩大城乡收入差距）的结果可以接受。

五、结论和建议

（一）结论

本节通过理论和实证的分析，说明我国农产品出口对城乡收入差距存在着影响，并且这一影响呈负相关，即农产品出口贸易的扩大会缩小城乡收入差距。本节基于回归模型的实证结论，可总结为以下五个方面：

第一，我国农产品对外贸易与城乡收入差距之间呈负相关关系，即农产品对外贸易规模的扩大会缩小城乡间的收入差距。

第二，我国农产品出口的发展有利于缩小城乡收入差距。

第三，在替换城乡收入差距的计算指标（替换为城乡收入偏离度）后，也能得到农产品出口与城乡收入差距的负相关关系，说明我国农产品出口的扩大会缩小城乡收入差距。

第四，我国城镇化率、受教育程度和整体失业率的提升都能一定程度上缩小城乡收入的差距；而我国总体经济的发展会一定程度上扩大我国城乡收入差距。

第五，农产品出口的分行业实证结果显示，我国农产品行业出口贸易对城乡收入差距的影响大部分与总体一致，为负相关关系（谷物除外），即行业出口贸易的发展也将缩小城乡间的收入差距，有利于缓解我国城乡收入不平衡的现状。因此，总体来说农产品行业对外贸易的发展有助于缩小城乡收入差距。

（二）建议

通过上述的现状分析以及实证分析，我们可以发现农产品出口额、城镇化率、经济发展程度、教育程度对城乡居民收入差距都有影响，就目前而言，城乡收入差距缩小的现状是各类因素共同影响的结果。所以为了进一步缩小城乡收入差距，也为了实现共同富裕的总体目标，本节将从这些角度入手，基于一些文献研究，对缩小我国城乡居民收入差距提出政策建议。

1. 对于扩大农产品出口贸易规模的建议

一是有关部门可以出台相关的政策及法律法规，为农产品出口贸易的扩大发展提供更优渥的条件，以及创造更有优势的营商环境。并且相关部门应建立农产品出口市场和出口价格的指导机制。

二是我国应制定与当前农业发展现状和农产品出口结构相适应的农产品出口贸易发展战略规划。第一，不断拓宽市场范围。第二，加大对农产品企业的扶持力度，加强与之相关的政策支持。

三是我国应优化农产品出口结构。第一，在保持我国在水果、蔬菜和水产品出口优势的基础上，不断扩大其他各种农产品的出口。第二，提高出口农产品的附加价值。第三，通过政府的外部财政支持和企业的内部技术创新，优化我国农产品出口结构。

2. 对于其他影响因素的建议

一是推动城镇化建设。随着我国对城乡建设的逐步重视，城镇化率不断提高。但城镇化率不能只追求城镇人口比重数值的增加、进度的加快，还要追求质量的提升，这样才能提高居民收入水平。所以推动城镇化建设首先要加大对农村地区的基础设施建设，增强农产品竞争力。其次政府还应制定相应的扶持政策，积极鼓励农民走入国际市场，达到城乡平衡发展，共同富裕。

二是推动我国经济的总体发展。近年来我国一直提倡双循环经济，即以国内大循环为主体、国内国际双循环相互促进的新发展格局。整体的经济大环境往往能影响很多事情，例如我国的总体贸易、居民的消费水平、城镇和乡村的收入等等，因此需要把握经济总体稳步增长才能促进贸易（农产品出口）、才能为实现共同富裕营造良好的经济环境。

三是进一步推动教育事业的发展。政府要引进高新技术人才，重视教育产业，促进第三产业经济发展，形成更多就业机会，从而提高资源配置效率，进而提升居民收入。在第三产业中，教育产业的发展尤为重要。首先，我国应该加强教育建设，不仅要加强城市教育也应大力扶持农村教育建设。其次，在农村教育中，应增加农村教育扶持政策，吸引更多青年优秀教师投身农村教育。另外，政府应整合现有资源，建立高新技术归国人才培训基地，让更多留学生回国后能够学以致用，将国外学到的知识充分发挥并运用到实际中来，提高就业，促进经济发展。因此，我国应重视教育产业，重点培养高新技术劳动人才，提高生产技术水平，从而提高生产效率，增加人均收入，使收入分配更加合理。

四是适当控制失业率。现实生活中，实际失业率通常作为判断宏观经济运行是否正常的重要参考。失业率太高固然会引发一系列社会问题，例如消费萎缩，消费萎缩就意味着生产产品滞销，进而导致企业裁员或者倒闭。这将导致GDP下降；会增加治安之类的问题，因为失业的人增多无形增加了犯罪率以及治安成本；国家的负担就越重，很多人只能依靠国家保障过日子，不能创造价值反而要消耗生产资料。但是失业率也并非越低越好，更不可能消除。一方面失业率过低意味着社会的基层劳动力不足，从而迫使底层行业提升薪资水平，这种情况极易演变成通胀的恶化；另一方面失业率过低会使得劳动力向上发展的意愿不足。而以上的种种情况都不利于我国贸易的发展，也就是说过高或者过低的失业率都会加大城乡收入差距，因此需要将失业率控制在合理范围之内。

第四节　贸易与共同富裕：服务贸易视角

一、引言

改革开放以来，随着全球化的不断深化，我国经济产业结构调整，服务贸易体制机制改革加快，扩大开放的力度也在持续增强，通过服务贸易创新试点、自贸试验区建设及数字贸易等新模式构建，我国推动服务贸易在整体发展水平、贸易结构和方式上均取得了较大突破和成绩。一是服务贸易全球份额持续提升，服务贸易逆差持续缩小。二是持续推进服务贸易开放，紧跟全球服务贸易新趋势。三是数字贸易迅速发展，成为全球贸易新的发展引擎。并且随着信息技术的发展，许多服务如信息、金融、保险、呼叫中心等都可以进行数字存储和贸易，并且在贸易中要比货物贸易受到更少的贸易壁垒。由于这些变化，服务活动越来越具有可贸易性，服务贸易的规模在迅速扩大。

另一方面，伴随着我国经济的持续、高速增长，我国贫富差距问题日趋严重，具体表现在：基尼系数超过国际警戒线、城乡居民收入差距扩大、地区间收入差距扩大、行业间收入差距扩大、劳动分配不公等。以衡量居民收入差距的基尼系数这一指标为例，国家统计局发布的数据显示，我国 2008—2018 年的基尼系数都在 0.4 以上，而 0.4 被认为是收入差距扩大的警戒线。综上所述，当前中国的收入差距处于一个不合理的限度，这值得我们警惕并进行研究。

收入差距问题实质上就是要素价格分配不平等的问题，而国际服务贸易则涉及要素流动的代替。目前我国学术界对于收入差距的研究主要是从国内市场出发，即使涉及外贸也是以货物贸易与对外投资为主，对于服务贸易的研究甚少。尽管如此，服务贸易作为经济发展的标志之一，其增长速度已经超过货物贸易，无论对中国还是世界，服务贸易对于收入差距的影响效果已经成了经济学上不可忽视的问题。

以上的理论为我们进一步分析发展服务贸易与缩小收入差距之间的关系提供了启示。目前在共同富裕的大背景下，关于发展中国家服务贸易对收入分配影响的研究较少，本节结合服务贸易的特征来研究如何缩小收入差距。研究内容主要包括：第一，以可获得的各省份服务贸易出口额为解释变量，为缩小收入差距提供新想法。第二，在借鉴城乡收入差距泰尔指数测算的基础上，测算省际的泰尔指数指标，为后续研究提供参考。第三，分析服务贸易出口对缩小收入差距的机制和路径，着重从就业效应、收入效应和技术外溢效应分析影响收入差距的内在动因。

二、文献综述

共同富裕是社会主义的本质要求，习近平总书记指出：“我们追求的发展是造福人民的发展，我们追求的富裕是全体人民共同富裕。”促进全体人民共同富裕，包括解决我国发展不平衡不充分问题、缩小城乡区域发展和收入分配差距。目前我国城乡、地区、行业、部门之间的收入差距不容忽视，缩小收入差距成为促进国民经济增长的重要问题。就经济学的角度来看，实现共同富裕的实质就是解决收入分配问题和缩小收入差距。

经济学理论中对于缩小收入差距的研究主要集中于经济增长、教育水平、国家政策、贸易。其中贸易对收入分配的影响早在传统贸易理论中就被提及，Heckscher 和 Ohlin 提出的 H-O 模型以及在此基础上衍生的由 Stolper 和 Sammuelson 提出的 S-S 定理认为贸易开放会通过提高国内熟练劳动力的工资，扩大劳动力之间的收入差距。在现代贸易对收入分配的研究中，彭红菊（2017）、范爱军（2013）表明我国货物贸易与城乡收入差距、行业收入差距及地区收入差距均是正相关关系，货物贸易的发展会使收入差距先减少后扩大。

然而以上的研究主要是针对货物贸易而言的，服务贸易作为影响收入分配的特殊要素，是推动经济增长的新引擎，在共同富裕的大背景下，服务贸易可以作为缩小收入差距的有效手段。Harrigan（1998）、戴维（2020）、唐元（2016）都认为在短期内，服务贸易开放对城乡收入差距具有格兰杰因果关系，从而提高了我国相对国民收入。首先，从服务贸易对收入分配的影响因素来看，技术进步和服务外包被认为是影响收入分配的重要因素。邢恩泽（2015）、张莉（2012）认为服务贸易与技术进步的关系会影响收入分配，服务贸易可以促进技术进步，使一国经济发展水平和人均收入水平提高。Markusen 和 Strand（2008）考虑到由于低技术密集型服务更易于标准化，生产者将会把该服务外包到生产成本更低的低收入发展中国家，这最终将导致高收入发达国家劳动者收入水平的提升幅度远远大于其他技术水平的劳动力。其次，从行业和地区视角来考察，冯爽（2017）、Markusen 和 Srand（2008）指出中国地区间服务贸易开放程度的不均衡会扩大东中西部地区间的收入分配差距，由此扩大地区间的收入差距。Mehta 和 Hasan（2012）、肖晓军（2015）则将服务贸易细分为具体的行业，每类行业对缩小收入差距的作用程度不一，由此产生了行业间的收入差距以及劳动力间的收入差距。最后，从服务贸易与制造业的联系来看，Fukuda（2019）、路玮孝（2021）、Navia 和 Giral（2021）认为服务贸易从制造业的跨部门知识交易中获益，这促进了服务行业收入水平的提升，服务业对制造业的反哺作用在增强。

基于上述分析，考虑服务贸易出口与收入差距的关系时，以下两个问题十分重要：服务贸易是否可以缩小收入差距？服务贸易出口缩小收入差距的具体机制是什么？对上述问题的回答不仅有助于实现我国服务贸易“走出去”的战略，也可以指明服务贸易对未来经济发展的引领方向。

三、模型设定与变量、数据说明

本节根据变量数据的可获得性，选取 2007—2019 年我国省际面板数据作为样本数据，通过固定效应模型检验服务贸易开放水平对我国收入差距的影响。

(一) 模型设定

在理论机制模型的假设基础上，基于固定效应的模型构架，本节的计量模型设定如下：

$$y_{it}=\beta_0+\beta_1 \ln service_{it}+\beta_2 X_{it}+i+t+e_{it}$$

上式中，y_{it}为测算出的各省份泰尔指数，下标 i 和 t 分别表示省份和时间，$\ln service_{it}$表示各个省份的服务贸易出口额的对数。X_{it}表示控制各个省份的其他方面的差异，包括金融发展水平、教育水平、制造业水平、基建水平、科研强度、外商直接投资。i 表示地区固定效应，t 表示时间固定效应，e_{it}表示随机误差项。

(二) 指标测算

1. 核心指标测算

我们参考戴维（2020）的方法，用泰尔指数衡量地区间的收入差距，其优点在于能充分考虑人口比重变化对收入差距的影响。王少平和欧阳志刚在参考 Shorrocks 计算方式的基础上利用泰尔指数度量了我国的城乡收入差距，泰尔指数越小，说明地区间的收入差距越小。

服务贸易出口是国际收支的重要来源之一，不同地区间的服务贸易开放程度不一，对当地的收入影响也不一样，本节采用各省份历年来的服务贸易出口额的对数作为衡量服务贸易开放程度的指标。

2. 控制变量

本节参考相关文献和常用方法，设置如下控制变量：金融发展水平以历年各省份金融业增加值表示；教育水平以各省份的教育年限来估算；制造业水平以各省份制造业固定资产投资表示；基建水平以全社会固定资产与 GDP 的比值来表示；科研强度以各省份科学技术财政支出表示；外商直接投资以各省份外商直接投资总额表示。

(三) 数据说明

本节实证部分数据包括 25 个省（自治区、直辖市）2007—2019 年共 325 个观测样本。由于统计口径的问题，本节数据未包括中国香港、澳门和台湾地区。内蒙古、西藏、宁夏、青海、广西和甘肃因为数据严重缺失，并未列在考虑范围内。数据来源包括国家统计局网站、各地统计年鉴以及《中国统计年鉴》《中国商务统计年鉴》。

四、实证结果

(一) 基本结果及分析

经过 LLC 和 IPS 的单位根检验，拒绝原假设，故面板数据平稳。回归过程选择个体固定效应（FE）和双向固定效应（DFE）模型估计，在控制所有变量后，模型（1）、（2）的回归结果均显示服务贸易开放程度对收入差距具有负向影响，估计系数都在5%的水平上显著，初步表明扩大服务贸易出口对缩小收入差距有促进作用。

由于变量之间的内生性问题，参数值的估计结果可能有偏，在进行个体固定效应、双向固定效应回归时对因变量和自变量取对数，回归结果及分析结果如表4-22。

表4-22　基准回归

	(1) FE	(2) DFE
服务贸易开放程度	−0.076 1**	−0.062 2**
	(0.028 3)	(0.028 9)
制造业水平	−0.000 000 09	−0.000 007
	(0.000 02)	(0.000 02)
金融发展水平	−0.000 07***	−0.000 03*
	(0.000 01)	(0.000 02)
基建水平	−0.292 0***	−0.197 0**
	(0.087 0)	(0.092 9)
教育水平	−0.116 0**	−0.001 8
	(0.051 3)	(0.055 7)
外商直接投资	0.077 0***	0.070 9**
	(0.023 8)	(0.026 0)
科研强度	0.001 8	−0.000 8
	(0.001 3)	(0.001 3)
常数项	−0.764 0*	−1.887 0***
	(0.405 0)	(0.435 0)
样本量	325	325
R^2	0.815 0	0.864 0

注：*、**、*** 分别代表在1%、5%和10%的水平下显著。括号内为标准误。

表4-22中所有模型的R^2均表明模型拟合得比较好，说明引入的解释变量还是合适的，对缩小收入差距具有较好的解释力。其中核心解释变量与控制变量对收入差距的解释包括以下7个方面：

服务贸易开放程度的估计系数为负，并且在统计学5%的水平上显著，表明发展服务贸易出口对省际收入差距具有明显的缩小作用。在理论上，服务贸易作为国家贸易结构的重要组成部分，可以通过就业效应、技术外溢效应、收入效应提高居民收入。服务贸易作为劳动密集型或资本密集型的服务，可以缩小国内的收入差距。实证结果也表明服务贸易可以利用各省份的劳动力，从而提高居民收入，缩小省际收入差距。

制造业水平的估计系数为负，虽然在统计学上不显著，但表明制造业结构改善可以缩小收入差距。在理论上，我国制造业产业结构变化与居民收入差距存在倒“U”形的非线性关系，即制造业结构变化超过了临界值时，具有缩小居民收入差距的效应。目前我国制造业发展完善，对收入差距的影响处于倒“U”形曲线的后段。实证结果表明制造业结构的升级会对缩小收入差距产生有利影响，但结果不显著。

金融发展水平的估计系数为负，在统计学上显著。不同学者就金融发展水平对收入差距的影响持有不同态度，大部分学者支持金融发展会缩小我国收入差距。在理论上，金融发展是工业化和城市化发展的必然结果，而城市化水平的提高会带来农村地区收入水平的提高。实证结果表明金融发展会缩小省际收入差距。

外商直接投资的估计系数为正，在统计学上显著，表明外商投资对收入差距有一定的扩大作用。在理论上，外商直接投资对收入差距的影响主要通过区分熟练劳动力与非熟练劳动力的工资来实现，外商直接投资通过影响流入不同服务行业的劳动生产率来影响各行业工资水平。实证结果表明外商直接投资会扩大省际收入差距。

基建水平的估计系数为负，在统计学上显著，表明基础设施建设的发展对收入差距有缩小作用。基础设施建设通过劳动力决策来影响收入差距，我国目前支持劳动力返乡政策，当劳动力选择返乡时，基础设施建设会缩小城乡收入差距与省际收入差距。实证结果表明基础设施建设有利于缩小省际收入差距。

教育水平在个体固定效应下的估计系数为负，并且在统计学5%的水平上显著，表明教育年限对收入差距有缩小作用。教育年限对收入差距的影响一般呈倒“U”形曲线，教育对收入差距的影响是先扩大再缩小。在前半段，教育水平对个人能力、工资收入、消费水平等产出指标产生影响，教育水平越高，消费能力越强，收入差距越大。在后半段，教育的边际效应逐渐显现，而且在教育普及的情况下，对缩小收入差距呈积极作用。

科研强度在双固定效应下的估计系数为负，虽然在统计学上不显著，但表明科研强度的提高对收入差距具有缩小作用。科研强度代表着各省份的技术水平，并且技术水平对于服务贸易的总体影响不容忽视，特别是以知识以及技术密集型为特征的新兴服务贸易。在理论上，科研强度可以改善服务贸易的生产模式，提高生产效率，提升居民收入。实证结果也表明各省的科研强度可以提高居民收入，缩小省际收入差距。

（二）稳健性检验与内生性处理

1. 稳健性检验

为确保回归结果的可靠性和真实性，在稳健性检验中本节将采用两种方式进行检验。一是更换被解释变量，用城乡收入比来替换泰尔指数，参考胡颖（2021）的方法，用城镇居民人均可支配收入与农村居民人均纯收入的比值代表城乡收入比。二是更换核心解释变量，参考戴维（2019）的方法将服务贸易出口额扩大到服务贸易进出口额。采用OLS回归与固定效应模型，得到的回归结果如表4-23，在OLS模型与固定效应模型下，模型（1）、（2）、（3）、（4）中服务贸易开放程度的估计系数依旧为负并且显著，表明基本回归结果稳健。

表4-23　稳健性检验

	被解释变量：城乡收入比		核心解释变量：服务贸易进出口额	
	（1）OLS	（2）FE	（3）OLS	（4）FE
服务贸易开放程度	−0.014*	−0.028*		
	（0.008）	（0.016）		
服务贸易开放程度			−0.131***	−0.060*
			（0.019）	（0.033）
常数项	2.068***	1.726***	1.558***	−0.714
	（0.097）	（0.188）	（0.208）	（0.439）
样本量	300	300	300	300
R^2	0.526	0.738	0.784	0.807

注：*、**、***分别代表在1%、5%和10%的水平下显著。括号内为标准误。

2. 内生性处理

核心解释变量可能存在遗漏变量带来的内生性问题。本节采用海外市场接近度作为工具变量解决可能存在影响泰尔指数计算的遗漏变量问题。主要考虑如下：海外市场接近度作为外生变量，不对一地区的泰尔指数计算产生直接影响，但优越的地理位置有助于该地区服务贸易的积极发展，进而提升该地服务贸易水平。

表4-24展现了海外市场接近度作为工具变量的两阶段最小二乘法(2SLS)估计。同时本节采用了多种统计检验(Durbin和Wu-Hansam)进行有效性判断，检验结果均显示拒绝原假设，说明工具变量的有效性，并且工具变量为非弱工具变量。使用工具变量法后，分别对原数据和滞后一期的数据进行回归，我们发现结论依然稳健，核心解释变量系数依然为负，即我国服务贸易出口的发展对缩小收入差距具有显著促进作用。

表4-24　内生性处理

	(1) Ⅳ	(2) 滞后Ⅳ
海外市场接近度	−0.509***	
	(0.028)	
海外市场接近度滞后一期		−0.005***
		(0.000 4)
常数项	−0.641***	−2.016***
	(0.104)	(0.040)
样本量	325	300
R^2	0.687	0.703

注：*、**、*** 分别代表在1%、5%和10%的水平下显著。括号内为标准误。

(三) 分地区异质性检验

服务贸易开放程度对我国省际收入差距的影响还可能体现在地区层面。为了进一步检验服务贸易出口对我国不同地区的作用差异，现将总样本划分为东部地区、中部地区和西部地区三个子样本进行回归。我国东部地区具有显著的区位优势、市场优势和政策地位优势，中部地区次之，西部地区居末。沿海城市开放以来，东部地区的服务贸易出口水平与西部地区逐渐拉大。但近年来，随着东部地区服务贸易出口潜力逐渐饱和，中部地区服务贸易出口稳定上升，人口、资金、政策都向中部迁移、倾斜。其一，2000年以来，中部地区除山西外，其他五省的人口迁移率均高于全国水平，为中部地区提供了充足劳动力。其二，《中国城乡发展报告》显示中部地区固定资产投资额逐年上升，固定资产投资可以缩小收入差距。中部地区的服务贸易出口额高于西部，而东部和中部的服务贸易出口额差别不大。东部、中部和西部的服务贸易出口对收入差距的缩小程度是值得探讨的问题。

表4－25回归结果与预期基本结果一致，在模型（1）、（2）中服务贸易开放程度的估计系数都为负，并且分别在1%和10%的水平上显著，虽然模型（3）中西部地区的异质性检验不显著，但估计系数为负。这表明服务贸易出口的发展对缩小东中部的收入差距具有推进作用，并且解释变量服务贸易出口额对中部地区的作用大于东西部地区，对东部地区的作用大于西部地区，这与理论模型分析的结果一致。

表4－25　分地区异质性检验

	(1) 东部	(2) 中部	(3) 西部
服务贸易开放程度	−0.052 7*	−0.077 3***	−0.013 4
	(0.030 7)	(0.021 9)	(0.030 2)
制造业水平	0.000 02	−0.000 06	−0.000 27*
	(0.000 03)	(0.000 05)	(0.000 16)
金融发展水平	−0.000 07***	−0.000 08***	−0.000 01
	(0.000 01)	(0.000 02)	(0.000 03)
基建水平	−0.509 0***	−0.131 0*	−0.342 0***
	(0.111 0)	(0.077 1)	(0.087 5)
教育水平	−0.085 6**	−0.104 0***	−0.138 0***
	(0.040 7)	(0.032 9)	(0.045 2)
外商直接投资	0.061 5***	0.129 0**	−0.293 0***
	(0.020 9)	(0.053 7)	(0.109 0)
科研强度	0.002 6	0.001 0	0.004 8
	(0.001 8)	(0.001 9)	(0.008 9)
常数项	−1.317 0***	−0.942 0***	−0.285 0
	(0.343 0)	(0.266 0)	(0.305 0)
样本量	132	96	72
R^2	0.725 0	0.896 0	0.914 0

注：*、**、***分别代表在1%、5%和10%的水平下显著。括号内为标准误。

（四）中介效应机制检验

本节通过构建以下递推模型对前面提出的影响泰尔指数大小的渠道机制进行检验，并进行如下检验程序进行验证。

$$Y1_{it} = \beta_0 + \beta_1 service_{it} + \beta_2 X_{it} + i + t + e_{it}$$
$$M_{it} = \beta_3 + \beta_4\ y_{it} + i + \beta_5 X_{it} + i + t + e_{it}$$
$$Y2_{it} = \beta_6 + \beta_7 service_{it} + \beta_8 M_{it} + \beta_9 X_{it} + i + t + e_{it}$$

从表 4-26 可知，对机制渠道 1 的检验结果在模型（2）中显示服务贸易开放程度估计系数在 1%的水平上显著为正，说明发展服务贸易出口对技术溢出具有显著的促进作用。加入服务业劳动生产率中介变量后的回归结果显示服务业劳动生产率在 1%的水平上显著为负，说明存在中介效应。这验证了服务贸易出口可以通过技术外溢效应来缩小收入差距。

表 4-26　技术外溢效应中介效应机制检验

	(1) 泰尔指数	(2) 劳动生产率	(3) 泰尔指数
服务贸易开放程度	−0.000 6*	0.002 4***	−0.000 2
	(0.000 3)	(0.000 7)	(0.000 3)
劳动生产率			−0.149 0***
			(0.036 4)
制造业水平	−0.000 06**	−0.000 33***	−0.000 11***
	(0.000 03)	(0.000 05)	(0.000 03)
金融发展水平	−0.000 02	0.000 13***	0.000 005
	(0.000 02)	(0.000 03)	(0.000 02)
外商直接投资	−0.013 0	0.097 5*	0.001 5
	(0.017 4)	(0.055 5)	(0.016 9)
基建水平	0.139 0	0.912 0***	0.275 0***
	(0.095 3)	(0.175 0)	(0.098 2)
教育水平	−0.434 0***	0.530 0***	−0.355 0***
	(0.027 5)	(0.049 6)	(0.025 2)
科研强度	0.005 0**	−0.019 4***	0.002 1
	(0.002 5)	(0.006 8)	(0.002 5)
常数项	1.451 0***	−4.528 0***	0.776 0***
	(0.234 0)	(0.423 0)	(0.219 0)
样本量	300	300	300
R^2	0.752 0	0.772 0	0.769 0

注：*、**、*** 分别代表在 10%、5%和 1%的水平下显著。括号内为标准误。

从表 4－27 可知，对机制渠道 2 的检验结果在模型（2）中显示服务贸易开放程度估计系数在 1%的水平上显著为正，说明发展服务贸易出口对就业效应具有显著的促进作用。加入第三产业结构中介变量后的回归结果显示第三产业结构在 5%的水平上显著为正，并且服务贸易开放程度的估计系数显著，说明存在中介效应。这验证了服务贸易出口可以通过就业效应来缩小收入差距。

表 4－27　就业效应中介效应机制检验

	(1) 泰尔指数	(2) 第三产业结构	(3) 泰尔指数
服务贸易开放程度	−0.000 6*	0.006 5***	−0.000 6*
	(0.000 3)	(0.001 8)	(0.000 3)
第三产业结构			0.012 7**
			(0.005 0)
制造业水平	−0.000 06**	−0.000 3	−0.000 06**
	(0.000 03)	(0.000 2)	(0.000 03)
金融发展水平	−0.000 02	0.000 09	−0.000 02
	(0.000 02)	(0.000 07)	(0.000 02)
外商直接投资	−0.013 0	−0.126 0	−0.011 4
	(0.017 4)	(0.080 5)	(0.017 1)
基建水平	0.139 0	1.300 0*	0.122 0
	(0.095 3)	(0.730 0)	(0.096 5)
教育水平	−0.434 0***	−0.770 0***	−0.424 0***
	(0.027 5)	(0.209 0)	(0.029 4)
科研强度	0.005 0**	−0.029 2*	0.005 3**
	(0.002 5)	(0.015 4)	(0.002 5)
常数项	1.451 0***	6.875 0***	1.363 0***
	(0.234 0)	(1.926 0)	(0.250 0)
样本量	300	300	300
R^2	0.752 0	0.097 0	0.754 0

注：*、**、*** 分别代表在 10%、5%和 1%的水平下显著。括号内为标准误。

从表4-28可知，对机制渠道3的检验结果在模型（2）中显示服务贸易开放程度估计系数在5%的水平上显著为正，说明发展服务贸易出口对收入效应具有显著的促进作用。加入第三产业增加值中介变量后的回归结果显示第三产业增加值在5%的水平上显著为负，并且服务贸易开放程度的估计系数显著，说明存在中介效应。这验证了服务贸易出口可以通过收入效应来缩小收入差距。

表4-28　收入效应中介效应机制检验

	(1) 泰尔指数	(2) 第三产业增加值	(3) 泰尔指数
服务贸易开放程度	−0.000 6*	0.127 0**	−0.000 7*
	(0.000 3)	(0.052 1)	(0.000 3)
第三产业增加值			−0.000 9**
			(0.000 4)
制造业水平	−0.000 06**	0.011 6	−0.000 08***
	(0.000 03)	(0.007 1)	(0.000 03)
金融发展水平	−0.000 02	0.041 6***	−0.000 05**
	(0.000 02)	(0.004 2)	(0.000 02)
外商直接投资	−0.013 0	11.140 0**	−0.022 9
	(0.017 4)	(5.292 0)	(0.019 4)
基建水平	0.139 0	−2.700 0	0.141 0
	(0.095 3)	(12.850 0)	(0.096 7)
教育水平	−0.434 0***	14.940 0***	−0.447 0***
	(0.027 5)	(3.894 0)	(0.026 0)
科研强度	0.005 0**	1.005 0*	0.004 1
	(0.002 5)	(0.585 0)	(0.002 5)
常数项	1.451 0***	−138.900 0***	1.574 0***
	(0.234 0)	(31.490 0)	(0.224 0)
样本量	300	300	300
R^2	0.752 0	0.960 0	0.757 0

注：*、**、*** 分别代表在10%、5%和1%的水平下显著。括号内为标准误。

五、结论和建议

（一）结论

本节以2007—2019年中国各省份的面板数据作为样本，表现了服务贸易出口与我国省际收入差距的关系。考虑到计量中可能存在的内生性问题，本节引入了外部工具变量，并用固定效应模型进行了回归，得到了丰富而有意义的结论：

第一，服务贸易出口是缩小我国省际收入差距的重要推动力，如果未考虑内生性问题，发展服务贸易出口对缩小我国省际居民收入差距的影响效用可能被低估。

第二，通过服务贸易出口对收入差距三种影响机制的实证分析，可以表明就业效应、技术外溢效应和收入效应是服务贸易出口影响收入差距的主要途径，服务贸易出口可以通过这三种途径间接缩小我国省际的收入差距。

第三，分地区稳健性检验的回归结果显示，服务贸易开放对于缩小收入差距具有空间性差异，在东中部地区的作用要显著大于西部地区，服务贸易出口的地区不平衡扩大了东中西部的地区间收入差距。

综上所述，我国发展服务贸易出口对缩小收入差距具有显著促进作用，然而由于我国服务贸易出口水平的不平衡导致我国地区间的收入差距扩大。

（二）建议

本节的理论研究和实证结果表明发展服务贸易出口对于缩小我国省际收入差距具有促进作用，鉴于以上结论，本节将结合我国服务贸易目前存在的问题提出政策建议。

一是有序开放服务贸易。第一，积极推动技术密集型和资本密集型服务贸易的发展，此类服务贸易的部门附加值高、生产率提高较快、产品相对价格较高，同时对高技能劳动力需求旺盛，从长远上看，能够从根本上提升我国劳动力收入水平。第二，分地区开放服务贸易，由于我国的服务贸易地区间发展不平衡，为此，应当优先发展东部地区，重点关注中部地区，培育西部地区服务贸易发展基础，这是保护各地服务贸易平衡发展的关键，是保障我国各省劳动力就业和收入水平的前提。

二是发展教育服务贸易。加入世贸组织后，我国的高等教育在规模与质量上都有了显著提升，但由于我国教育服务贸易发展相对较晚，竞争力较弱。发展教育服务贸易来提升收入水平是长远规划，一方面，要将教育服务贸易与数字化整合，发挥中国数字经济优势。虽然疫情对服务贸易所涉及的要素流动影响很大，但是知识密集型和技术密集型的数字化为服务贸易提供了新发展机遇，助推教育服务走出国门。另一方面，要协调国内外教育资源，按照国家服务贸易发展战略和地方经济社会发展需要，积极引进社会紧缺、前沿学科，与基础研究和新兴产业相关的服务贸易学科专业，推动中国服务教育“走出去”。

三是调整产业结构推动经济增长。第三产业是国际服务贸易发展的基础。传统观点一般认为服务贸易进口对第三产业不利，各国政府也采取各种措施限制服务贸易的进口以保护国内企业。然而，这些保护措施对服务贸易的长远发展并不是一件好事。为此，政府应当建立鼓励机制，不要过度保护本国服务贸易，服务贸易进口的冲击将促进企业进行产业结构调整和优化，以便在竞争中立足。政府也可以考虑采取自由贸易政策，借助市场自身力量来提高第三产业比较优势，缩小产业间的收入差距。

四是协调制造业与服务贸易关系。现阶段而言，我国的服务贸易发展对制造业的生产效率存在提高作用，我国应该根据制造业发展的实际情况，调整服务贸易的进出口战略和结构，不断提高服务贸易在全国外贸总额中的比重，将生产性服务贸易与制造业结合，用服务贸易推动制造业发展，调整制造业投入要素比例，发展资本密集型与技术密集型制造业，使我国服务贸易与制造业达到良性互动，促使我国制造业生产率的提高，从而提升收入水平。

五是提升各地金融行业对服务贸易的支持。金融发展水平的提高有助于优化服务贸易基础设施投入，为此，各地应支持金融业的发展，健全金融体制，引导资金流向资本密集型、技术密集型的高附加值产业。这些举措势必会进一步优化各地服务贸易进出口结构，使我国在现代服务贸易部门形成比较优势，提升服务贸易收入在总收入中的占比，缩小地区间的收入差距。

六是改善服务业外商投资环境。东部地区要加大对中西部地区的帮扶力度，中西部地区需大力改善服务业外商投资环境，如扩充基础设施、提高开放水平。尽管流入中西部地区的服务业外商直接投资逐步提高，但当前外商投资仍以东部地区为主。为此，各地区还要把握政策方向，制定适合本地区服务业发展的引资政策，提升就业质量和服务业外资技术含量。

第五节　数字贸易与共同富裕

一、引言和文献综述

美国国际贸易委员会（以下简称 USITC）认为，从狭义来看，数字贸易是“通过互联网传输而实现的无形的数字产品和服务贸易”，并可以划分成社交网络、数字内容、搜索引擎等数字服务。从广义的角度来看，USITC 又提出互联网实体贸易也属于数字贸易的概念，扩大了数字贸易概念的范围。

从数字贸易的概念演进来看，可以划分为三个时期：第一个时期是从1998—2000年，把数字交易看作电子商务的阶段；第二个时期是从2010—2013年，把产品和服务看作是数字贸易的核心；第三个时期（从2014年至今）是把数字贸易看作实体货物、数字产品和服务贸易的时期（图4-13）。

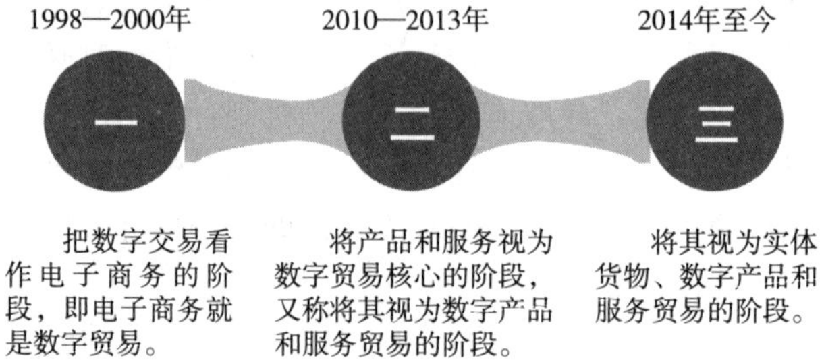

图4-13 数字贸易概念演进

就数字贸易这一概念来说，中国学者持不同的观点。马述忠（2018）和来有为（2019）认为“跨境电商之后发展的更高追求是数字贸易”，赋予了数字贸易更高的时代价值。马述忠（2018）不同于来有为（2019）的一点是他提出数字贸易能够推动互联网由消费产业转型，认为数字贸易发展的最终目标是实现制造业智能化。张夏恒和李豆豆（2020）认为数字经济、跨境电商和数字贸易三者产生的环境相似，但各有特征。三者之间的关系是跨境电商与数字贸易发展的基础是数字经济；数字贸易是跨境电商发展的数字化趋势和数字经济发展的结果。罗云开（2021）认为“电子商务”和“数字贸易”两个概念大致等价，两者可以替换使用。他认为中国商品一般是通过线下方式进行实际交付，而欧美发达国家则侧重于以数字产品在线传输的方式进行交易。

共同富裕属于经济学领域的概念，共同富裕是由共同和富裕二词组成的。共同富裕概括来说就是消除两极分化和贫穷基础之上的普遍富裕。程恩福（2012）提出要从理论和实践两个方面讨论共同富裕的具体内涵。从理论层面来说，共同富裕是科学社会主义创始人关于社会主义社会的基本规定和发展目标。从实践层面来理解，共同富裕有利于增强社会主义国家的国民凝聚力和巩固社会主义制度。张翔（2021）认为，中国在进行共同富裕道路探索的过程中，从经济主体的协作互助与政府行动的角度看，主要经历了三个时代：1.0时代党组织强势领导的农村合作社，主要是在流动性不大的本乡本土展开的；2.0时代在全国乃至全球流动的市场环境中，尤其是在国家大量投入的商业城市空间中，城乡经济主体的合作互助自发地广泛展开；3.0时代政府逐渐意识到新的合作互助方式的潜力，积极地组织推动合作互助网络的发展。法国经济学家皮凯蒂（2015）指出，在最近的数十年里，世界上的贫富差距越来越大，而且这种差距在将来会持续拉大。如何实现人类的共同富裕，是当今世界所面临的一个普遍问题。调查显示，在2008年的经济危机中，美国有4 600万的穷人，而到了2017年，仍然有3 900万的穷人。在北欧，大部分的福利国家都在大幅缩减福利计划，而社会保障体系也遇到了许多问题。现实问题使他们不能走出一条适合自己的富裕之路，如何实现共同富裕已成为世界性的现实问题。

从全球的角度来看，实现共同富裕已成为当今世界各国共同面临的现实问题，消除贫困、实现共同富裕是全人类共同努力的方向。但发达国家普遍不能达到共同富裕，而且贫富差距越来越大，同样这也是发展中国家面临的一大问题。

共同富裕是物质生活和精神生活的全面富裕，目前学界主要从经济单维度讨论数字贸易对共同富裕的影响，故本节讨论的共同富裕特指经济上的共同富裕。经济上的共同富裕可以从财富的存量和流量这两个维度进行讨论，也可以简单视为“财富分配”和“收入分配”两个方面。但由于财富分配主要由政府制定相关政策进行调整，收入分配是保障和改善民生、推动实现共同富裕的最直接方式，故本节侧重从收入分配维度讨论数字贸易对共同富裕和民生改善的影响。

随着数字经济产业的发展，中外学者越来越意识到数字贸易对共同富裕具有利弊两方面的影响。但总体看来，数字贸易对共同富裕的影响是利大于弊的。

发展数字贸易在促进就业方面具有显著成效。《中国数字经济发展与就业白皮书（2019）》中研究数据显示，2018年，我国数字经济领域的就业岗位达1.91亿个，占当年全国就业总数的24.6%。尽管全国就业率比上年同期减少0.07%，但数字经济领域的工作岗位却以两位数的速度增长，与去年同期相比，增幅达到11.5%。数字产业化领域的就业岗位有1 220万个，较上年同期增加9.4%；工业领域的数字化就业岗位为1.78亿个，较上年同期增加11.6%。从上述数据可以看出，传统行业在数字化转型过程中，产生了大量的就业机会，并迅速地发展壮大，正逐步成为我国的主要就业渠道之一。

数字贸易促进产业转型升级。陆菁（2017）实证研究发现，数字贸易对产业升级具有正向作用，并且从长远预测来看，正向作用将一直存在。刘洪愧（2020）认为，数字贸易一方面可以催生更多的数字消费品，将其引进国际贸易；另一方面，可以推动传统贸易方式的转变，扩大贸易品种和数量，从而进一步增进消费者的福祉。

数字贸易可能会扩大收入差距。周丽萍（2020）在《经济评论》中表示，在数字经济和因特网的支持下，数字贸易发展过程中出现了“数字不平等”和“网络带来的马太效应”，这些问题将会使贫富差距进一步拉大。周丽萍（2021）在《当代财经》中提出，企业开展数字贸易进口容易导致就业“替代效应”和进口“鲇鱼效应”，这两种效应均会扩大企业间工资差距。姚战琪（2021）认为数字贸易能显著提升我国人均消费支出；外商投资规模大的地区的数字贸易发展水平更高；实际经济增速快的地区的人均可支配收入提升更快。但这可能会进一步扩大地区间的收入差距。

数字贸易的发展也可能对就业产生负面影响。黄浩（2020）提出数字技术的发展对于就业具有替代效应。研究结果显示，2007—2012年，由于数码技术的普及以及中国数字经济的迅猛发展，传统经济的劳动生产率上升了6.8%，而在制造业，许多工作岗位被自动化技术所取代，出现了大量的工作流失。

从共同富裕内涵来看，目前学者普遍认为或研究的共同富裕概念是社会主义经济下的共同富裕。但单从经济领域来说，数字贸易时代要求我们不仅仅研究社会主义经济下的共同富裕形态，更要研究整体国际经济现象中的共同富裕方式，探寻国际共同富裕、共同发展更新更有效的形式。

二、数字贸易赋能共同富裕发展环境分析

（一）共同富裕与数字贸易相关政策

共同富裕相关政策的出台，给各地区发展共同富裕提供了政策便利和方向指引，尤其是浙江省共同富裕先行示范区的建设，为其他省份提供了极大的参考（表4-29）。数字贸易政策的出台也为我国在新的社会经济状况下，促进共同富裕提供了新的发展方向（表4-30）。

共同富裕发展进程中，一定是先富带后富，而数字贸易发展正是深入践行了这一理念。例如中国数字贸易发展中，先是建设浙江数字贸易先行示范区，不断探索数字贸易新形态，并把浙江电商成功案例推广至全国学习，以经济、技术、经验的先富带动后富，从而逐步走上共同富裕道路。

表4-29　近年与共同富裕相关的部分政策

出台时间	政策要点
2020年10月26日	十九届五中全会提出扎实推动共同富裕，到2035年人民生活更加美好，人的全面发展、全体人民共同富裕取得更为明显的实质性进展

（续）

出台时间	政策要点
2021 年 5 月 20 日	《关于支持浙江高质量发展建设共同富裕示范区的意见》提出我国城乡区域发展和收入分配差距较大，各地区共同富裕发展进程中所面临的基础和条件不相同
2021 年 8 月 17 日	中央财经委员会第十次会议提出要在高质量发展中促进共同富裕。会议指出共同富裕是社会主义的本质要求，是中国式现代化的重要特征。必须把促进全体人民共同富裕作为为人民谋幸福的着力点，不断夯实党长期执政基础。强调共同富裕是全体人民的富裕，是人民群众物质生活和精神生活都富裕，不是少数人的富裕，也不是整齐划一的平均主义

表 4－30 数字贸易相关的部分政策

出台部门	政策	政策要点
全国人大	《中华人民共和国国民经济和社会发展第十四个五年规划和二〇三五年远景目标纲要》	推动加工贸易转型升级，深化外贸转型升级基地、海关特殊监管区域、贸易促进平台、国际营销服务网络建设，加快发展跨境电商、市场采购贸易等新模式，鼓励建设海外仓，保障外贸产业链供应链畅通运转；创新发展服务贸易，推进服务贸易创新发展试点开放平台建设，提升贸易数字化水平；促进数字技术与实体经济深度融合，壮大经济发展新引擎
国家发展改革委、中央网信办	《关于推进“上云用数赋智”行动　培育新经济发展实施方案》	大力发展共享经济、数字贸易、零工经济，支持新零售、在线消费、无接触配送、互联网医疗、线上教育、一站式出行、共享员工、远程办公、“宅经济”等新业态，疏通政策障碍和难点堵点
国务院	《国务院关于同意全面深化服务贸易创新发展试点的批复》	同意在北京、天津、上海、重庆、海南等 28 个省、市（区域）全面深化服务贸易创新发展试点。以供给侧结构性改革为主线，突出改革先行、开放先行、创新先行和高质量发展，深入探索服务贸易创新发展体制机制，打造服务贸易发展高地，充分发挥服务贸易对稳外贸稳外资的支撑作用，推动外贸转型升级和高质量发展
北京市商务局、北京市委网信办、北京市财政局、北京市经济和信息化局、北京市知识产权局	《北京市关于促进数字贸易高质量发展的若干措施》	到 2025 年，北京市数字贸易进出口规模达到 1 500 亿美元，占全市进出口总额比重达到 25%，其中，数字服务贸易占全市服务贸易的比重达到 75%；培育一批具有全球数字技术影响力、数字资源配置力和数字规则话语权的数字贸易龙头企业；基本建成与国际高标准经贸规则相衔接的数字贸易发展体系，打造具有国内示范作用和全球辐射效应的数字贸易示范区

（二）经济环境分析

近十年来全球数字服务贸易发展态势较好（图 4－14），全球数字经济高质量发展为共同富裕提供了坚实的经济基础。尤其是 2019—2020 年新冠疫情暴发期间，数字服务贸易规模虽有小幅下降，但数字服务贸易占总体服务贸易比重反倒有明显增势。这足以说明数字服务贸易的发展弹性，所以在全球新冠疫情常态化形势下，为推进全球经济高质量发展，实现共同富裕目标，必须继续大力发展数字服务贸易。

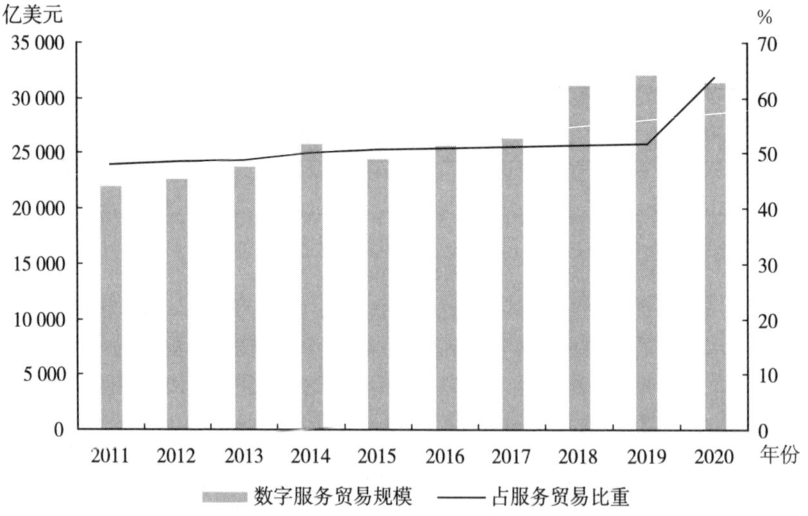

图 4－14　2011—2020 年全球数字服务贸易规模及其占服务贸易的比重

2014—2020 年我国数字经济规模明显呈现出逐年稳步增长趋势，其中数字经济占总 GDP 比重也逐年上涨（图 4－15）。截止到 2020 年国内数字经济占 GDP 比重已高达 38.6%，数字经济越来越成为国民经济中的重要组成部分。因此，要想实现共同富裕，实现社会经济高质量发展，就必须大力发展数字经济。

2015—2020 年，我国数字服务贸易金额从 2 000 亿美元增至 2 947.6 亿美元，这五年来国内数字服务贸易金额增长率为 47.4%，数字服务贸易金额占服务贸易总额的比重从 30.6%增长至 44.5%（图 4－16）。数字服务贸易越来越成为经济发展中的重要组成部分，成为经济高质量发展中需要重视的主体。

2020 年我国农业、工业、服务业数字经济渗透率分别为 8.9%、21.0%和 40.7%，较上一年度分别增长 0.7、1.5 和 2.9 个百分点，各产业数字经济仍

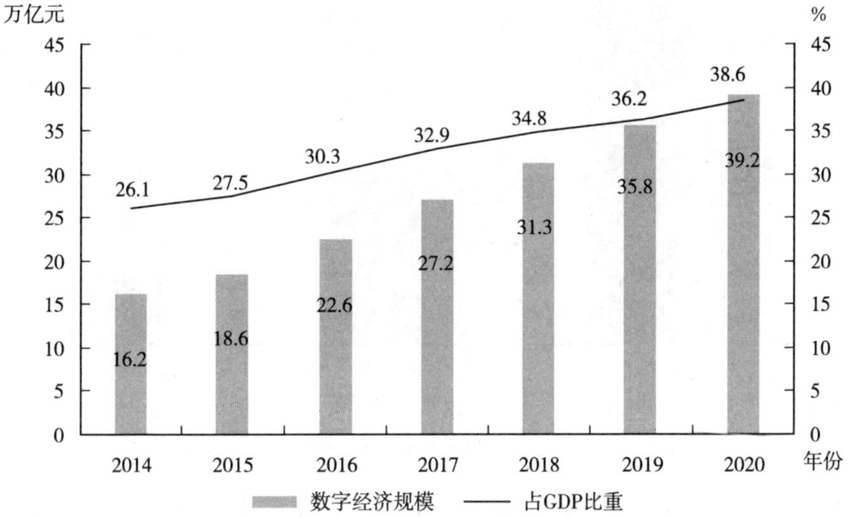

图 4-15 2014—2020 年中国数字经济规模及其占 GDP 比重

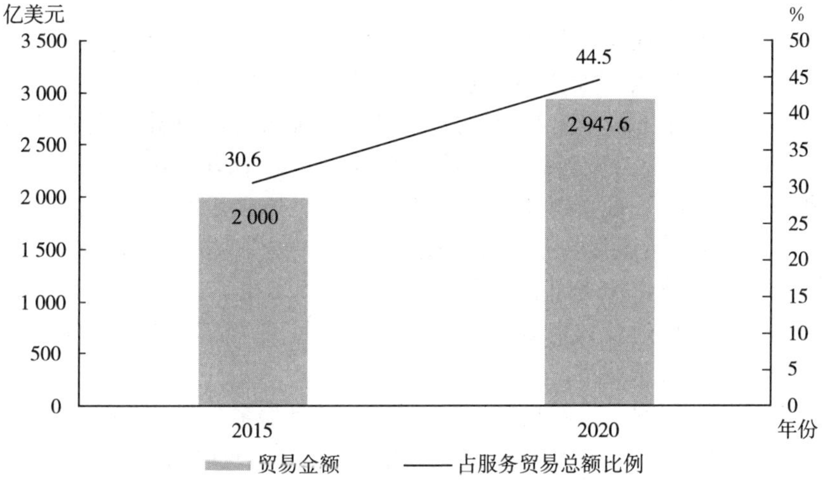

图 4-16 2015 年和 2020 年中国数字服务贸易金额及其占服务贸易总额的比重

在持续发展（图 4-17）。随着我国经济在疫情后期的持续稳定恢复，数字经济仍会持续向好发展，数字化会向更大范围更深层次进行渗透，渗透率提升空间较大。

（三）信息基础环境分析

目前，我国已初步建立了信息化发展的法律法规体系，加快了数字市场的改革和开放，并对数字监管的服务进行了优化和完善。我国《中华人民共和国

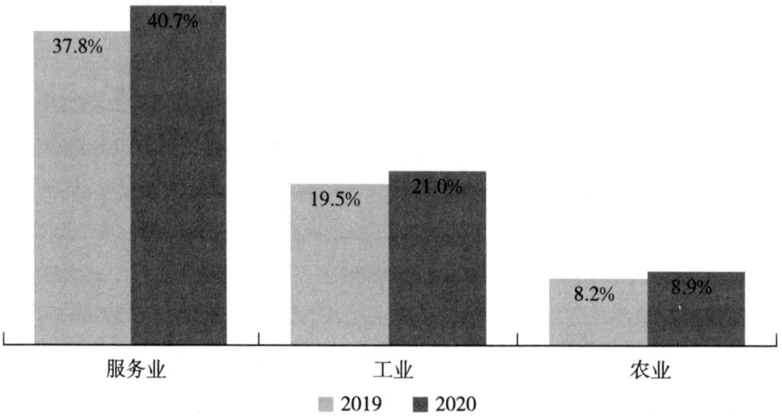

图 4-17　2019—2020 年中国各产业数字经济渗透率

网络安全法》《中华人民共和国电子商务法》《网络安全审查办法》等法律法规的出台和实施，使我国的网络安全工作在标准化、学科建设、人才培养等方面都有了长足的进步。

我国推动超大规模信息基础设施网络建设，加快打造市场化、法治化、国际化营商环境，持续扩大金融、电信等领域对外开放，2011—2020 年，我国知识产权、金融服务、信息与通信技术（ICT）服务等细分数字服务发展平均增速分别为 31.7%、19.6%和 17.4%，均高于世界平均水平。

据工信部统计，截止到 2022 年 2 月，全国已建成开通 5G 基站超过 142.5 万个，5G 手机终端连接数达到 5.2 亿户。5G 产业取得了明显的成绩，通信业、软件和信息技术服务部门的收入同比增长 8%和 17.7%。2022 年的政府工作报告提出，要建设数字信息基础设施，推进 5G 规模化应用，促进产业数字化转型，发展智慧城市、数字乡村。

信息惠民便民水平大幅提升。“互联网＋政务服务”应用广度和深度快速拓展，国家政务服务平台基本建成并开通服务，全国政府网站集约化水平显著提升。2017 年，最高人民法院在杭州设立全球首家互联网法院，国家“互联网＋监管”系统初步建成。截至 2020 年年底，全国电子社保卡签发达 3.6 亿张，建成了覆盖全国各地 2.4 万多家医疗机构的远程医疗协作网，全国中小学（包括教学点）的网络接入率达到 100%。

三、数字贸易赋能共同富裕的路径分析

（一）促进产业升级，夯实共富经济基础

数字贸易促使数字经济和实体经济之间进行深度融合，为实现共同繁荣奠

定了坚实的经济基础。农业方面，数字贸易推动传统农业向数字化现代化转型升级。以“数字＋农业”的方式，不断开拓应用边界，深化数字贸易在农业领域的创新性应用，加快农业信息化建设进程，以推动农业数字化转型升级和农业现代化发展进程。工业方面，数字贸易推动制造业向市场化智能化转型升级。一方面，数字贸易通过信息流动和共享提升制造业对市场的反应能力和响应速度，促进制造业从生产导向向市场导向转变，以先进的柔性生产方式，实现制造业市场化升级。另一方面，数字贸易促进了制造业从制造到销售的各个环节逐步实现数字化和信息化，加速了制造业的智能化发展。服务业方面，数字贸易推动服务业向现代化数字化转型升级。一方面，数字贸易提高了生产性服务业现代化服务水平。数字贸易通过引进国外先进的生产性服务技术，促进服务业的转型升级。另一方面，数字贸易通过网络平台赋能生活性服务业，拓宽生活性服务业的深度与广度，进一步挖掘服务业数字化的新生态、新模式，为服务业转型升级赋能。

（二）提升市场效率，提升共富供给水平

数字贸易赋能社会生产全过程，通过信息无障碍联通交互，有效提升生产流通等环节的运行效率，为实现高质量发展与共同富裕，在供给方面提供了保障，提升了共同富裕供给水平。首先，数字贸易有利于提升生产效率。数字贸易通过信息交互使生产者能够第一时间接收到消费者的产品需求和反馈信号，及时响应按需生产，从而提升生产效率。其次，数字贸易有利于提升流通效率。数字贸易有利于实现从生产到消费的全产业链数字贸易改革，有效降低了从生产端到消费端流通过程中的信息不对称，有利于实现流通过程中的信息互联互通，使不同流通节点的企业实现无障碍沟通，降低交易成本，从而提升产品流通效率。最后，数字贸易有利于增加社会财富，为共富扩大财富。数字贸易连接国内国际两个市场，增加市场信息的透明度与流动性，拓宽了不同群体获得信息的机会与渠道，数字贸易的发展能够通过个人、企业，为实现共同富裕扩大财富积累。主要表现在以下三点：

一是数字贸易通过扩大就业创业增加个人财富。数字贸易的发展催生了新业态、新模式、新产品，相应地培育出更多行业，创造出更多新型就业岗位，让更多劳动者参与进来，提升劳动收入，增加了劳动者的财富积累。同时数字贸易的发展降低了创业的门槛，创业者能够从市场中获取优质的技术、资金以及人才等创业要素，提升创业成功性，大幅增加经营性、投资性收入。二是数字贸易通过推动市场开放增加企业财富。数字贸易发展能够推动形成市场化、国际化、法制化的营商环境，有利于企业统筹国际国内两个市场，优化资源配置从而增加企业利润，如企业在满足国内市场之余，可以通过跨境电商、订购

平台等方式，将国内产品和服务销往国际市场，增加企业财富，获得更多利润。三是数字贸易通过提升劳动生产率和催生“四新”经济增加社会财富。数字技术与传统产业共同发展催生出新型贸易方式，增加了知识技术类产品，从而增加社会财富。

（三）助推乡村振兴，拓宽共富创收渠道

数字贸易的发展能够改善农村居民就业情况，促进农产品流通，拓宽农村居民收入渠道，提升农村居民收入水平，缩小城乡收入差距，进而实现共同富裕。首先，数字贸易有助于提高农村居民就业水平。数字贸易是大数据、互联网等现代信息技术催生的现代贸易形式，是数字技术与传统贸易相结合的新业态、新模式。数字贸易能够培育新的就业形态，吸纳农村居民到物流、外卖送餐等许多领域就业，进而增加农村居民收入。其次，数字贸易有助于优化农产品流通。数字贸易有助于提升农产品对接效率，构建多元农产品流通渠道，扩大农产品的流通，从而提高其流通的效率。最后，数字贸易有助于促进农村产业融合。产业融合是以数字贸易为纽带推动农业、旅游业、文化、娱乐、康养等多产业融合发展。数字贸易有助于提升农村地区的开放水平，推动数字经济时代农村向城市开放。跨境电商的发展能够推动农村地区的优势产品“走出去”，推进农业的国际交流合作。农村电商、电商农业的发展也促进了农村地区经济增长，增加了农村居民可支配收入，进一步促进农村地区消费，带动农村地区经济可持续性增长。

（四）缩小地区差距，先富区带动后富区发展

数字贸易的发展缩小了地区间的差距，经济先富区带动后富区发展，并逐步达到共同富裕。一方面，数字贸易增强了区域间的要素和产业关联。数字贸易发展带来的知识溢出、技术溢出和信息溢出效应，能够降低数字贸易跨区域的交易成本，强化区域经济合作，发挥区域比较优势，实现优势互补，以先富带后富，实现协同发展最终实现共同富裕。另一方面，数字贸易助推欠发达地区实现“换道超车”。数据作为新生产要素，缩小了欠发达地区同发达地区之间的差距，欠发达地区可以通过要素投入、创新和产业转型升级，抓住数字贸易发展机遇，推动数字化产业发展和产业化数字发展，实现经济的跨越式发展。

四、结论和建议

（一）结论

共同富裕既是一种经济社会状态，又要依附于当下的经济社会阶段，所以我国的共同富裕无法隔离于当下的数字技术社会及数字经济时代，更是扎根于

数字经济的共同富裕。

数字贸易隶属于数字经济范畴，又是我国当下经济发展的新业态、新模式之一，备受国家的重视。数字贸易作为我国经济发展的新引擎及产业转型的有力抓手，能够助推我国经济高质量发展，这为共同富裕所依托的经济基础提供了有力的支撑。

（二）建议

1. 促进数字经济与产业融合发展

增强产业关键领域核心竞争力，提高全要素生产率。在数字物流方面，全面深化数字物流产业链、数据链与信息开放平台建设，实现四港联动、区域联动、平台联动。在数字金融方面，要促进数字金融解决实体经济融资难题，推进跨境人民币支付清算结算，深度融入全球市场，推进数字金融治理体系和治理能力的现代化。在油气数字化方面，要建设世界一流的国际石油、天然气供应链，从而构建一个高效、便利、开放的国际石油工业生态系统。在制造数字化方面，要探索制造业数字资源开发应用与跨境流动新方案，实现产业大脑和工业互联网创新应用，探索数字贸易与制造业数字化融合发展的新模式。在数字技术产业化方面，建设以“工业大脑＋未来工厂”为核心的数字经济体系，加速建立起在世界范围内具有一定影响力的数字产业集群。

2. 对标和引领数字贸易规则标准

要按照数字贸易的运行机制和市场规范，优化对标体系。率先对标高标准数字贸易规则，积极对标数字经贸规则和协定要求，完善符合数字贸易发展需要的政策和制度体系，开展相关规则的压力测试。率先引领数字贸易规则，总结国内自贸试验区优势领域发展经验，填补当前数字贸易的空白，提高我国在数字贸易规则领域的话语权。建立有关资料来源、贸易、跨境传送及安全的基本制度及标准，并积极参与制定数字贸易领域的国际标准。

3. 丰富数字贸易国内外应用场景

充分发挥比较优势和先发优势，拓展数字贸易的多元化应用场景。要提升跨境电商全领域竞争力，构建良好的生态环境，推动跨境电商新业态、新模式创新发展，提升跨境电商进出口售前、售后服务能力，加强国际合作与制度输出。推进国际贸易的全过程数字化，促进数字服务业关键产业的数字化转型，增强数字服务出口竞争力。要创新数字生活新服务，建立数字生活开放平台，丰富和完善网上服务，建设数字生活新服务。

4. 完善区域一体化数字治理体系

顺应数字化发展趋势，提升数字化服务效能。要加强数字政府的建设，在公共管理服务中广泛运用数字化技术，促进信息公开与共享，构建以需求为导向的数字化治理场景，提升政府的治理效率和公信力。提升数字监管水平，必须在创新、生产、运营、投资的全过程中，做到事前、事中、事后全链条、全方位的监控。要推进各种数字化平台的开发，研发适应弱势人群的功能模块和界面，降低新技术在公共服务中的应用门槛，普及数字惠民生的载体，增强数字技术的普惠作用，确保不同群体共享数字红利。

5. 集聚并挖掘全球数据要素资源

建立信息流通的服务系统，探索完善数据产权制度。在数据要素生产过程中，要对各方利益合理配置，建立数据产业链。培育建立数据要素市场，推进各方对数据资源的合作开发和综合利用，实现数据价值最大化，以数据汇聚共享与开放应用为数字经济和数字贸易发展提供新动能。探索跨境数据流通交易，在风险可控的情况下率先建立全球数据跨境流动服务中心，探索数据要素跨境流通，推动发展数字贸易新业态、新模式。

第六节　小　　结

在贸易高质量发展上。本章基于 2011—2020 年的面板数据，通过熵值法，构建了 3 个二级指标，10 个三级指标，对全国 31 个省份对外贸易高质量发展进行了量化测度评析，对后续学者的研究具有较强的参考意义。从各省份的综合得分上看，我国对外贸易高质量发展水平整体呈上升趋势，贸易创新能力愈加增强，贸易结构愈加趋于完善，贸易协调持续发展能力愈加提高。这主要是由于国家越来越注重贸易出口的创新能力和出口产品的品质问题。并且现今中小企业在国际市场中占有越来越重要的地位，高新技术产品在各国对外贸易出口产品中愈加重要。

在中国整体对外贸易与共同富裕的关系上，本章选取 2002—2020 年中国 31 省份的面板数据，以城乡收入差距作为衡量共同富裕的指标，研究对外开放度对城乡居民收入的影响。结果发现，中国各省份对外贸易额逐年上升，对外贸易占 GDP 的比重自 2008 年后趋于平稳。实证结果表明对外开放度的提高会缩小城乡收入差距，但不同地区的对外开放度对城乡收入差距的影响效应存在差异，对于经济发展较为落后的地区，对外开放度的提高更能缩小收入差距。此外实证结果还表明，中国外资开放度的提升能够改善城镇与农村居民之间收入不平等的问题。近年来部分外资的投资方向转向农村，外资的使用提高了农业劳动生产率，农村居民的收入得到增长，有助于改善城乡居民收入不平等现象。城乡居民的收入会受到政府行为的影响。城乡收入不平等加剧不仅会阻碍经济的发展还会影响社会的稳定，因此采取各种财政政策、教育投入来缩小城乡居民收入差距是各级地方政府非常重要的任务。政府能够通过扩大财政支出和增加转移支付等手段，缩小城乡收入差距。

在农产品出口与城乡收入差距的关系上，农产品对外贸易是我国对外贸易的重要组成部分，尤其农产品出口贸易是农业发展的重要动力之一，也是农村发展的重要动力之一，理论和实证的分析说明我国农产品出口对城乡收入差距存在着影响，并且这一影响呈负相关，即农产品出口贸易的扩大会缩小城乡收入差距。

在服务贸易与共同富裕的关系上，研究结果发现，服务贸易出口是缩小我国省际收入差距的重要推动力，如果未考虑内生性问题，发展服务贸易出口对缩小我国省际居民收入差距的影响效用可能被低估。服务贸易出口对收入差距三种影响机制的实证分析表明就业效应、技术外溢效应和收入效应是服务贸易出口影响收入差距的主要途径，服务贸易出口可以通过这三种途径间接缩小我国省际的收入差距。分地区稳健性检验的回归结果显示，服务贸易开放对于缩小收入差距具有空间性差异，在东中部地区的作用要显著大于西部地区，服务贸易出口的地区不平衡扩大了东中西部的地区间收入差距。

第五章 高质量直接投资与共同富裕

第一节 对外直接投资与共同富裕

一、引言和文献综述

改革开放以来，党带领着我们在共同富裕的道路上不懈努力，到如今已经取得了不少经济社会发展成果。在取得脱贫攻坚战胜利和全面建成小康社会的关键节点，如何促进共同富裕成为我们值得深思的重大课题。因此，《中共中央关于制定国民经济和社会发展第十四个五年规划和二〇三五年远景目标的建议》明确提出，要在接下来一段时间内"扎实推动共同富裕"，以至2035年"全体人民共同富裕取得更为明显的实质性进展"。实现共同富裕的一个重大前提是缩小收入差距，因此研究收入差距问题是研究如何实现共同富裕的必经之路。政府政策、行业垄断、贸易、对外直接投资、产业结构等因素都会影响收入差距，如宁光杰和姜现（2019）利用2014年全国流动人口动态监测调查数据估计垄断行业和非垄断行业间的工资差距，研究发现，由于存在劳动力进入壁垒，人力资本水平较高、社会背景较优越的劳动者更容易享受到垄断行业的高工资，其拥有更高的人力资本工资回报率。因此，垄断会加剧劳动力的收入差距。而胡立君等（2019）从产业结构变动角度分析了行业间收入差距的影响，认为产业结构变动导致劳动力在不同行业间流动，造成行业人力资本投入水平的变动，从而导致行业间收入差距。此外，研究表明各区域的产业结构调整会对收入差距的缩小造成不利影响。

现如今，我国对外直接投资（Outward Foreign Direct Investment，简称OFDI）规模越来越大，企业对外直接投资已经成为趋势。可见研究OFDI和母国收入分配差距的关系具有一定的必要性，因此本节整理了国内外相关文献。一些学者认为OFDI对收入差距呈扩大作用。Bernard和Jensen（1995）从企业异质性角度对制造业56 000家企业的数据进行实证研究，他们发现出口企业的生产率更高，使得其工资水平提升，从而拉大了企业间收入差距。Nilsson等（2014）实证发现瑞典对发达国家的OFDI使得高技术熟练工与低技术工人的工资离散程度增加，扩大了瑞典的收入差距。一部分国内学者是以微观视角来分析OFDI与收入差距的关系。他们以企业和个体为切入点，如毛其淋和许家云（2014）采用双重差分模型深入考察了OFDI对企业员工收入的影响效应，研究发现，企业OFDI显著地拉大了企业内工资差距。江小敏等（2018）研究了我国OFDI对城镇居民收入差距的影响，发现我国OFDI对工资差距的拉大作用正在逐年上升，同时发现OFDI扩大了技能和性别收入差距。一些学者认为OFDI对收入差距呈抑制缩小作用。李东坤和邓敏（2016）基于产业结构合理化和高度化两个层面考察OFDI在产业结构升级方面的效应。其结果表明本地OFDI的发展可以缩小省际的收入差距，尤其在东部地区。刘海云等（2019）分析了OFDI对企业内部收入差距的影响机制，研究结果显示企业OFDI缩小了企业内收入差距。在传导路径方面，企业OFDI主要是通过逆向技术溢出效应来缩小企业内收入差距。还有一部分学者认为OFDI与收入差距呈非线性关系。Feenstra（1995）研究了母国资本在不同国家间流动对母国所产生的福利效应，得出了母国资本的跨国流动会改变母国的要素需求结构，从而影响收入分配的结论。此外，一些学者从国家（地区）角度分析了OFDI和收入不平等的关系。Herzer（2013）利用非平衡面板数据进行回归分析，考察了向内和向外OFDI对欧洲收入不平等的影响。其研究结果显示，OFDI在短期会拉大国内的收入差距，在长期却呈缩小收入差距的作用。Huang等（2016）研究了1981—2006年39个中等收入国家的OFDI和收入不平等的关系，发现OFDI可以改善拉丁美洲国家的收入不平等，但对其他国家的收入差距反而有加剧作用。王玉泽和罗能生（2019）基于1981—2015年85个国家（地区）的面板数据研究OFDI对母国收入差距的影响，研究表明两者存在倒“U”形关系，即随着OFDI强度的提升，母国的收入差距呈先扩大后缩小的趋势。严婷和韩汉君（2020）基于微观视角，发现OFDI对母国行业间收入差距的影响为先扩大后缩小，但当前仍处于扩大阶段。

在不同国家，OFDI与收入分配差距的关系存在差异，部分研究者认为这与要素市场扭曲相关，因此分析了其与OFDI的关系。Cheng等（2015）认为相对于发展中国家，发达国家的对外投资经验丰富，要素市场化水平较高，政府对要素市场的干预不强，因此不容易造成母国要素市场的扭曲。阚大学和吕连菊（2016）利用MLE法对要素市场扭曲的影响进行实证分析。结果表明，要素市场扭曲程度越高，企业OFDI倾向及其强度越高。王文珍和李平（2018）分析检验了要素市场扭曲对企业OFDI的平均效应及其异质性特征，并使用离散时间生存模型考察要素市场扭曲对企业OFDI相关存续时间的影响。结果发现，要素市场扭曲促进了企业OFDI。姜能鹏等（2018）实证研究发现中国资本和劳动力要素市场均存在扭曲现象，抑制了OFDI技术创新的产出和质量效应。徐晨等（2019）运用生产函数法测度要素市场扭曲指数，研究要素市场扭曲、OFDI与产业结构之间的关系，结果发现要素市场扭曲会对产业结构进行调整。王馗和胡峰（2021）研究发现要素市场扭曲通过促进出口快速增长以及引致产能过剩两个渠道显著增强了企业OFDI倾向。

目前国内外大部分文献都是研究要素市场扭曲和OFDI相关效应的关系，而本节的创新点之一是直接深入剖析OFDI与共同富裕的关系。第二，实现共同富裕最主要的路径就是解决收入差距问题，因此本节将引入要素市场扭曲度作为调节变量来分析OFDI会如何影响收入差距，进而对实现共同富裕提出对策与建议。

二、理论分析与研究假说

目前已有文献从不同视角分析对外直接投资影响母国收入分配的理论传导机制，本节认为OFDI对其的影响包含直接和间接两个方面。

对外直接投资在收入分配方面的直接影响主要是生产要素的变化。对外直接投资通过跨国流动对生产要素进行重新配置，改变了母国生产要素的资源配置和收益报酬，从而影响了母国的收入差距。OFDI使得完全能够在企业内或者国家内部生产的产品根据不同国家不同生产阶段工序的比较优势进行相应配置。因此，一方面对外直接投资与贸易形成了替代关系，企业通过投资在东道国市场进行生产销售，这样资本要素会转移，母国的相关产业需求会有所减少，进而扩大收入差距；另一方面OFDI能够创造国际贸易，因为东道国廉价的生产要素可能会降低成本从而取得一定的市场竞争优势，增加产品的贸易量，为母国创造生产要素，从而缩小母国收入分配差距。总的来说，母国要素需求和相对富裕度的改变会影响生产要素报酬，这样母国的收入分配差距就会出现变化。另外，OFDI的生产要素替代和创造可以从产业外移和资本外流的角度进行分析，产业外移相当于替换成国外的生产要素进行生产；资本外流影响了母国的资本要素供给，从而影响母国的生产要素报酬（程惠芳 等，2014）。从资本外流的角度看，OFDI会使得母国资本外流，带走一部分母国的生产研发成本，进而造成母国资本存量减小，从而在国内的投资和就业方面会出现挤出效应。如果资本转移过多，母国资本大份额减少，这样资本要素成本就有所提高。除此之外，东道国的产品是可贸易的，母国在贸易量不变的情况下，东道国同质产品的再进口可能会进一步对国内相关竞争产业里的生产造成替代，导致母国的生产要素需求减小，不利于收入分配。

OFDI影响母国收入分配主要是通过产业结构调整和贸易这两条影响路径。从产业结构调整效应的影响路径来看，分为以下两方面。第一，产业结构可以通过技术路径对收入分配产生影响。本国企业为获得更先进的技术、更好的生产条件及更高质量的管理技术人才，通过投资国外高科技产业和在国外建立工厂等模式来学习国外先进的技术，并且在平台上进行资源共享、人才培养、产品流动，这样将先进技术吸收后就开始创新性活动，从而实现企业逆向技术溢出。本国母公司能够有效促使关联企业对先进技术进行模仿与学习，还能使其通过对外直接投资获取更先进的技术。在此基础上，这样的模式可以更好地刺激国内的企业为了保持市场竞争力而提高技术研发水平。最终技术的进步对产业结构的调整升级有显著的推动作用，因此对外直接投资会通过逆向技术溢出路径促进产业结构的优化升级，从而对产业间收入分配差距造成影响。如果产业调整的方向趋于合理化，那么资源配置会更有效率，收入差距也会相应缩小。第二，为了提升产业创新和研发能力，人力资本结构的优化是非常有必要的，它是产业结构优化的推动因素。跨国企业在东道国雇佣高新技术人才和高素质研发团队，通过与在母国工作团队的学习交流来提升母国工作者的竞争力，从而提高整个市场对人才竞争力水平的要求，促使人力资本结构优化。因此人力资本结构的优化会推动产业结构的优化升级，从而缩小收入差距。

在贸易效应影响路径中，对外直接投资会通过贸易结构的改变来影响本国的生产活动，进而不同的生产要素需求会发生变化，最终会一定程度影响收入分配。不同的国内企业进行 OFDI 的动因不同，会出现不一样的贸易状况。资源寻求型的对外直接投资会投资资源富裕的国家，在得到资源运回母国之后，母国的资源稀缺状况有所缓解，资源的价格下降，会促进相关产业的发展。以扩大市场规模为目的的对外直接投资，在市场规模扩大的同时会带动母国上下游企业相关原材料和中间品的出口，贸易出口的增加会倒逼企业不断升级生产技术，从而带动企业发展模式的升级。以引进技术为动因进行对外直接投资的企业会向东道国购买先进机器设备，在增加贸易进口量的同时也促进了行业生产效率的提升，进而带动产业结构升级。对外直接投资在贸易影响路径中，通过进口稀缺资源、先进设备和出口原材料等带动产业发展，从而增加了对高技术熟练工的需求，扩大了收入差距；如果对外直接投资抑制了本国技术密集型产品的出口，行业规模缩小，那么对普通劳动力的需求就会增加，从而缩小了收入差距。

在中国目前的经济活动中，要素市场化存在一定的滞后性，区域经济发展也呈非平衡分布，还有信贷配给、市场分割等要素市场扭曲的存在，OFDI 在调整配置方面无法达到市场最优化，可能会出现“错配”的现象，从而导致对外直接投资配置效率过低，这很有可能造成要素价格被低估，不利于企业“走出去”。Murphy 等（1993）发现，当经济活动中存在寻租机会时，寻租活动扣除寻租活动博弈的寻租成本带来的最终超额利润，会导致要素资源转移到非生产性寻租行为中，从而降低资源配置效率。那么寻租行为的出现会让有信贷配给的企业以较低的成本获得高额利益，进而抑制了企业海外投资、获取高新技术，从而不利于产业升级和缩小收入差距。因此在对外直接投资对母国收入分配的影响机制中，要素市场扭曲的存在可能会不利于缩小收入分配差距。

基于上述影响机制（图 5-1）分析，结合目前的发展现状，针对在要素市场扭曲下 OFDI 与母国收入分配差距的关系问题，本节提出以下假说。

假说 1：中国 OFDI 会对母国收入差距产生负向影响，同时在各地区之间存在差异。

假说 2：要素市场扭曲在 OFDI 影响母国收入差距方面存在调节效应，而且这种调节作用具有地区异质性。

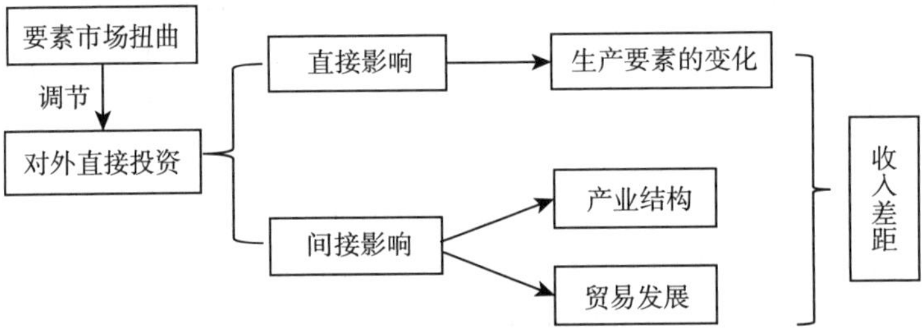

图 5-1　影响机制图

三、计量模型与数据说明

（一）模型设定

在研究 OFDI 对母国收入差距影响的过程中，为减少异方差性，涉及的部分指标取对数处理。本节构建基础模型如下：

$$THAI_{it} = a_0 + a_1 \ln OFDI_{it} + a_2 X_{it} + d_i + \mu_t + e_{it} \quad (1)$$

在（1）式的基础上，为研究要素市场扭曲的调节效应，本节加入要素市场扭曲度和对外直接投资的交互项，构建以下模型：

$$THAI_{it} = a_0 + a_1 \ln OFDI_{it} + a_2 \ln OFDI_{it} \times FAC_{it} + a_3 FAC_{it} + a_4 X_{it} + \delta_i + \lambda_t + \varepsilon_{it} \quad (2)$$

（1）和（2）式中，被解释变量 $THAI_{it}$ 为 i 省（自治区、直辖市）t 年的收入差距；核心解释变量 $\ln OFDI_{it}$ 为 i 省（自治区、直辖市）t 年的 OFDI 流量；调节变量 FAC_{it} 为 i 省（自治区、直辖市）t 年的要素市场扭曲度；

$\ln OFDI_{it} \times FAC_{it}$ 为 OFDI 和要素市场扭曲度的交互项；X_{it} 为系统控制变量；δ_i 为省份固定效应；λ_t 为时间固定效应；ε_{it} 为随机误差项。

（二）变量选取与说明

因变量。基尼指数、变异系数、泰尔指数等都可以作为衡量收入差距的指标，其中，泰尔指数不仅可以反映地区间居民的收入差距，而且更适合用于分析国内各省份的收入水平差距。因此本节选取泰尔指数作为被解释变量，用 $THAI$ 表示。参照赵锦春等（2013）的研究，本节将泰尔指数的公式设定如下：

$$THAI_{it} = \frac{P_{it}}{P_t} \times \sum_{j=1}^{2} \frac{I_{ijt}}{I_{jt}} \ln\left(\sum_{j=1}^{2} \frac{I_{ijt}}{I_{jt}}\right)$$

$$(i = 1,2,3,\cdots,31; t = 1,2,3,\cdots,18; j = 1,2) \tag{3}$$

（3）式中，$j=1$，2 分别表示城镇和农村；I_{ijt} 对应 t 期 i 地区城镇（$j=1$）和农村（$j=2$）的人均收入；p_{it} 表示 t 期 i 地区的人口数量；p_t 表示 t 期全国的人口数量；I_{jt} 表示 t 期全国城镇（$j=1$）和农村（$j=2$）的人均收入。数据来源于《中国统计年鉴》。

自变量。本节 OFDI 选用 2003—2020 年 OFDI 流量，中国商务部和国家统计局从 2003 年开始发布全国 31 个省份的 OFDI 统计数据，因此本节对这 18 年全国各省份 OFDI 流量数据进行处理。数据来源于《对外直接投资公报》及 2003—2020 年各省份的统计年鉴。

调节变量。要素市场扭曲选用要素市场扭曲度来衡量，用 FAC 来表示。要素市场扭曲度采用林伯强和杜克锐（2013）的测度指标，即采用各地区要素市场发育程度与样本中最高要素市场发育程度之间的相对差距作为要素市场扭曲的代理变量。公式为

$$FAC_{it} = [\max(factor_{it}) - factor_{it}]/\max(factor_{it}) \times 100 \tag{4}$$

其中 $factor_{it}$ 为要素市场发育程度指数，来源于樊纲等的《中国市场化进程指数报告》，2020 年要素扭曲度运用插值法推算得出。要素扭曲指标可以体现随时间的相对变化和地区间要素市场扭曲程度的相对差异。

控制变量。涉及 OFDI 对母国收入差距的影响因素较多，本节选取以下变量作为控制变量进行研究分析。产业结构的测度计算为第二和第三产业增加值之和与第一产业增加值的比值。城市化率的测度计算为城镇人口占总人口的比重。贸易发展的测度指标是对外贸易出口额。技术进步的测度指标是研究与试验发展经费内部支出（万元）。经济发展程度的测度指标是人均 GDP。人力资本由人均受教育年限来表示，本节参照陆铭等（2005）人均受教育年限的计算方法，计算公式为人力资本＝(0×文盲人数＋6×小学人数＋9×初中人数＋12×高中人数＋16×大学以上人数)/总人口。政府财政支出的测度计算为财政

支出占 GDP 的比重。以上指标的测度数据来自《中国统计年鉴》《中国人口和就业统计年鉴》《中国科技年鉴》及 2003—2020 年各省份的统计年鉴。

四、实证结果和分析

（一）全样本回归结果

先从总体上考察 OFDI 对母国收入差距的影响，表 5-1 第 1～7 列展现了以全国为样本的逐步回归结果。在加入所有控制变量后，OFDI 对收入差距的影响在 1%的显著性水平上显著为负，即 OFDI 的增长在一定程度上会缩小收入差距，这印证了本节的假说 1。此外，控制变量的回归结果显示产业结构与收入差距呈显著负相关，产业结构的调整使得产业结构趋于合理化发展，进而促进产业结构升级，从而缩小了收入差距；贸易发展与收入差距呈显著负相关，这可能是由于 OFDI 抑制了本国技术密集型产品的出口，这样对普通劳动力的需求就会增加，对收入差距起缩小作用；技术进步与收入差距呈显著正相关，说明技术研发支出增加会扩大收入差距，这可能是由于增加了对高技术员工的需求；经济发展程度在 1%的显著性水平上与收入差距呈正相关，这表明人均 GDP 提高会对缩小收入差距造成不利影响；人力资本在 5%的显著性水平上与收入差距呈负相关，表明加大对不同劳动技术人员的培养有利于缩小收入差距。

表 5-1 第 8 列是在原有的基础上加入了调节变量要素市场扭曲度及它和对外直接投资交互项的回归结果，结果表明 OFDI 对收入差距的影响在 1%的显著性水平上仍显著为负。从调节变量要素市场扭曲度和 OFDI 的交互项来看，显著且符号为负则表明要素市场扭曲会抑制 OFDI 缩小收入差距，不利于共同富裕；从调节变量要素市场扭曲度的直接影响来看，其对收入差距的影响在 10%的显著性水平上显著为正，说明要素市场扭曲的存在会扩大收入差距，不利于推进共同富裕。

（二）异质性检验

1. 分地区回归：东、中、西部三大地区

然而，中国要素市场呈非均衡化分布，地区间会存在一定的差异性，因此需要进一步检验不同地区要素市场扭曲对两者关系的调节效应。本节将总样本分割成三个子样本，即将全国分为东、中、西部三大地区[①]，以此来考察不同地区要素市场扭曲对两者关系的调节影响差异，回归结果见表 5-2。

---

① 东部地区包括北京、天津、河北、辽宁、上海、江苏、浙江、福建、山东、广东、海南；中部地区包括山西、吉林、黑龙江、安徽、江西、河南、湖北、湖南；西部地区包括内蒙古、广西、重庆、四川、贵州、云南、陕西、甘肃、青海、宁夏、新疆、西藏。

表 5-1　双向固定效应基础回归结果

	(1)	(2)	(3)	(4)	(5)	(6)	(7)	(8)
	不加交互项							加交互项
对外直接投资	−0.001 4***	−0.001 6***	−0.001 5***	−0.002 0***	−0.002 4***	−0.002 3***	−0.002 4***	−0.001 8***
	(−2.980 0)	(−3.310 0)	(−3.230 0)	(−4.090 0)	(−4.780 0)	(−4.670 0)	(−4.790 0)	(−3.120 0)
对外直接投资与要素市场扭曲度交互项								−0.003 8***
								(−2.980 0)
要素市场扭曲度								0.027 4*
								(1.840 0)
产业结构		−0.004 0***	−0.004 0***	−0.003 7***	−0.003 4***	−0.003 2***	−0.003 2**	−0.003 1**
		(−3.160 0)	(−3.140 0)	(−2.970 0)	(−2.750 0)	(−2.620 0)	(−2.570 0)	(−2.510 0)
城市化率		0.007 1	0.012 0	0.005 6	−0.002 9	0.000 7	−0.002 8	0.017 4
		(0.920 0)	(1.450 0)	(0.670 0)	(−0.340 0)	(0.090 0)	(−0.300 0)	(1.610 0)
贸易发展			−0.002 2*	−0.003 8***	−0.004 4***	−0.004 8***	−0.004 6***	−0.005 5***
			(−1.790 0)	(−2.930 0)	(−3.370 0)	(−3.700 0)	(−3.520 0)	(−3.990 0)
技术进步				0.009 7***	0.005 1*	0.004 9*	0.005 3*	0.004 7
				(3.700 0)	(1.760 0)	(1.690 0)	(1.830 0)	(1.580 0)
经济发展程度					0.018 8***	0.021 6***	0.023 5***	0.025 6***
					(3.460 0)	(3.920 0)	(4.130 0)	(4.470 0)

（续）

	(1)	(2)	(3)	(4)	(5)	(6)	(7)	(8)
	不加交互项							加交互项
人力资本						−0.043 1**	−0.041 7**	−0.042 9**
						(−2.480 0)	(−2.400 0)	(−2.480 0)
政府财政支出							0.020 5	0.041 3**
							(1.290 0)	(2.460 0)
常数项	0.071 6***	0.055 0*	0.065 5**	−0.008 8	−0.063 3*	−0.003 7	−0.019 5	−0.113 9**
	(20.530 0)	(1.910 0)	(2.240 0)	(−0.250 0)	(−1.660 0)	(−0.080 0)	(−0.420 0)	(−2.120 0)
样本量	542	542	542	542	542	542	542	542
R^2	0.056 0	0.077 0	0.083 0	0.108 0	0.129 0	0.140 0	0.143 0	0.164 0
地区固定	是	是	是	是	是	是	是	是
时间固定	是	是	是	是	是	是	是	是

注：***、** 和 * 分别代表在 1%、5%和 10%的水平下显著。括号内为标准误。

表 5-2　分地区回归结果

	(1)	(2)	(3)
	东部	中部	西部
对外直接投资	−0.004 0***	−0.002 2*	0.002 4
	(−2.680 0)	(−1.890 0)	(0.910 0)
对外直接投资与要素	−0.005 5***	0.002 2	−0.005 1
市场扭曲度交互项	(−2.880 0)	(1.240 0)	(−1.570 0)
要素市场扭曲度	−0.023 0	−0.033 6*	0.085 3**
	(−0.870 0)	(−1.740 0)	(2.570 0)
产业结构	−0.003 5***	−0.011 3***	−0.004 4*
	(−3.010 0)	(−2.790 0)	(−1.700 0)
城市化率	−0.010 6	0.046 5***	0.011 9
	(−0.730 0)	(4.680 0)	(0.430 0)
贸易发展	0.006 2	−0.009 1***	−0.009 5***
	(1.140 0)	(−8.810 0)	(−3.760 0)
技术进步	−0.016 1***	0.015 3***	0.016 8***
	(−3.020 0)	(5.860 0)	(3.140 0)
经济发展程度	0.054 8***	0.010 5*	0.011 8
	(5.950 0)	(1.860 0)	(1.000 0)
人力资本	−0.133 5***	−0.024 4*	−0.032 3
	(−4.000 0)	(−1.760 0)	(−1.280 0)
政府财政支出	0.168 9***	−0.013 4	0.032 5
	(3.700 0)	(−0.590 0)	(1.200 0)
常数项	0.140 6	−0.177 4***	−0.178 7
	(1.590 0)	(−3.800 0)	(−1.430 0)
样本量	196	144	202
R^2	0.676 0	0.704 0	0.310 0
地区固定	是	是	是
时间固定	是	是	是

注：***、** 和 * 分别代表在 1%、5%和 10%的水平下显著。括号内为标准误。

表 5-2 分地区回归结果显示，东部地区 OFDI 与收入差距呈显著负相关，系数为−0.004 0，即对外直接投资越多，收入差距会越小，越有利于促进共同富裕；中部地区 OFDI 与收入差距在 10%的水平上呈显著负相关，而西部

地区 OFDI 与收入差距的估计结果不显著。这可能是由于东部地区地理位置优越，对外开放程度高，企业大规模“走出去”，经济贸易发达而西部地区对外开放度较低，对外直接投资少，要素市场不发达，因此影响并不明显。另外，中国各地区的收入差距有所差异，共同富裕政策的逐步实施在短期内无法达到全面覆盖。在 OFDI 与要素市场扭曲度的交互项系数方面，东部地区显著为负，中西部地区回归结果不显著，说明东部地区要素市场扭曲的存在会抑制 OFDI 缩小收入差距。造成这个结果可能是因为东部地区的要素市场配置相对均衡，市场调节机制相对集中；而中西部地区对外直接投资模式相对固化，要素市场本身结构性问题突出，要素配置不均衡程度过大且要素市场调节机制不发达，从而无法达到预期影响效果。此外，东部地区的对外直接投资额多，要素市场发育相对成熟且弹性大，要素市场灵敏度更高，因此东部地区要素市场扭曲的存在会不利于 OFDI 缩小收入差距。

2. 分时段回归：2003—2009 年和 2010—2020 年

之所以把 2010 年作为时间区段的划分点，是因为 2010 年全国两会提出要“切好蛋糕”即建立合理的收入分配制度，报告中指出要高度重视收入差距过大引发的影响社会安定的因素，在调整国民收入分配格局方面提出对策建议，努力促进社会公平正义。表 5-3 分别检验了 2003—2009 年和 2010—2020 年两个时间区段里要素市场扭曲下 OFDI 对母国收入差距的影响。双向固定效应的估计结果显示，2003—2009 年 OFDI 和其与要素市场扭曲度的交互项结果均不显著，但 2010—2020 年 OFDI 对收入差距的影响显著为负，即 2010 年之后相关措施的出台使得 OFDI 对收入差距的影响趋势发生了变化。随着对外直接投资强度的增加，母国收入差距会呈现缩小的趋势；在 OFDI 与要素市场扭曲度的交互项方面，系数显著为负则表明要素市场扭曲的存在会抑制 OFDI 缩小收入差距，因此要素市场扭曲会不利于推动共同富裕总体进程。

表 5-3 全国分时段回归结果

	(1)	(2)
	2003—2009 年	2010—2020 年
对外直接投资	0.001 3	−0.000 3**
	(0.310 0)	(−2.510 0)
对外直接投资与要素	−0.005 4	−0.002 0*
市场扭曲度交互项	(−0.980 0)	(−1.830 0)
要素市场扭曲度	0.032 6	−0.006 3
	(0.610 0)	(−0.460 0)

（续）

	(1) 2003—2009 年	(2) 2010—2020 年
产业结构	0.002 7	−0.003 6***
	(0.280 0)	(−5.500 0)
城市化率	0.004 6	0.011 5
	(0.130 0)	(1.010 0)
贸易发展	−0.000 4	−0.005 2***
	(−0.070 0)	(−5.330 0)
技术进步	0.002 6	0.011 5***
	(0.290 0)	(4.000 0)
经济发展程度	0.041 3*	0.009 8**
	(1.690 0)	(2.080 0)
人力资本	−0.073 3	−0.042 1***
	(−1.250 0)	(−3.420 0)
政府财政支出	0.060 5	0.013 7
	(0.830 0)	(0.900 0)
常数项	−0.187 7	−0.055 7
	(−0.760 0)	(−1.030 0)
样本量	201	341
R^2	0.103 0	0.362 0
地区固定	是	是
时间固定	是	是

注：***、** 和 * 分别代表在 1%、5%和 10%的水平下显著。括号内为标准误。

（三）稳健性检验

本节估计结果的稳健性实证检验将采用两种方法。第一是替换核心解释变量 OFDI 的测度指标，即 OFDI 使用存量数据；第二是改变实证检验方法，即采用广义矩估计（GMM）进行实证分析。表 5-4 第 1 列结果显示，核心解释变量 OFDI 存量仍在 1%的显著水平上与收入差距呈负相关，其结果与全样本估计结果基本一致，说明估计结果不依赖变量的选取。另外，其他控制变量的结果也与全样本估计结果基本一致，说明本节的估计结果稳健。表 5-4 第 2 列结果显示，核心解释变量 OFDI 呈显著负相关，其结果与全样本估计一致。而且 *AR*（2）系数为 0.484 0，大于 0.1 即不存在高阶自相关，另外 *Sargan* 的系数为 0.296 0，因此广义矩估计适用于本节稳健性检验。

表 5-4　稳健性检验

	(1)	(2)
	OFDI 存量	GMM
泰尔指数		0.070 4
		(0.540 0)
对外直接投资		−0.001 8*
		(−1.840 0)
对外直接投资滞后一期	−0.002 3***	
	(−2.740 0)	
产业结构	−0.003 0**	−0.003 8***
	(−2.380 0)	(−8.610 0)
城市化率	−0.003 7	0.006 4
	(−0.430 0)	(0.180 0)
贸易发展	−0.004 7***	−0.004 9
	(−3.600 0)	(−1.560 0)
技术进步	0.005 2*	−0.012 0
	(1.840 0)	(−1.440 0)
经济发展程度	0.021 8***	0.025 6*
	(3.900 0)	(1.760 0)
人力资本	−0.040 9**	−0.033 2**
	(−2.480 0)	(−2.411 4)
政府财政支出	0.021 0*	0.042 3
	(1.950 0)	(0.831 6)
常数项	0.000 3	−0.170 6
	(0.010 0)	(−1.430 0)
样本量	556	485
R^2	0.115 0	
地区固定	是	
时间固定	是	
AR（1）-*p* 值		0.011 0
AR（2）-*p* 值		0.484 0
Sargan-p 值		0.296 0

注：***、** 和 * 分别代表在 1%、5%和 10%的水平下显著。括号内为标准误。

五、结论和建议

以上研究表明，2003—2020年OFDI的发展整体上缩小了收入差距，要素市场扭曲的存在会抑制OFDI缩小收入差距。分地区、分时间区段的检验结果显示，要素市场扭曲下不同地区和不同发展阶段OFDI对母国收入差距的影响存在差异。东部地区要素市场扭曲的存在会抑制OFDI缩小收入差距；中部和西部地区的回归结果则在统计学上不显著，因此这种调节效应存在区域差异。2003—2009年OFDI对我国收入差距无显著影响，但2010—2020年调节效应显著存在，即要素市场扭曲的存在会对共同富裕造成不利影响。对于OFDI、收入差距和要素市场化三者关系的机制问题，当前要贯彻落实党的十九届四中全会“坚持和完善中国特色社会主义制度、推进国家治理体系和治理能力现代化”重要精神，充分发挥市场在要素资源配置中的决定性作用，消除要素市场扭曲，以此推动OFDI发展，缩小收入差距，向实现共同富裕迈出关键性的一步。本节研究结论的政策启示如下：

第一，建设全国统一大市场是新发展格局下的新举措，要构建统一的市场基础规则，努力联通地区间要素市场设施，打造统一的要素和资源市场，从而在一定程度上抑制要素市场扭曲。同时要重视一些产能严重过剩的企业，保证要素资源的充分配置。

第二，加快要素市场化改革进程，消除要素市场扭曲，努力实现劳动力与资本要素的合理化配置，形成要素资源“引进来”和“走出去”的双向协调，从而实现地区资源配置最优化。完善市场制度是解决要素市场扭曲的关键所在，因此要减少人为对要素市场的干预，为形成良好的要素市场提供环境助力，使得市场充分发挥有效性，要素在地区间能畅通自由流转。在此基础上，加大中部和西部地区的对外直接投资强度，努力推动中西部地区实现更大程度的对外开放，对中西部地区的市场设施进行升级调整，努力推动要素市场向中西部地区均衡化发展。

第三，开拓构建更深层次的对外开放格局，学习高新技术，着力培养高技术人才，开展提升人力资本质量的措施，如对开展OFDI企业的员工进行高新技术指导与培养、加大研发投入、增加研发人员的技术补贴、开展技术培训交流等，为缩小收入差距，实现共同富裕提供人才助力。

第四，推动贸易结构和产业结构实现最优化，要有所选择地进行对外直接投资，提高以扩大市场规模为动因的企业OFDI比重，进一步扩大贸易规模，全面推动产业结构调整升级，充分发挥产业结构调整效应，此外还要防止投资不合理现象和产业空心化现象的出现，以免造成国内市场活力降低。另外要减少要素资源在企业或行业间的错配，进一步提高本土产业的资源配置效率，为发展高科技产业、新兴服务业提供要素支持，这样有助于推进收入分配合理化，逐步实现共同富裕。

第二节　外商直接投资与就业

一、引言

自从中国1978年实行改革开放，并于2001年成为世界贸易组织成员后，中国对外贸易迅速发展。在中国新一波高水平对外开放的背景下，中国外贸已经步入了“主动增加”的新时期。与此同时，在我国的经济发展中，出现了更多的问题需要解决，首当其冲的就是就业。当前中国正处于一个积极发展的时期，深入探讨外商直接投资（Foreign Direct Investment，简称FDI）对我国的就业和缩小贫富差距的作用，无论从理论上看还是从实际出发，都非常有必要。

FDI为国内民众带来了一定的工作岗位，减轻了中国的就业负担。正确理解和评价FDI对中国就业产生的作用，将有利于我们更好地了解FDI，并在恰当的发展阶段内更好地协调和制订更为合理的FDI政策，这对于促进我国的经济、社会迅速稳定发展起着至关重要的作用。

二、文献综述

近年来，随着FDI在我国的发展，FDI在我国的吸纳程度已逐渐被人们所关注。本节对近年来国内外有关方面的研究成果进行了较为系统的归纳和分析，以期为我国的发展提供一定的参考。

List（2001）采用两阶段修改计数数据模型，发现县级属性有利于吸引新的外资工厂。研究结果表明外商直接投资流量的大幅度增加将有利于推进全球经济一体化。Azman-Saini等（2010）采用门槛回归模型，研究发现FDI对经济的正面效应增长之后，金融市场的发展超出了临界水平。在此之前，显著的效益性外商直接投资是不存在的。FDI对于经济增长的影响是不明确的，连同经济模型也都表明外商直接投资和经济增长的关系可能存在其他干预因素。

刘舜佳（2007）运用中国29个省份的统计资料，从金融市场吸纳的角度，就FDI对中国目前经济发展的影响进行了实证分析。研究发现，FDI对中国经济发展具有显著的消极作用，而这一作用则是由金融体系的运行而产生的。在引入国内投资因素后，实证研究发现，资金必须透过金融市场运行来推动经济发展。2008年，曹裕等人采用1992—2005年的时间序列资料，对华中区域

FDI 与经济发展的相关性进行了实证分析。他们认为中部省市 FDI 与其经济发展不具有明显的平衡性，而此区域经济发展与 FDI 的相关性也不强，其发展的主要推动力还是内需。张海霞（2008）指出，外商直接投资的外溢作用是指外资投入使承接国获得技术的发展，从而对其产生积极的外在影响。外溢的终极目标在于促进本国的发展。许奇浩和俞海山（2008）发现，FDI 对各地区的挤压作用存在差异。通过对宁波市 1990—2005 年统计资料的分析，他们认为宁波市 FDI 的挤压作用表现为“中立”。刘兴凯（2009）指出，很多学者都认为 FDI 对东道国的经济发展起到了一定的推动作用，但是从经验上来看，FDI 对我国经济发展的影响并不明显。这是因为外商直接投资所产生的相关效果会受经济、技术、政策等因素的影响。闫丹（2009）以经济增长理论为理论基础，将全国划分为东、中、西三大地区，采用已知的经济数据，构建了区域经济生产相关函数，发现外商直接投资在各地区表现有所差异，由东向西对经济增长的作用逐渐减弱。刘剑锋和蒋琴儿（2009）运用时序分析的方法，探讨了 FDI 对宁波地区工业转型的影响。研究发现，FDI 对工业的协调作用不明显，FDI 并未促进宁波的工业结构优化。

上述各篇文献都是学者从各自的研究角度出发，对 FDI 与经济增长间的关系作出的相应分析。本书基于上述各篇文献，寻找当前我国经济发展中 FDI 与经济增长更深层次的内在联系。

三、我国就业情况的现状分析

（一）就业的总体发展状况

从就业人数来看，自 2000 年以来，我国的就业人数在相当长的时期里一直保持着上升的态势。2000—2012 年，我国的就业人数始终呈现快速发展的态势，由 2000 年的 7.21 亿人上升到 2012 年的 7.63 亿人，12 年内新增了 4 000 多万人。2008 年，受国际金融危机影响，国内许多中小型企业倒闭关停，但就业人口仍旧保持稳定增长。2012—2015 年，我国就业人数稳定保持在 7.63 亿人。此后由于国内经济结构调整，人才需求也发生了一定的转变。2015—2020 年，我国就业人数呈现缓慢下降的趋势，并且逐渐稳定在7.5 亿人左右。

从就业人数的增速来看（图 5-2），2000—2005 年，我国的年均就业增速约 0.75%，之后就业增长率又逐渐放缓，并在 2016 年出现了近二十年来首次负增长的情况，此后四年就业情况一直没有实现好转，就业增速同当年国内经济发展状况相符。2019 年国内就业增长率降至—0.5%，但 2020 年很快回升至—0.3%。

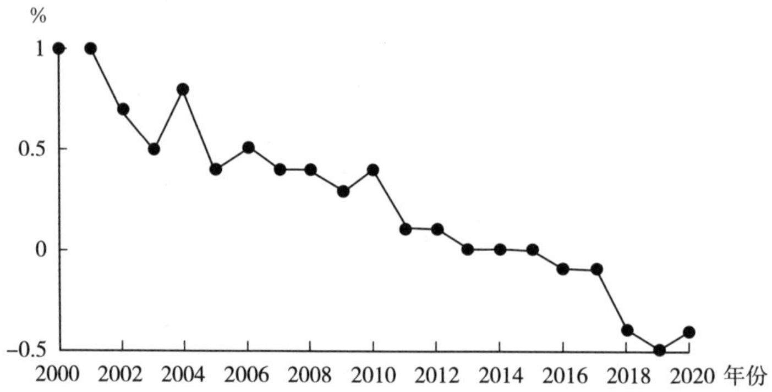

图 5-2　2000—2020 年中国就业增长率

（二）就业的结构发展现状

从就业结构的角度分析，近几年，第一产业和第二产业的就业人数出现了明显下滑，但第三产业吸纳就业的势头依然强劲。第一产业的就业人员由2000年的3.6亿人下降到2017年的2.09亿人，以－3.25％的速度逐年负增长；第二产业的就业人员在2012年达到高点后开始减少，并且减少的数量也在逐年上升。

目前我国第三产业的就业人员呈逐年增长态势，由2000年的1.98亿人增长到2017年的3.49亿人。而且，目前我国的第三产业正处在一个快速发展的阶段。从第一、第二、第三产业的就业人员结构来看，2000年，我国第一产业就业人员占全国就业人员的比例约为50％，而第二产业加第三产业则是50％。此后，由于工业技术的进步和经济的不断发展，产业格局正在逐步转变，各个行业的就业比例也在不断地发生着变化。2011年，我国第三产业的就业人员第一次超越了第一产业，占到了全国就业人员的35.7％。2014年，第二产业就业人员占全国就业人员的比例达到了29.9％，这是第二产业就业人员第一次超过第一产业。根据人社部《2019年度人力资源和社会保障事业发展统计公报》可知，到2019年年底第三产业就业人员占比已达47.4％，遥遥领先第一、第二产业，成为吸纳就业的主渠道。

四、外商直接投资对就业影响的理论分析和预期

（一）外商直接投资直接提升了三大产业的就业人数

在就业数量方面，FDI对增加东道国的工作岗位起到了正向作用，尤其是FDI对增加中国整体的工作岗位有正向的作用。外商直接投资可以为本国创造

更多的就业岗位。跨国企业的人才本土化使得其雇用更多的地方雇员，进而取代了母公司雇用人员的偏好。通过这样的方法，本地就业人数的多少依赖于本地的人才数量和产业投入。随着劳动力的本土化，更多的地方就业机会被吸引到劳动密集型产业。在本土化的层面上，中国大部分的跨国公司都注重人才的高度地区性，这使得中国的员工和经理们有更多的工作岗位。从投资和产业构成看，这些企业以工业为主，服务业和商贸业次之。这几个行业都是劳动力密集的行业，对劳动力数量的需求很高，很多外商在中国的投资都是以投资建厂的形式为主，这也无意间促进了就业增长。

（二）外商直接投资间接改变了三大产业的就业格局

FDI对第三产业结构偏离的作用最大，第二产业次之，但其对第一产业的结构偏离作用较弱。实际上，中国第一产业的特点决定了它很难利用FDI来进行工业化。我国外商直接投资的规模不断扩大，他们投资中国的首选是第三产业。国内生产总值在行业内的增加将创造更多工作岗位。总之，FDI对我国目前的产业发展起到了推动和优化作用。

FDI对我国第一产业的作用在短期内并不显著，从长期看，FDI在第一、第二产业方面仍存在一定的发展空间。因此，中国必须调整针对FDI的政策，并在第一、第二产业方面吸引外资。这不仅有利于促进第一、第二产业的发展，吸纳更多的劳动力，优化三大产业自身的既定结构，而且可以加快中国整体产业结构的转型，实现新的经济突破。

五、外商直接投资对就业影响效应的实证分析

（一）外商直接投资对中国就业数量的效应分析

FDI对接收国的就业产生了一种较为复杂的影响。FDI的增加会导致国内的就业机会增加，也就是所谓的“就业创造效益”；但同时FDI增加，也可能会对本国的工作造成不利的影响，减少原本就业岗位的数量，即所谓的负效应。本节通过构建回归分析模型，定量研究外商直接投资对我国就业的影响。

1. 模型构建

在实际中，很多因素都会对就业率产生一定的影响。本节仅从FDI和国内投资两个方面来考察中国的就业率。我们将FDI每年的储备量作为一个解释变量。另外，本节还将引入FDI的相关影响因素，对FDI的影响进行研究。基于上述几方面考虑，本节选择并建立了如下模型：

$$\ln L_t = \beta_0 + \beta_1 \ln FDI_t + \beta_2 \ln FDI_{t-1} + \beta_3 \ln FDI_{t-2} + \beta_4 \ln K_t + \varepsilon_t$$

其中，$\ln L_t$ 是中国就业人数的对数，$\ln FDI_t$ 是中国当前外商直接投资存

量的对数，$\ln FDI_{t-1}$是滞后一期的中国外商直接投资存量的对数，$\ln FDI_{t-2}$是滞后两期的中国外商直接投资存量的对数，$\ln K_t$ 是中国当前国内投资金额的对数。

2. 数据来源

本节选取了 2007—2021 年《中国统计年鉴》的有关资料。国内投资金额缺少计算方式和计算手段，我们以固定资产投资金额作为替代，但是固定资产投资中包含了外资的投资金额，所以需要扣除外资的固定资产投资金额，外资一般将其投资的 70%用作固定投资。所以国内投资金额＝固定资产投资金额－外资金额×70%。FDI 总量指的是实际投入外资，不计入该年度累计汇兑损益。表 5－5 展示了有关的数据。

表 5－5　2007—2021 年 FDI 对中国就业影响的建模方程数据统计

年份	就业量（万人）	美元兑换人民币后的 FDI（万元）	国内投资（万元）
2007	2 383	55 911 615.2	367 458 384.8
2008	2 417	55 387 537.6	421 032 462.4
2009	2 454	72 938 634.3	406 861 365.7
2010	2 499	73 363 588.8	498 336 411.2
2011	2 515	52 757 605.9	567 442 394.1
2012	2 566	43 433 453.4	616 576 546.6
2013	2 578	31 796 095.5	699 453 904.5
2014	2 589	34 536 610.2	800 453 389.8
2015	2 601	37 758 846.3	949 551 153.7
2016	2 649	24 481 946.7	1 239 168 053.3
2017	2 703	31 018 691.2	1 738 051 308.8
2018	2 760	35 665 833.2	2 210 904 166.8
2019	2 769	51 469 357.9	2 918 610 642.1
2020	2 799	67 478 281.2	3 716 323 218.8
2021	2 849	70 724 427.6	5 635 971 272.4

3. 计量分析结果

运用 EViews 5.0 统计软件进行回归分析，回归结果见表 5－6。

表 5-6　回归方程结果

变量	系数	t 值
常数项	7.142 7***	69.346 6
外商直接投资	−0.012 8***	−1.781 4
外商直接投资滞后一期	−0.003 8***	−0.379 8
外商直接投资滞后二期	0.002 6***	0.291 8
国内投资	0.056 3**	22.258 6
校正 R^2	0.985 8	

注：***、** 和 * 分别代表在 1%、5%和 10%的水平下显著。

从回归结果看，此方程拟合度较好，调整后校正 R^2 达到了 0.985 8，表明该样本回归方程的解释能力为 98.58%，即中国就业人数变动的 98.58%可由样本回归方程作出解释。该回归结果显示，当期的 FDI 和滞后一期的 FDI 系数均显著为负。这表明，短期和长期的 FDI 对中国就业增长会产生不利影响。当期中国国内投资的系数显著为正，数据表明中国国内投资每增加 1%，就业人数就增加约 0.056 3%。这表明中国的就业增长高度依赖于国内投资，而外商直接投资对中国的就业人数可能产生负面影响。

（二）外商直接投资对中国就业质量的效应分析

就业质量的定义是基于就业的环境方面，一般研究认为包括五个要素：工作内容、就业条件、工作环境、社会保障和劳动关系。对公司来说，就业质量是一种对员工权益的尊重和对员工的社会保障，与员工的生产率有很大关系。提高劳动生产率，就业质量就会得到提升；相反，如果工人的生产率较差，那么他们的就业质量就会下降。基于数据的可获得性，就业质量采用平均工资来代替。

一般认为 FDI 对就业质量的作用相较其对就业数量的作用更具有普遍性，FDI 对就业质量的作用可以分成积极影响和消极影响。积极影响主要体现在较高的平均工资水平。根据国家统计局的数据，外商投资企业 2021 年平均工资为全国平均水平（全国城镇非私营单位就业人员年平均工资）的 1.18 倍；负面影响主要体现在劳资关系上，劳动者的权利难以得到保障。总的来说，FDI 对就业质量的积极影响超过了消极影响。

继上一部分的数据实证分析后，本节采用 EViews 5.0 统计软件，以工资为例，考察 FDI 对中国就业质量的溢出效应。

1. 模型构建

根据新古典经济学“工资等于劳动的边际产出”的原理，模型设定如下：

$$\ln W_t = \beta_0 + \beta_1 \ln FDI_t + \beta_2 \ln K_t + \varepsilon_t$$

其中，$\ln W_t$、$\ln FDI_t$、$\ln K_t$ 分别为平均工资、实际利用外商直接投资额、固定资产投资的对数。

2. 数据来源

样本是2007—2021年的中国年度数据。平均工资、实际利用外商直接投资额、固定资产投资等使用到的数据来源于历年《中国统计年鉴》（表5-7）。

表5-7　2007—2021年FDI对中国工资影响的建模方程数据统计

年份	平均工资（元）	固定资产投资（万元）	实际利用FDI（万元）
2007	5 105	423 370 000	55 911 615.2
2008	5 397	476 420 000	55 387 537.6
2009	5 540	479 800 000	72 938 634.3
2010	5 779	571 700 000	73 363 588.8
2011	6 254	620 200 800	52 757 605.9
2012	6 772	660 010 000	43 433 453.4
2013	8 214	731 250 000	31 796 095.5
2014	9 821	834 990 000	34 536 610.2
2015	11 953	987 310 000	37 758 846.3
2016	13 579	1 263 650 000	24 481 946.7
2017	15 461	1 769 070 000	31 018 691.2
2018	17 571	2 246 570 000	35 665 833.2
2019	18 064	2 970 080 000	51 469 357.9
2020	25 660	3 783 801 500	67 478 281.2
2021	28 302	5 706 695 700	70 724 427.6

3. 计量分析结果

回归方程的结果显示（表5-8）固定资产投资对中国的工资水平有明显的积极影响，固定资产投资每增加1%，相应的工资水平增加0.661 9%。实际利用外商直接投资对中国工资水平的影响是负向的，并通过了5%的显著性检验，即中国实际使用的外商直接投资每增加1%就会导致工资水平下降约0.186 2%。

表 5-8　回归方程结果

变量	系数	t 值
常数项	0.985 8***	1.032 6
实际利用外商直接投资	−0.186 2**	−2.884 7
固定资产投资	0.661 9**	25.289 2
校正 R^2	0.978 9	

注：***、** 和 * 分别代表在 1%、5%和 10%的水平下显著。

六、结论和建议

本节回顾并比较了国内外的相关文献，发现现有的研究大多集中在 FDI 对就业的区域影响上。本节的创新之处在于关注外商直接投资对中国三大产业的就业影响，并选择这一角度进行详细研究。

研究结果表明：第一，相较外商直接投资而言，当前经济发展情况下国内投资对于我国就业影响效果更显著；第二，外商直接投资在就业数量方面所带来的负效应相较就业创造效应更为显著；第三，外商直接投资对就业质量的影响呈现就业质量溢出效应，对就业质量提升的积极作用大于消极作用。本节从两个方面提出政策建议：一是注重人才培养，提高劳动者素质；二是合理把握贸易开放度，缓解国内就业冲击。

（一）注重人才培养，提高劳动者素质

中国需要注重吸引和培养人才，创新职业培训模式，完善培养技术工人的体制机制，通过人才和创新驱动战略来促进城市的发展，提高劳动力的质量，鼓励培育更多的高科技企业，并进一步支持研发和设计高附加值产品。此外，应扩大基础设施领域的外商投资范围，积极引导外资进入交通、能源、水务、市政等具有特殊优势的基础设施开发建设的重点行业，引进先进技术和管理标准，增强产业竞争，使经济发展对外资更有吸引力。要从科学发展的角度出发，通过各种渠道和方式吸引外资，提高外资质量，实现地方经济与外资经济的有机协调发展。

（二）合理把握贸易开放度，缓解国内就业冲击

虽然关税减让和贸易自由化是经济全球化背景下的共同趋势，但中国关键地区具有高发展潜力的新兴产业仍需得到保护。因此，我国可以根据国际惯例和世贸组织规则，酌情采取保障措施，有效保护这些产业。例如，要按我国工业发展的程度，逐步放开，全面扶持本国工业的发展，切实减轻在国际上与其他行业的竞争对我国就业造成的冲击。一方面，要建立一套合理的税收激励机

制，使我国企业的生产成本下降。另一方面，在一些工业的进口产品上，可以实行科学的关税减免政策。比如降低原料和其他初级产品进口关税，使我国企业的生产费用下降。

FDI在中国创造了大量的工作岗位。尽管中国就业市场的规模不断扩大，但市场进入方式、行业分布、地域分布等因素都会对中国的劳动力市场构成冲击。FDI可以很好地填补中国外汇储备的不足，同时也为中国带来了先进的技术和管理手段。外商直接投资企业提供相对较高的工资水平和其他福利，促进整个社会工作条件的改善。

第三节　外商直接投资与共同富裕

一、引言

外商直接投资在我国经济飞速发展的过程中扮演了重要的角色，外商直接投资已经成为我国经济社会发展的一支重要力量。国际贸易竞争力的增强扩大了我国的收入分配差距，外商直接投资的大规模流入则影响着收入差距。只有深入了解我国目前外商直接投资的状况，才能因地制宜制定政策，营造适宜的外商投资环境，使外资成为我国经济增长的新推动力，更好地推动共同富裕实现实质性进展。

二、文献综述

现阶段我国正处于发展不平衡不充分阶段，外商直接投资对我国发展格局有着重要影响，同时也存在导致收入、区域、城乡不平衡的风险。

田又月（2021）认为，近年来，我国区域经济发展呈现出不平衡的结构特征。这种结构特征的形成很大程度上是由外商直接投资不平衡导致的，外商投资对东部发达地区、发展较快地区、落后地区之间GDP增长率的影响差异显著。陈怡等（2020）认为，外商直接投资的减贫效应不仅体现在促进我国收入提升这一方面，还体现在通过教育等促进个体能力提升，但外商直接投资带来的减贫效应存在地区差异，外商直接投资的流入能显著缓解我国城镇地区及东中部地区的贫困问题，但对农村地区与西部地区的减贫效应不显著，这可能会扩大区域不平衡问题。郭海莉（2019）认为，我国自加入世贸组织以来，积极参与经济全球化，外向型经济高速发展，外商直接投资已经为我国经济带来了高速发展的动力。但随着人民币汇率上涨、我国劳动力成本上升及我国产业结构调整等诸多原因，外商直接投资的规模及速度近几年来出现下滑又反弹的波动趋势，外商直接投资对我国经济增长的贡献出现边际效用递减。刘慧娟等（2021）认为，外商直接投资对经济的影响是利弊同存的，一方面外商直接投资可以加快技术创新，促进经济的发展；另一方面过高的外商直接投资会加深当地经济对外资的依存度，对本土经济产生挤出效应，甚至可能因为引入外资质量不高而引发环境问题。因此，当地政府应根据各地的经济发展情况因地制宜地采取相关措施合理控制外商直接投资的引入规模和引入质量。

桑百川（2021）认为，我国的外商直接投资在观念、政策、制度、环境、条件、优势、产业、区域等方面都发生着变迁，梳理这些变迁有助于正确认识我国外商直接投资的发展趋势，并理解外商直接投资在我国经济中的地位和作用。2020年年初，疫情全面暴发，对我国甚至全球经济造成重创，各国疫情防控期间推出的外资新政持续了很长一段时间，特别是发达国家收紧外商投资以防外资“入侵”的政策不会因疫情的结束而终止，这必将对我国对外投资及外商投资产生深远影响。翟霞（2021）研究发现，受全球疫情的影响，2020年全球外商直接投资平均下降35%，其中，发展中国家下降8%，发达国家下降更是高达58%。全球外商投资受到重创，一方面是受新冠疫情的影响，另一方面也与各国外商投资新政息息相关。付晓东等（2021）认为，中国经济社会进入新发展阶段，对外面临全球经济增速放缓、“逆全球化”趋势、新冠疫情冲击、新兴势力崛起、全球权利重心转移等复杂多变的国际形势；对内面临国内产业转型升级、新旧动能转换，经济发展进入深度调整期。在新发展阶段、新发展格局下，中国如何提高外商投资黏性及实际外资利用水平，促进FDI区位分布合理化、均衡化是一个重要议题。

我国发展不平衡不充分的问题仍然突出，主要集中体现在收入差距、城乡差距、区域差距、产业差距等方面。解决发展不平衡不充分问题、缩小城乡区域发展差距、实现人的全面发展和全体人民共同富裕仍然任重道远。

三、我国外商直接投资现状分析

从改革开放至今，外资企业和合资企业所占比重较高，它们是外商直接投资的两种主要形式。在改革开放之初，合资企业和合作企业占据主要份额，其中主要是合资方式。2002—2019年，我国合资企业的占比呈现“U”形的增长趋势，具有较强的波动性，合作企业的占比逐年下降，但是外资企业的占比呈逐年上升的趋势，虽然近年来外商投资股份制企业的占比有所提高，但仍呈波动的趋势。

虽然我国外商直接投资规模大幅增长（表5-9），但是FDI的来源过于集中。2019年流入中国的FDI前十大来源国家或地区一半位于亚洲。这些地区流入到我国的 FDI 高达 1 283.97 亿美元，占我国实际利用 FDI 总值的 92.95%。由此可见，我国的外资中绝大部分来自亚洲国家（或地区），来自发达国家的外资则相对较少，这也表明我国的外资引入质量有待进一步提升。其中，中国香港占中国大陆外商直接投资额的比重为 69.71%，是中国大陆最大的外商直接投资来源地。FDI 来源地存在过度集中的现象，这使得流入中国 FDI 占据绝对领先份额的国家和地区对中国经济的影响过大，存在较大的风险，不利于经济增长的稳定性。

表 5-9　2012—2021 年中国利用外商直接投资状况

年份	实际利用外商直接投资金额（万美元）	合作利用外资项目（个）	外商直接投资项目（个）	实际利用外商直接投资增长率（%）
2012	11 171 600	24 925	24 925	−3.70
2013	11 758 600	22 773	22 773	5.25
2014	11 956 200	23 778	23 778	1.68
2015	12 626 700	26 575	26 575	5.61
2016	12 600 100	27 900	27 900	−0.21
2017	13 103 500	35 652	35 652	4.00
2018	13 496 600	60 533	60 533	3.00
2019	13 813 462	40 888	40 888	2.35
2020	14 436 926	38 570	38 570	6.20
2021	—	—	47 643	14.90

数据来源：国家统计局。

我国 FDI 具有非常强的区域极化特征，东部和中部、西部地区严重不对等，造成 FDI 分布极化的原因主要有以下几个方面。首先，因为改革开放之初，设立经济特区，国家重点的引资政策以及优惠政策都向沿海地区倾斜，这些地区吸引了大量的外资。其次，随着经济的发展，东部地区地理位置优越、经济增长率较高，对外资具有较强的吸引力，所以外资绝大部分都流向了东部地区。最后，因为外资企业进入东道国需要大量的劳动力资源来支持业务的开展，东部地区人口较为密集，可以为其提供丰富的劳动力资源。但是随着区域协调发展战略的实施以及大量外资引导政策的颁布，中部地区的外资流入规模也呈现大幅度的增长。西部地区的外资流入规模虽然增长速度缓慢，但也呈波动上升趋势。从总体来看，流入东部地区的 FDI 仍要远远高于中部和西部地区，所以要解决这种不平衡的问题，还需要较长时间的努力。

当前外商直接投资结构不利于中国经济结构优化。目前中国外商直接投资主要集中在投资少、见效快的劳动密集型加工产业，技术密集型产业比较少。这与中国实现产业结构调整，大力发展低消耗、高附加值的第三产业的目标不符。外商直接投资的地区分配不平衡加剧了经济不平衡。中国中西部地区资源丰富，市场潜力很大，但是，外商投资主体一般倾向投资已形成各行业集群优势的东部地区。这样会继续扩大中国东、中、西部经济发展不平衡的问题。中国市场经济起步较晚，中国企业行业服务质量有待提高，竞争能力较弱，尤其是第三产业问题突出。外商直接投资的进入严重挤占了国内企业的生存发展空间。此外，跨国并购可能带来国有资产流失。当前中国并购机制存在如法律制度不健全、其他配套设施不完善等诸多问题，可能导致外商低估国有资产或忽视无形资产等问题，造成大量国有资产的流失。

四、外商直接投资影响共同富裕的理论机制

（一）外资对中国经济发展的促进作用

1. 暂缓国内就业矛盾

对于劳动密集型和非技术的资金密集型产业来说，寻找廉价的劳动力是节约成本、提高利润的核心问题。中国人口众多，相对于西方国家来说，劳动力的平均价格较低。因此，世界知名企业在设立跨国分公司时，都会考虑该因素在企业扩张规划中的地位。倚重劳动力的企业可能会倾向在中国建厂，利用中国的廉价劳动力，降低成本。同时，外商直接投资设厂的举措也给中国带来好处——增加国内的就业岗位，适时解决部分失业人员的再就业问题，并且缓解当前就业压力造成的矛盾，从而在一定程度上保证社会的稳定。

2. 产生技术外溢效应

技术外溢是外商直接投资在东道国生产经营活动中的副产品，包括工艺溢出、人力资源流动效应等，它由技术知识本身类似公共产品的特殊性质，即非竞争性和多样化的排他性决定。随着科学技术的突飞猛进，利用外商直接投资的技术外溢效应提高本国企业的技术水平，是当今多数发展中国家的发展趋势，也是我国“以市场换技术”引资政策的重要依据之一。是否会产生外溢效应，主要取决于两方面：一是跨国公司的投资方式，二是东道国企业的学习创新能力。垂直型的投资是外商利用比较优势原则在各个国家间合理安排生产工序，这种方式是技术外溢的主要渠道。国内企业通过不断学习与探索，熟悉竞争规则，加强创新力度，将中间技术的正面效果广泛地应用与传播，促进最终产品的完成，扩大制成品的出口，从而不断缩小其与外企的差距，逐渐与之抗衡。这就是所谓的“干中学”效应。

3. 新兴产业发展迅速

在中国逐渐融入世界市场的过程中，外商投资带来的开发项目和方案，也推动着国内新兴产业的崛起，为其发展提供了广阔的空间。新兴产业主要指高新技术产业和现代服务业，以长江三角洲和珠江三角洲这两块外商格外青睐的沃土发展最为迅猛。近几年，金融领域创新突出，其中的金融工程就是新兴产业的代表。中国加入世贸组织后，实现逐步开放市场的承诺，外国银行大量进驻，它们带来全新的金融理念和金融产品，为国内居民提供更加便利的服务，也占领一部分市场份额。我国的国内同行企业为了避免在激烈的竞争中惨遭淘汰，也开始引进和自行开发新兴的金融产品，促成了金融工程的兴起与发展。同时，中外合资开发新项目的比例增加。这种模式提供了国内人员与外国技术人员频繁交流的平台，学习和切磋的机会增加，进一步促进了外溢效应的产生。

（二）外资对中国经济发展的弊端

1. 国内资源浪费严重，生态失衡

中国丰富的自然资源是吸引外商的重要因素，但目前国内并没有形成完善的最终产品市场。外商垂直型的投资多为进料加工，这就使其在华的贸易演变为加工贸易形式，也就是说，外商在华的生产线只是加工链条。一些外商耗费我国的资源进行没有节制的生产与开发，而最终的成品又可以在我国广阔的市场上大量销售，既避免了在本国生产造成的资源耗减和环境污染，又获得不菲的利润，可谓一举两得。而在此情况下，我国则是以牺牲资源和破坏环境为代价换来所谓的发展，这是为外人服务的发展，也是最不利的发展。另外，外商直接投资支持大量出口，出口贸易的不断增加，导致资源以实物形式存在于进口国，这种外流效应，不但减少了我国居民和企业对资源的利用机会，而且便利了进口国的发展，浪费的同时又造成了经济发展的竞争威胁。

2. 经济发展模式出现偏差

20世纪八九十年代，拉美的一些国家走上了外资主导型的开放道路，依靠廉价劳动力和提供优惠政策等吸引大量外资进入，引资规模失控，资本流入和流出不平衡，形成对外资的过度依赖。外资的进入的确令拉美国家的GDP在短期内高速增长，但当全球产业风向转变，跨国公司纷纷抽出资金，转投其他国家后，这些国家迅速出现经济衰退和动荡，甚至长期一蹶不振。这种以牺牲本国经济为代价来实现短期阶段性而非长久性的高速发展，即所谓拉美化现象，并非只是拉美国家独有。由于部分中国企业依赖外商提供技术，自我创新能力不强，处在被动的位置，国内高新技术产品出口的配套能力很低。因此，在技术外溢效应不明显且依靠外资严重的情况下，国内出现了两种截然不同的态度——“外源经济崇拜”和“内源经济歧视”。以广东为例，一方面外源型经济主体的快速发展推动着GDP增长，一方面内源型经济主体却难以分享GDP增长繁荣带来的"红利"。另一方面，由于部分地区对外资引进的监管还不太规范，一些不法外商打着投资的幌子进行投机活动，严重影响了我国经济的正常发展。尤其是近几年，国际社会预期人民币走势上升之风强劲，大量资金流入国内，这其中就存在数量不少的"热钱"。这些游资，待人民币升值大赚一笔后迅速抽逃，使我国经济遭受损失，加剧经济的不稳定性。这种偏差的模式会导致经济的畸形发展，潜藏着矛盾和危机。

3. 导致"繁荣而不富裕"的现象

近年来，中国经济始终以较高的增长速度发展，出现繁花似锦的经济形势。也因此，在世界经济不景气的大环境中，仍然保持经济增长的中国被誉为神话的创造者。而这其中的一部分功劳则要归功于外商直接投资对经济增长的促进作用。外资带来了经济的繁荣，但是我国的国民总收入（GNI）水平并没有取得与GDP的同步高速发展。也就是说，我国较高的GDP水平，一定程度上是依赖外资达到的。外资企业以良好的经营效益拉动我国GDP增长的同时，由此形成的大量利润也由外商占有，可能导致"繁荣而不富裕"的现象。

第四节　小　　结

在对外直接投资与共同富裕上，2003—2020年OFDI的发展整体上缩小了收入差距，要素市场扭曲的存在会抑制OFDI缩小收入差距。分地区、分时间区段的检验结果显示，要素市场扭曲下不同地区和不同发展阶段OFDI对母国收入差距的影响存在差异。东部地区要素市场扭曲的存在会抑制OFDI缩小收入差距；中部和西部地区的回归结果则在统计学上不显著，因此这种调节效应存在区域差异。2003—2009年OFDI对我国收入差距无显著影响，但2010—2020年调节效应显著存在，即要素市场扭曲的存在会对共同富裕造成不利影响。对于OFDI、收入差距和要素市场化三者关系的机制问题，当前要贯彻落实党的十九届四中全会"坚持和完善中国特色社会主义制度、推进国家治理体系和治理能力现代化"重要精神，充分发挥市场在要素资源配置中的决定性作用，消除要素市场扭曲，以此推动OFDI发展，缩小收入差距，向实现共同富裕迈出关键性的一步。

在外商直接投资与就业上，相对比外商直接投资而言，当前经济发展情况下国内投资对于我国就业影响效果更显著；外商直接投资在就业数量方面所带来的负效应相较就业创造效应更为显著；外商直接投资对就业质量的影响呈现就业质量溢出效应，对就业质量提升的积极作用大于消极作用。

第六章 高水平开放布局与共同富裕

第一节 国内国际双循环与共同富裕

一、双循环发展的理论基础

2020年4月10日，在中央财经委员会第七次会议上，习近平总书记指出要构建以国内大循环为主体、国内国际双循环相互促进的新发展格局。国内国际双循环，是指中国的经济社会建设要形成以国内大循环为主体、国内国际双循环协同推进的新型经济发展格局，以培养新形势下中国经济参加全球合作与国际竞争的新优势，为中国经济社会发展提供新动力。简而言之就是既要挖掘国内市场，又要拓展延伸国际市场，坚持用两条腿走路，两个方面相互促进。恩格斯就曾在其《自然辩证法》中，提出了“循环”这个词的含义与思想，他指出自然界在永恒的流动和循环中运动着，并且循环的时间也无法度量。马克思也曾经提出了在工业生产、分享、交易、消费行为等环节之间所形成的循环，他指出工业生产是整个人类社会再生产的最初起点，分享和交易是过程中的中间环节，消费行为是过程的终结。这也就解释了循环是由这四个环节所构成的，其关系密不可分，也说明“循环”已不只出现在大自然中，也存在于我们的社会生活中。

国内与国际双循环互补的新经济发展格局，呈现出三个特点。第一是开放性，打造“双循环”，意味着我们既强调对外开放，同时也强调对内开放。国内市场和国外市场同时开放才是双循环的内涵。一方面，我们要继续推进经济全球化，进而保证我国对外部市场的供给与消费。另一方面，要加快国内供给侧结构性改革，从高速增长迈向高质量发展，进而提升我国经济实力和综合国力。第二是经济稳定性，我国正在实施的双循环发展并非“闭门造车”，在中国经济的新发展格局里，我国的产业链、供给链更加安全稳定运行。第三是整体性，我国是整个国家共同践行新发展格局，并无个别省份单独发展的情况，这样会使我国的整体经济不偏离，稳步向上，进而在全球化的潮流中更加具有优势。形成国内国际双循环的经济发展格局，有这样三条途径。第一是改革，改革才是推动发展的根本动力，因此我们要在现今的基础上继续深化改革，完善相关制度体系，推动平衡发展，改善生态环境等。第二是开放，之前提到双循环既要打造国内市场，也要打造国际市场，在实施国内政策的同时，要推动开放走向扩大化、深入化。第三是创新，创新精神是中华民族最独特的文化禀赋之一，我们必须牢牢将核心技术掌控在自己手里。只有不断创新，才能更好地践行新发展格局。我国第一个百年奋斗目标全面建成小康社会与下一个百年奋斗目标建成富强民主文明和谐美丽的社会主义现代化强国都蕴含着循环的理论基础，因此才更应该吸取之前的经验，为下一个百年奋斗目标做好充分准备。

现如今我们实现了第一个百年奋斗目标，在中华大地上全面建成了小康社会，正继续向下一个百年奋斗目标努力前进，这要求我们不仅要把“蛋糕”做大，更要把“蛋糕”分好。中国经济已由高速增长阶段转向高质量发展阶段，所以要进一步提高人民收入水平，逐渐减少分配差异，在下一个百年奋斗目标中消除两极分化进而实现共同富裕。共同富裕是全体人民的富裕，并非少数人的富裕；共同富裕既是人民群众的物质生活富裕，又是人民群众的精神生活富裕。

共同富裕具有三大主要特点。第一是保障性，发展共同富裕能够充足地保障生活需要，特别是就业、医疗、养老等都将得到进一步发展。第二是辅助性，各种保险新模式将会层出不穷，还会进一步推动农业发展，进而提高人民生活质量。第三是自信性，实现社会主义共同富裕，不仅可以使人民生活得到保障，还可以提高中国人民的文化自信心。实现共同富裕同样也有三条路径。第一是坚持党的领导。共同富裕是中国特色社会主义的本质要求，是中国共产党矢志不渝的奋斗目标，只有坚持党的领导，才能走向共同富裕的正确道路。第二是坚持以人民为中心。中国共产党的初心和使命就是为中国人民谋幸福，为中华民族谋复兴。而社会主义共同富裕也就是中国人民的物质生活和精神生活都富裕，所以，要始终以人民利益为核心。第三是遵循合作与共治的共享原则。在经济高质量发展中实现人类共同富裕，这正是为了适应中国人民日益增长的美好生活需要，也适应了中国新型社会的发展理念，只有坚持共建、共治、共享才能将共同富裕这块“蛋糕”做大且分好。

二、双循环促进共同富裕的理论机制

（一）双循环通过消费与收入促进共同富裕

众所周知，人们的消费倾向会受到收入的影响，其具体表现为随着收入增加，消费也会增加，但当收入到达一定程度后，消费增速会随着收入的不断提高而出现下降的趋势，相关数据如表 6－1。当人们的收入水平越来越高时，平常多出来的收入就会越来越少地用于消费之中，究其原因是因为到那个时候人们已经满足自身所需要的基本需求了，所以人们的额外收入会被储蓄起来。

相反，有些收入水平较低的人，他们的消费倾向会比较高，是因为他们仍有很多自身的需求尚未满足，进而他们会把多数收入都用于消费。所以，为了提升社会的整体消费水平，就应该更加合理地分配，而这就是共同富裕的目标。

近年国家重点提出要继续扩大内需，同时也要全面发掘国内的市场空间，要把合理提高低收入群体的收入作为着眼点，把改善收入分配格局作为着力点，同时要提高社会的公平正义，合理激发社会的各种需求，以便于能够更好地推进供给侧结构性改革，并最终给以国内大循环为主体、国内国际双循环相互促进的新发展格局带来源源不断的动能。

表 6-1　2000—2019 年中国社会消费品零售总额及人均可支配收入

年份	社会消费品零售总额（亿元）	社会消费品零售总额同比增加金额（亿元）	社会消费品零售总额同比增速（%）	人均可支配收入（元）	人均可支配收入同比实际（扣除价格因素）增速（%）	GDP 同比增速（%）
2000	39 105.7	—	—	3 721	—	—
2001	43 055.4	3 949.7	10.1	4 070	8.6	8.3
2002	48 135.9	5 080.5	11.8	4 532	12.2	9.1
2003	52 516.3	4 380.4	9.1	5 007	9.2	10.0
2004	59 501.0	6 984.7	13.3	5 661	8.8	10.1
2005	68 352.6	8 851.6	14.9	6 385	10.8	11.4
2006	79 145.2	10 792.6	15.8	7 229	11.5	12.7
2007	93 571.6	14 426.4	18.2	8 584	13.3	14.2
2008	114 830.1	21 258.5	22.7	9 957	9.5	9.7
2009	133 048.2	18 218.1	15.9	10 977	11.0	9.4
2010	158 008.0	24 959.8	18.8	12 520	10.4	10.6
2011	187 205.8	29 197.8	18.5	14 551	10.3	9.6
2012	214 432.7	27 226.9	14.5	16 510	10.6	7.9
2013	242 842.8	28 410.1	13.3	18 311	8.1	7.8
2014	271 896.1	29 053.3	12.0	20 167	8.0	7.4
2015	300 930.8	29 034.7	10.7	21 966	7.4	7.0
2016	332 316.3	31 385.5	10.4	23 821	6.3	6.8
2017	366 261.6	33 945.3	10.2	25 974	7.3	6.9
2018	380 986.9	14 725.3	4.0	28 228	6.5	6.7
2019	411 649.0	30 662.1	8.1	30 733	5.8	6.0

（二）双循环通过地区发展促进共同富裕

中国当今社会的主要矛盾，是人民日益增长的美好生活需要和不平衡不充分的发展之间的矛盾。其中最为显著的就是城乡和区域发展不平衡，虽然说近年来城乡和区域发展不平衡的问题已经有所改善并且差距呈现逐渐缩小的趋势，但想要从根源上解决这一问题还是有一定难度。从城乡居民人均可支配收入差异分析，2020年城乡居民人均可支配收入比约为2.56，相关数据见图6－1。2020年中国东部地区和中部、西部地区城镇居民人均可支配收入比依次约为1.52和1.62，区域之间的收入差异依然很大，相关数据见表6－2。而家庭在财富和公共服务等方面的差异，比个人收入差异更大。因此，只有发展经济，促进相对落后地区的发展才能够从根本上解决贫富差距问题，才能真正实现共同富裕。

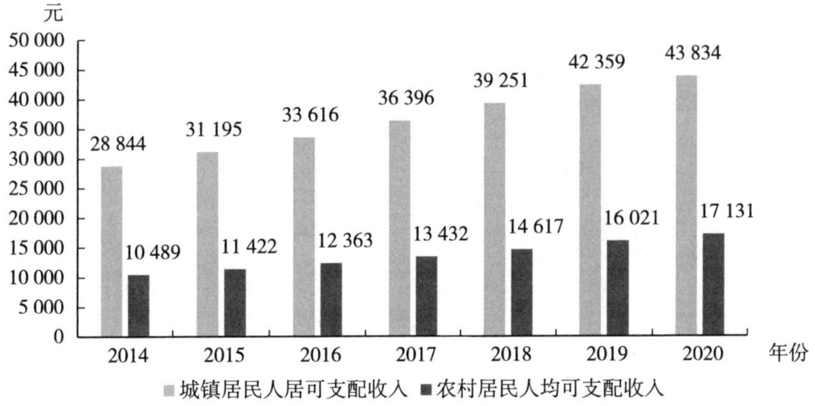

图6－1　2014—2020年中国城乡居民人均可支配收入对比

表6－2　2014—2020年中国不同区域城镇居民人均可支配收入

单位：元

区域	年份						
	2014	2015	2016	2017	2018	2019	2020
东部地区	25 954.0	28 223.3	30 654.7	33 414.0	36 298.2	39 438.9	41 239.7
中部地区	16 867.7	18 442.1	20 006.2	21 833.6	23 798.3	26 025.3	27 152.4
西部地区	15 376.1	16 868.1	18 406.8	20 130.3	21 935.8	23 986.1	25 416.0
东北地区	19 606.4	21 008.4	22 351.5	23 900.5	25 543.2	27 370.6	28 266.2

那么实行乡村振兴战略，以及促进区域的协调发展就显得尤为重要。贯彻双循环发展模式可以更好地带动农村经济社会的发展，进一步扩大了农民的增

收空间，从而提高了农民的就业人数，改善了农民的生活水平，也更进一步地缩小了城乡之间的贫富差距。而“先富带后富”思想在双循环的基础上更好地解决了区域之间的贫富差距问题，在此思想指导下，我国提出了深化供给侧结构性改革等多个战略机制与目标，进而更好地促进地区平衡发展，最终为实现共同富裕打下牢固的基础。

三、国内国际双循环促进共同富裕的国际经验

新发展格局自提出以来，讨论颇多，而双循环这个词也逐渐成为热点话题。新发展格局是关于中国经济的现代化理论与战略体系，它影响着我国甚至全球。而中国经济现代化也是以现代经济发展理论为基石，进而得以逐步实现的，并且经济现代化与共同富裕的目标有着千丝万缕的关系。现代经济发展同时伴随着工业化、城市化以及各种大规模的国民经济结构变迁。目前世界上各大国在普遍的经济全球化基础上都有一个共同的特点，即这些大国在经济分工系统中都各司其职，虽独立自主却并不完全自主封闭地实现经济现代化。这就会让我们思考，是不是加入了全球化就能促进国家的经济增长，进而实现经济现代化最终促进国家共同富裕？换言之，是不是不加入全球化的浪潮中，国家的经济就无法持续增长，进而不能实现经济现代化，最终导致无法实现真正意义上的共同富裕？其实纵观古今历史可以发现，虽说加入全球化的浪潮不一定能够确保国家经济走上“高速公路”，但如果不加入全球化就很可能无法获得高速的经济发展。因此，全球化对于中国来说是经济快速增长的必要条件，而这也为双循环打下了良好的基础。

众所周知，双循环是要以内为主，内外相互促进的。那么如何协调好双循环就显得尤为重要。在广阔的市场中，经济才是王道。而要想在经济上占领至高地位，就要在生产领域独占一头，只有生产上的优势碾压其他人，才能在贸易的领域碾压更多人，即制造业做大做强，贸易也会越来越强。贸易能为货物出口提供重要的保障，反过来做大做强的出口也能给贸易提供更大的市场平台。自 1990 年始，英、美、德三国就常年保持着货物出口大国和工业强国的霸权地位，其最明显的例证，便是在第二次世界大战时期，联邦德国产品的全球总出口份额曾下跌了 5%以上，但美国的却上升了 10%，但在二战终结以后二者又基本持平在 10%以下。日本经济在 20 世纪八九十年代初有了自己的小高峰，之后便开始出现衰落的态势；而中国则从 21 世纪初开始工业的产值份额持续增加，而商品出口也在持续增加，直至 2020 年中国出口比重升至全球 15%。

以日本为例，日本曾在二战结束后运用很短的时间就将自身的经济发展了

起来，日本是怎么做到的呢？日本购买了低价的原材料和技术，发展国内的工业产业，发展以出口贸易为主的外循环经济。通过引进外国的技术、买入低价的原材料，日本利用工业产业加工产品并出口至欠发达国家，并且日本还将一些廉价但质优的产品出口至海外发达国家以此获利。但随着时间的推移，巨大的政治环境变化及经济问题开始对日本施压，随后日本便转型为内循环经济发展模式，日本将自身的产业结构升级，扩大内需并转为高质量发展。日本还推动税制改革，通过减少人民投资意向来提高消费倾向，这不仅改善了在外循环时对外部过于依赖的缺点，并且提高了日本人民的生活水平，还促进了自身经济不断发展。

综上所述，国内国际双循环经济和人类社会共同富裕的关系不可分割，随着时代变化和科技不断进步，双循环经济在世界各地获得了迅速发展。双循环发展成为当今世界的新型经济发展模型，在全球经济与社会发展中已是必然趋势。我国是经济社会发展不平衡不充分的发展中国家，因此我国应以科学发展观和人类可持续发展的根本理念为出发点，借鉴日本的转型经验，实现高质量发展与可持续发展的新发展格局。我国要协调好双循环，以内为主，以内促进外，在全球化的基础上找到适合自己的战略，这样才能促进货物出口，进而逐渐成为制造业大国，拥有更大的市场，实现经济现代化，最终达到真正意义上的共同富裕。

四、结论和建议

（一）结论

综上所述，国内国际双循环发展和共同富裕，有着不可分割的关联。改革开放以来，中国始终强调要充分发挥国内与国际两个资源、两种市场，并兼顾国际关系搞好平衡。中共中央提出了实现国民经济“双循环”发展的设想，这对我国经济发展具有重大意义。现在全新的经济全球化时代正在启航，我们需要总结前次经验，为“双循环”争取国内国外市场双平衡打下基础。不仅如此，上一个百年奋斗目标全面建成小康社会已经实现，我们更需要总结经验、打好基础，为下一个百年奋斗目标建成富强民主文明和谐美丽的社会主义现代化强国，实现共同富裕而努力奋斗。

现如今中国经济与社会高速发展，人均可支配收入也在逐年提高，消费对经济的贡献日益增加。我国在迎来机遇的同时也迎来了风险与挑战。有学者提出以国内大循环为主体不仅可以促进中国经济发展，还可以为逐步实现人类共同富裕打下基础，是当前中国的重要经济政策转型；也有学者提出这是对“国际经济大循环”的扩展与创新，并非是一个新概念，而是通过不断地改革与创新得来的，其本质也是为了更好地践行共同富裕。2020年全面暴发的新冠疫情对中国外部环境产生了很大的负面影响，迫使我们的经济发展战略作出调整。2020年7月召开的中共中央政治局会议指出：“当前经济形势仍然复杂严峻，不稳定性不确定性较大，我们遇到的很多问题是中长期的，必须从持久战的角度加以认识，加快形成以国内大循环为主体、国内国际双循环相互促进的新发展格局。”只有不断根据社会环境以及国际环境进行相应改革和创新，才能保证共同富裕不会止步不前。

国内国际双循环作为我国经济发展的必由之路，有着越来越重要的作用和意义，不仅能够促进我国的经济发展，提高我国的综合国力以及国际地位，更能为实现我国的下一个百年奋斗目标打下基础，提供重要保障。因此，国内国际双循环在发挥其优势促进我国经济迅速发展，保障我国更好地走向共同富裕的同时，也要针对我国经济发展中存在的不同问题，结合时代特征创新相关理念，提高全国人民发展“双循环”经济模式的意识。只有全民积极提高自身能力，企业积极响应国家号召，政府积极监督和管理，才能更好地践行国内国际双循环经济发展模式，才能进一步推动我国经济更加迅速地发展，才能尽早实现真正意义上人民物质生活和精神生活上的共同富裕。

（二）建议

1. 多元化扩大内需，提高人民生活质量

中国拥有庞大的人口以及辽阔的土地，并且我国的市场隐藏着巨大的潜力，所以应当理性借鉴日本的经验，以扩大内需作为着力点。推出居民个人所得税减免等政策，进而提高居民的可支配收入，引导其扩大消费；完善社会保障措施，提高居民生活质量，进而增加居民的消费欲望，最终引导其合理消费；严格落实环保政策，这不仅能够减少污染排放，改善人民生活环境，而且能够从侧面激励企业研发环保产品，促进相关产业发展。

2. 推动经济结构升级，利用创新带动发展

若想经济能够长久地可持续发展，就要考虑进行结构升级。我国于2015年11月提出了供给侧结构性改革，这不仅能够提高工业产能利用率，而且能对制造业的产业链进行改革升级。在此基础上，我国应当发挥后发优势，将创新作为着眼点，积极创新，在智能研究领域独当一面，带动国家经济高速发展。

3. 推进新型城镇化，创新未来都市圈

日本曾在其内循环经济发展模式中利用一些政策来完善本国的基础设施建设。我国可以借鉴日本的经验，完善基础设施，提高居民的生活质量，最终增加居民的消费欲望及消费需求。日本曾在20世纪80年代针对本国不发达区域

建立了三大都市圈，这一举措不仅能够挖掘市场潜力，帮助企业调整自身结构快速发展，而且能够切实提高居民的生活质量和水平。这是很好的借鉴机会，因为我国的中西部地区有明显的优势，我国中西部地区人口多、资源多，这就意味着该区域拥有着极大的潜力，能够利用自身资源的优势更好地促进城镇化，直接提高我国中西部地区居民的生活水平和生活质量。

第二节　优化区域开放布局与共同富裕

一、引言

在全球经济一体化的背景下，中国经历了 40 多年的改革开放，目前已经成为世界第二大经济体，我国的经济发展水平和对外开放程度已经取得巨大提升。区域开放是中国整体开放和区域协调发展的重要组成部分，我国的区域开放合作不断取得新进展，优化区域开放布局对中国进一步实现对外开放和在新时代推动经济发展都具有重要意义。

共同富裕是社会主义的本质要求，实现共同富裕是中国共产党的奋斗目标。新中国成立以来，特别是改革开放以来，我们党团结带领人民朝着实现共同富裕的目标不懈努力。现在，中国特色社会主义进入新时代，我国的社会主要矛盾已经转化为“人民日益增长的美好生活需要和不平衡不充分的发展之间的矛盾”。国家将继续带领全体人民向共同富裕迈出坚实的步伐。到 2035 年，全体人民共同富裕取得更为明显的实质性进展；到 21 世纪中叶，全体人民共同富裕基本实现。

在这种时代背景下，如何通过优化区域开放布局来实现共同富裕是我国经济实现新发展的重要方向。本节将研究优化区域开放布局与共同富裕之间的关系，并对如何通过优化区域开放布局来实现共同富裕提供相关建议。

二、文献综述

关于优化区域开放布局与共同富裕方面，国内外学者进行了以下研究。国外学者方面，Oloyede（2021）通过研究西非经济共同体各国间贸易增加和经济发展之间的关系，发现西非经济共同体各国间的贸易往来对各国之间的经济发展起到了重要的推动作用。

国内近几年发表较多研究对外开放与经济增长及共同富裕的文章。蔡婉华（2021）研究了对外开放对区域经济增长和产业转型升级的动态影响，实证研究发现引进外商对经济增长有巨大的推动作用。我国应当调整对外贸易结构和区域产业结构，更好地发挥对外贸易促进经济发展的正向作用。马卫等

(2019)研究了对外开放对“一带一路”沿线国家经济增长的影响，并通过开放度这一指标进行测度。通过实证研究，他们发现开放度对“一带一路”沿线国家经济增长有显著正向影响，开放度对中高收入国家影响较大，而对高收入和中低及以下收入国家影响相对较小。对此，“一带一路”沿线各国应当不断加强交通等基础设施建设，从而为贸易、投资、人员等开放要素的有序流动提供物质条件支撑。同时，沿线各国除了应不断优化国际贸易、金融、投资结构外，还需要加强国际旅游、科技、信息等新型要素的对外开放，不断优化软件环境。张懿(2017)对中国对外开放与区域收入差距的关系进行研究。研究发现，就全国而言，贸易依存度、外资依存度、就业率的提高是造成收入差距拉大的主要原因，其中外资依存度的影响程度最大，且对外开放会加剧中国各区域间的收入差距。因此，必须重视对外开放政策的作用，优化区域开放布局，使开放利益在区域间的分配趋于合理，更好地通过优化区域开放布局来实现共同富裕。刘冠辰等(2021)对收入、对外开放和创新能力进行研究，认为适当的收入差距能通过贸易开放水平对区域创新能力提升产生积极影响，而过大的收入差距则会产生抑制作用。彭谦益(2021)研究了对外开放与我国经济增长之间的关系，他认为对外开放会促进区域经济的增长。我国的东部地区由于地理位置相较中西部地区更加优越，所以抓住了良好的契机，通过发展对外贸易推动经济实现高速增长。在对外开放与城乡收入差距方面，胡颖(2019)以对外开放度进行衡量，发现对外开放度和外资开放度对城乡收入差距有一定的缩小作用。从地区来看，东部地区贸易对收入不平等的作用程度比中西部地区更大；从时间维度来看，贸易开放度的提升加剧了中国城乡居民收入不平等的程度。而针对对外开放布局和区域经济发展，沈嘉(2020)对中国对外开放区域布局的演变规律及区域经济发展进行研究，论证了对外开放空间集聚与区域经济发展失衡的关系以及优化对外开放区域布局与区域经济协同发展之间的关系。他指出可以通过产业的跨地区转移及生产要素和资源在全国范围内更加合理配置来促进协同发展，缩小区域间经济发展差距。

三、理论基础

(一)古典贸易理论

古典贸易理论有两个组成部分，分别是由亚当·斯密提出的绝对优势理论和大卫·李嘉图提出的比较优势理论。

绝对优势理论是最早主张自由贸易的理论，创立了自由主义经济思想理论，推动形成了国际分工理论。绝对优势由生产成本决定，如果一国在某种产品的生产上具有绝对低的生产成本，则该国就具有生产该产品的绝对优势。根据绝对优势理论，各国应当生产并出口其具有绝对优势的产品，进口其不具有绝对优势的产品。绝对优势理论第一次说明了国际贸易是一种“正和博弈”，为今后国际贸易的发展奠定了基础。

比较优势理论是对亚当·斯密绝对优势理论的发展。李嘉图提出，各国不一定需要专门生产并出口成本绝对低的产品，而只需要生产并出口成本相对低的商品，便可以从国际贸易中获利。比较优势理论更加全面、深刻地解释了国际贸易产生的基础，揭示了发展程度不同的国家之间也能开展贸易，利于国际贸易的开展。

（二）要素禀赋理论

要素禀赋理论是赫克歇尔和俄林两人从要素禀赋的相对差异角度出发，解释国际贸易产生的原因。要素禀赋指的是一国具有的土地、劳动力、资本等资源的丰裕程度，不同的要素禀赋条件下会产生不同的要素成本，而各国本身的要素禀赋不同。一国应生产并出口密集使用其相对丰裕要素生产的产品，进口密集使用其相对稀缺要素生产的产品。在资本相对丰裕的国家，生产资本密集型产品更具比较优势；而在劳动力相对丰裕的国家，生产劳动密集型产品更加具有比较优势。

要素禀赋理论强调了不同国家和地区在要素禀赋上的差异，而这种要素的空间布局也会决定产业和贸易的空间分布。

（三）新经济地理学

新经济地理学，也被称为空间经济学。以克鲁格曼为代表的经济学家关注到了地理空间这一要素，提出地理空间对经济发展有重要的意义。新经济地理学主要从规模经济、企业集聚、运输成本等角度分析企业开展贸易的优势和企业的区位选择。新经济地理学建立了垄断竞争模型，更加符合当今世界经济发展的实际情况，能更加有效准确地分析空间布局对国际贸易的影响。

四、我国对外开放的发展阶段和特征

（一）对外开放的发展阶段

自 1978 年改革开放以来，我国的对外开放呈现出明显的阶段性特征，是一个不断发展的过程。从 1978 年党的十一届三中全会提出“改革开放”，到 1992 年邓小平“南方谈话”提出建立社会主义市场经济体制。再到 2001 年中国加入世界贸易组织，进一步推动了我国的对外开放。党的十八大以来，我国的开放型经济新体制更加完善。党的十九大报告提出“推动形成全面开放新格局”，“优化区域开放布局，加大西部开放力度”，“形成陆海内外联动、东西双向互济的开放格局”。我国的对外开放已经有了 40 多年的发展历史，对外开放的水平也在不断提升。根据我国对外开放的发展情况，可将我国的对外开放分为以下四个阶段。

第一阶段（1978—1991 年）为对外开放的探索起步阶段。我国在这一阶段的对外开放遵循经济特区—沿海开放城市—沿海经济开放区—内陆经济技术开发区的思路，逐步形成从点到线及面的多层次对外开放格局。我国在这一阶段实行的对外开放政策，主要选择少数东部沿海城市进行试点。主要的方式是经济特区建设和沿海城市的对外开放。在经济特区建设方面，1980 年，我国在深圳、珠海、汕头和厦门四个城市设立经济特区。经济特区的建设和发展对我国的对外贸易和经济发展都有重要的推动作用。在沿海城市对外开放方面，我国于 1984 年将大连、秦皇岛、天津、烟台、青岛、连云港、南通、上海、宁波、温州、福州、广州、湛江和北海这十四个城市定为沿海开放城市。从地理位置上来说，沿海开放城市既是内陆地区的外沿，也是世界经济的外沿，沿海开放城市对发展对外贸易有重要的促进作用。1985 年，我国又在长江三角洲、珠江三角洲、闽南三角洲设立沿海经济开放区，1988 年批准设立海南为经济特区。1990 年，上海浦东新区的开放，成为我国进一步对外开放的重要标志。

第二阶段（1992—2012 年）为开放型发展阶段。1992 年邓小平南方谈话推动了我国的对外开放进程，也使得我国对外开放制度不断完善。党的十四大报告明确提出要进一步扩大对外开放，形成多层次、多渠道、全方位开放的格局。2001 年，中国加入了世界贸易组织，提升了我国对外开放的深度和广度。我国的进出口贸易总额快速增长，吸引外资的能力也大大加强。此外，我国利用自身优势发展加工贸易，通过向欧美国家出口大量加工产品来推动本国经济增长。但 2008 年受到国际金融危机的影响，我国对外贸易发展一时受挫。

第三阶段（2013—2016 年）为全方位发展阶段。2008 年金融危机对我国的对外贸易发展造成巨大冲击。同时，国内经济下行的压力，全球贸易保护主义的抬头，技术创新的阻碍等都制约了我国对外贸易的发展。在这种形势下，2013 年习近平主席先后提出了建设丝绸之路经济带和 21 世纪海上丝绸之路的倡议，“一带一路”倡议的提出标志着我国的对外开放进入全方位发展阶段。在这一阶段，我国以“一带一路”倡议为契机，积极与“一带一路”沿线国家开展经济合作，更好地推动我国“走出去”，全面提升我国的对外开放水平。

第四阶段（2017 年至今）为高质量发展阶段。2017 年党的十九大召开，我国的经济也进入高质量发展阶段。在这一阶段，我国重点发展“一带一路”，坚持“引进来”和“走出去”相结合，遵循“共商、共建、共享”的原则，推动形成陆海内外联动、东西双向互济的对外开放新格局。同时，我国大幅度放宽市场准入，为外商创造更好的投资环境，创新发展服务贸易，提升服务贸易便利化水平。通过这些措施，我国进一步提升对外开放的质量，通过高水平对外开放推动经济高质量发展。

（二）优化区域开放布局的措施

改革开放40多年来，我国根据国际形势的变化和国内发展的需要，制定了不同的对外开放发展战略，从经济特区，到沿海开放城市，到沿边开放城市，再到自由贸易试验区和自由贸易港，不断优化区域开放布局，形成了一个多层次、多渠道、循序渐进的、全方位的区域开放布局。为了优化区域开放布局，中国主要从以下几个方面着手，不断推动区域开放协调发展。

1. 以“一带一路”建设为重点，优化区域开放布局，推动区域协调发展

“一带一路”为西部地区、东北地区的发展提供了机遇。“一带一路”沿线大部分国家由于技术水平较低，对基础设施的需求较大。西部和东北地区以自身的基础设施为基础，通过“一带一路”，推动西部地区和东北地区的企业“走出去”，加强与“一带一路”沿线国家在基础设施建设等方面的合作，推动经济发展。同时，这也是推进“西部大开发”和“振兴东北老工业基地”与“一带一路”倡议的融合举措。

2. 以服务贸易为重点，建设区域开放新高地，释放区域发展新动力

推进形成我国对外开放的新格局，服务业是发展的重点。我国利用上海和深圳等地在金融领域的优势，以金融业带动当地服务贸易的高质量发展。同时，利用不同地区的资源和区位优势，以当地的特色产业带动对外贸易的开展，优化开放布局。

3. 以地区开放为突破点，形成双向开放下区域发展的新格局

在当今世界，由于贸易保护主义的抬头，双边、多边的区域合作成为经济全球化的重大任务。我国在新时代积极与其他国家合作，将区域一体化和对外开放结合起来，以地区开放推动区域一体化，以区域一体化推动区域发展。将地区发展与区域合作融合起来，根据不同地区的特点，积极推动东北亚区域经济一体化、“泛南海经济合作圈”和粤港澳大湾区建设，让我国各个区域的对外开放程度不断提升，不断优化我国区域开放布局。

4. 进一步明确对外开放空间布局的目标

在未来，我国还将继续走对外开放的道路，因此，需要明确我国对外开放布局的目标。我国对外开放布局的目标就是因地制宜，发挥各地区的比较优势，促进资源的流动和合理配置，推动经济发展。为此，不同地区将制定不同的发展策略。东部地区要继续发挥对外开放领头羊的作用，力求建立更有竞争力的对外开放基地，大力发展高新技术产业，加强自由贸易试验区的建设。中西部地区要承接东部地区的产业转移。西部地区要合理利用自身的地理优势，边境口岸城市要以“一带一路”倡议为契机，加强与邻国的合作。

5. 加强中西部地区的对外开放建设，建设对外开放集聚区

目前，我国对外开放的地区差异较大。针对这种情况，优化区域开放布局，需要从中西部地区的重点城市入手，利用重点城市，带动周围城市，形成集聚效应。同时，要根据城市的产业基础和产业优势，加强基础设施建设，进行产业分工，避免同质化不良竞争。

6. 构建跨区域开放通道，打通国际走廊和国内通道

首先，可以以六大经济走廊为基础，强化差异性经济合作及互联互通。依托国内巨大市场优势，积极推动中巴经济走廊、新欧亚大陆桥经济走廊、中蒙俄经济走廊、中国-中亚-西亚经济走廊、孟中印缅经济走廊等与中西部地区相接的多条走廊与中西部沿边地区的产业经济发展相对接，打造东西双向互济的开放通道。此外，还可以通过建立边境经济合作区、自由贸易试验区，建设经济技术开发区等方式让更多城市加入进来，提升中西部城市的对外开放程度，加强分工合作，实现几大城市群的共同发展，推动国内国际双循环，更好地优化对外开放布局。

7. 提升全国一体化程度，实现协同发展，推动实现共同富裕

优化区域开放布局，实现共同富裕，需要在全国范围内加强区域间的合作，协调发展，提高一体化程度。这需要促进劳动力、资金、技术等在全国范围内自由流动，在各个区域间更加方便地进行劳动力输出和技术输出，打破地方保护主义的障碍，促进不同地区之间的协调发展。只有全国齐心协力，协同发展，才能促进对外开放布局的优化，推动共同富裕的实现。

第三节　统一大市场与共同富裕

一、引言和文献综述

习近平总书记指出：“共同富裕是社会主义的本质要求，是中国式现代化的重要特征。”新中国成立后确立了公有制的计划经济体制，消灭剥削避免两极分化，奠定了共同富裕的基础。改革开放以后，我国对计划经济体制进行改革，建立起以公有制为主体、多种所有制经济共同发展的基本经济制度，坚持效率优先兼顾公平，鼓励一部分人、一部分地区先富起来最终实现共同富裕。经过 40 多年的改革开放，中国经济规模已经位居世界第二位，但中国的贫富差距问题仍未解决。根据世界银行的数据，我国居民人均可支配收入基尼系数 2008 年达到最高点 0.491 后，2009 年至今呈现波动下降态势，2020 年降至 0.468，还是高于 0.4 的国际警戒线。从地区间差距看，根据国家统计局的数据，2021 年我国人均可支配收入最高的省份与最低省份的人均可支配收入比值约为 3.54，只有 8 个省份高于全国平均水平，说明地区间的收入差距仍比较大。如何优化收入分配制度，缩小收入差距成为中国共同富裕进程中亟待解决的重要问题，具体到地区间，这一问题表现为如何缩小不同省份之间的人均可支配收入差距。通常来说，合理的收入差距对于经济发展具有正向的激励效应，无论是对于不同行业之间、不同群体之间，还是不同地区之间都是如此。我国中央对地方官员的晋升标准以经济增长指标为主，辖区内经济增长较快的地方官员更容易获得晋升（周黎安，2007；刘伟，2016；曾湘泉 等，2021），这种治理机制在激励部分地区经济快速增长的同时，也在一定程度上拉大了地区之间的经济差距，使得地区间收入差距呈现上升的趋势。如何降低地区间的收入差距，就成为一个值得探讨的学术问题和现实问题。

长期以来，由于不同地区在物质和人力资源禀赋、经济和社会发展水平等方面的客观差异，以及地方利益保护和各种制度性因素的限制，中国的经济发展和制度变迁具有很强的地域性特征（Walder，1995；Xie and Hannum，1996）。构建统一开放、竞争有序的全国大市场，在全球价值链重构和外部市场不确定性增强的背景下，可以重塑大国竞争优势、构建双循环新发展格局。当前中国的市场分割主要表现为转轨时期政府的各种干预市场的选择性行为（刘志彪和孔令池，2021），如基础制度规则、交通物流、商品市场、要素市场、能源市场、资本市场、生态环境市场等。这些制度性选择因素会导致不同地区间包括要素流动和商品交易成本的上升，进而造成地区间劳动力市场分割、资本市场分割和商品市场分割等情况。

采取分割市场的政策，在省之间的博弈中却可能是一个占优策略（陆铭和陈钊，2009），劳动力市场分割导致了事实上的机会不平等和收入不均等（沈坤荣和余吉祥，2011；余向华和陈雪娟，2012；刘瑞明，2012），因此，这扩大了区域异质性及其对收入分配的影响（齐亚强和梁童心，2016）。同时，市场分割对不同人力资本劳动者的收入影响可能并不一致，包括城乡二元户籍制度、不同性质企业之间的差距等，不同地区公共服务供给不同造成地区的福利分化。除了劳动力市场分割以外，资本市场也是要素市场分割的一个重要方面。资本市场分割扭曲了资本最优配置，使得资本成本较低的地区具有超额的资本供给，从而使得这些地区的劳动力报酬上升；而资本相对短缺地区的劳动力报酬相对较低，这拉大了地区间收入差距，资本市场的空间配置偏差会影响居民福利水平（陈诗一 等，2021），同时在城乡二元差距和市场扭曲的背景下，加剧地区间收入差距的扭曲效应。目前学界研究更多的是商品市场分割。有学者借鉴国际贸易壁垒的计算方法，对于商品市场分割采用地区间贸易成本衡量，发现除了客观性的运输成本之外，这些成本还包括地方保护所导致的制度性贸易成本（卿陶和黄先海，2021）、省际的边界效应（Poncet，2002）、基于“一价原理”构造价格波动方差指数反映的国内最终消费商品的贸易成本（陆铭和陈钊，2009），另外的研究还有潘文卿和李跟强（2017）、Tombe和Zhu（2019）等。这些贸易成本更多的是综合贸易成本，既有决策者无法影响的客观因素导致的成本，也有主观因素导致的成本，因此基于上述方法计算的贸易成本无法反映制度性因素导致的市场分割，需要把运输成本等客观因素剥离出来，单独考察制度性贸易成本（Anne，2008）。

综合来看，要素市场分割和商品市场分割都会对不同地区的经济发展产生影响，进而影响不同地区的收入水平。为降低地区间的收入差距，需要构建统一的包括要素市场和商品市场的国内大市场，这对于全面发挥新发展优势和实现经济高质量发展都具有重要意义。本节基于统一大市场的视角，研究劳动力市场、资本市场和商品市场的统一对降低地区间收入差距的作用机制，为缩小地区间收入差距、促进共同富裕提出可参考的路径。

本节的边际贡献有如下几个方面：第一，现有研究在分析国内市场分割时都是基于单一的劳动力市场、资本市场或者商品市场，本节整合并且对比分析了各类市场对地区间收入差距的影响，分析哪一类市场分割对地区间收入差距影响更大。第二，现有文献在量化评估地区间市场分割程度上存在不足，对市场分割（或地方保护）的测度方法包括生产法、价格法、贸易引力模型、经济周期法等，但它们存在各自的弊端和适应的研究对象，生产法在方法逻辑上难以测度指标与分割之间的逻辑关系，价格法适合于分析微观时间序列密集的农产品市场分割，国内贸易成本方法不能剔除规模经济和要素禀赋的影响、不能组建面板数据库。本节在Samuelson“冰川成本模型”理论的基础上提出相对价格法，以Eaton和Kortum（2002）以及Caliendo和Parro（2015）的一般均衡模型为基础，构建了一个多部门的效益评估模型，评估要素市场分割和商品市场分割对不同地区收入差距的影响。

本节的后续结构安排如下：第二部分为统一大市场促进共同富裕的理论机制，主要介绍劳动力市场分割、资本市场分割和商品市场分割对不同地区收入差距的影响；第三部分为模型设定和变量分析；第四部分为统一大市场促进共同富裕的实证研究，包括回归结果与经济解释；最后一部分为结论和建议。

二、统一大市场促进共同富裕的理论机制

（一）基本模型

假定一个国家内部存在 $N+1$ 个地区，N 为国内不同地区，$n\in\{1,\cdots,$

$N\}$，国外假定只有 1 个国家，每个地区有 J 个部门，$j\in\{1, \cdots, J\}$。假定市场属于完全竞争，也就是说，不存在阻碍贸易的各种因素。

对于代表性消费者，存在连续差异化产品 j，$j\in\{1, \cdots, J\}$，代表性消费者对差异化产品显示多样性的偏好，其效用函数取决于消费的数量及种类，代表性消费者对 j 产品的偏好由下式给出：

$$U(C_i) = (\sum_{i=1}^{N+1} a_{ni}^{j\frac{1}{\sigma}} q_{ni}^{\frac{\sigma-1}{\sigma}})^{\frac{\sigma}{\sigma-1}} \quad (1)$$

代表性家庭的收入约束为

$$\sum_{i=1}^{N+1} \sum_{j=1}^{J} p_{ni}^j q_{ni}^j \leqslant X_n \quad (2)$$

可以求得

$$q_{ni}^j = a_{ni}^j p_{ni}^{j-\sigma} p_n^{j(\sigma-1)} X_n \quad (3)$$

$$p_n^j = [\sum_{i=1}^{N+1} a_{ni}^j p_{ni}^{j(1-\sigma)}]^{\frac{1}{1-\sigma}} \quad (4)$$

$$X_{ni}^j = a_{ni}^j p_{ni}^{j(1-\sigma)} p_n^{j(\sigma-1)} X_n \quad (5)$$

对于生产部门，有两种生产要素——劳动力和资本，劳动力和资本虽然可以自由流动，但是存在各种障碍，劳动力报酬和资本收益在地区间存在差异，代表性消费者取得的劳动报酬都用于最终产品的消费。

在每个行业 j 中，都有一系列由 $w_j\in[0, 1]$ 的变量，每个生产变量都是劳动力、资本和中间投入的 Cobb-Douglas 函数。更具体地说，在地区 i，每个行业变量的生产函数为

$$y_i^j(\omega^j) = z_i^j(\omega^j)[l_i^j(\omega^j)]^{1-\sum_{r=1}^{J}\gamma_i^{rj}} \prod_{j=1}^{J} [M_i^{rj}(\omega^{rj})]^{\gamma_i^{rj}} \quad (6)$$

y_i^j 是 j 产品的生产水平，$M_i^{rj}(\omega^j)$ 是地区 i 来自产业 j 的用于生产中间产品 ω^j 的产品组合。指数 γ_i^{rj} 是地区 i 中产业 j 生产者在部门 r 的中间投入上花费的生产成本的固定比例。假设$0<\gamma_i^{rj}<1$，而且 $0<\sum_{r=1}^{J}\gamma_i^{rj}<1$，因此生产成本的要素份额（或增值份额）在所有部门都是严格正的。生产率曲线 $z_i^j(\omega^j)$ 服从于 *Fréchet* 分布函数中获取的具有累积密度函数 F_i^s $(z)=\exp\{-T_i^s z^{-\theta^s}\}$。规模参数 T_i^s决定地区 i 产业 j 的技术水平，θ 是不同产品之间的技术差异。

产业 j 既用于最终消费（C_i^J），也用于为其他部门 r（M_i^j）的中间投入，是一个弹性 $\sigma^j>1$ 的 CES 集合。

单位区间上的生产选择：

$$Q_i^J = \left[\int q_i^J\ (\omega^J)^{\frac{\sigma^J-1}{\sigma^J}} d\omega^j\right]^{\frac{\sigma^j}{\sigma^j-1}} \tag{7}$$

其中 q_i^j （ω^j）表示外部购买品种 ω^s 的数量。在最终需求中消费还是用作中间投入，同一品种的 CES 加总都适用于行业复合体。

因此，n 地区 j 部门的福利水平为

$$\mathrm{dln}V_n^j = -\mathrm{dln}\left[\sum_{i=1}^{N+1} a_{ni}^j \left(c_n^j \frac{\tau_{ni}^j}{z_n^j}\right)^{-\theta j}\right]^{\frac{-1}{\theta j}} = -\sum_{i=1}^{N+1}(\mathrm{dln}c_n^j + \mathrm{dln}\tau_{ni}^j)\pi_{ni}^j \tag{8}$$

区域 n 部门 j 的贸易份额为

$$\frac{\pi_{ni}^j}{\pi_{nn}^j} = \left(\frac{a_{ni}^j}{a_{nn}^j}\right)\left(\frac{P_{ni}^j}{P_{nn}^j}\right)^{-\theta j} \tag{9}$$

$$\mathrm{dln}\pi_{ni}^j - \mathrm{dln}\pi_{nn}^j = -\theta^j(\mathrm{dln}c_n^j + \mathrm{dln}\tau_{ni}^j) \tag{10}$$

根据上面两个公式，可以得出 n 地区 j 部门的福利水平为

$$\mathrm{dln}V_n^j = \frac{-1}{\theta^j}\mathrm{dln}\pi_{nn}^j \tag{11}$$

（二）存在市场分割的福利变化

借鉴 Antràs 和 de Gortari（2020）的方法，本节考察国家内部不同区域的贸易成本变动对福利的影响。国内由 $N \geqslant 1$ 个地区组成，其中消费者从差异化产品中获得效用，也就是跨产品的偏好 CES 函数。地区 n 的企业在价值链的工序阶段由企业的要素禀赋和技术水平决定，如何嵌入价值链和产业链，以及嵌入产业链的哪个生产阶段由企业的要素禀赋和技术水平共同决定。

在技术方面，产品的生产按照工序分工的两个阶段，第一阶段生产只使用劳动力和资本，第二阶段的生产将劳动力、资本与第一阶段生产的商品结合起来。也就是以下公式：

$$y_i^1 = z_i^1(\omega^s)l_i^1(\omega^s)k_i^1(r^s) \tag{12}$$

$$y_i^2(\omega^s) = z_i^2(\omega)[l_i^2(\omega^s)k_i^2(r^s)]^{\alpha_2}[y_i^1(\omega)]^{1-\alpha_2} \tag{13}$$

其中 $\alpha_2 \in (0,1)$ 表示第二阶段生产中的要素份额，z_i^2（ω）表示区域 n 在第二阶段的生产率。企业处于完全竞争市场。各地区在三个关键方面存在差异：①劳动力规模差异，反映在每个地区 n 中可用于生产的劳动力的衡量 L_i（劳动力供应缺乏弹性，并且决定了工资水平 w_i），资本 K_i（资本供应富有弹性）；②地理位置，由一个 $J \times J$ 矩阵的冰山贸易成本 $\tau_{ij} > 1$ 所决定；③技术效率，由生产率 $z_i^n(\omega)$ 确定。$z_i^n(\omega)$ 是从具有累积分布函数 $F_i^n(z) = \exp\{-T_i^n z^{-\theta}\}$ 的 *Fréchet* 分布中得出。

考虑选择成本最低的生产路径以向其他地区的消费者提供消费品的领先企业问题，其生产成本为

$$c[l^j(1),l^j(2)]=\tau_{l^j(2)j}\left[\frac{\omega_{l^j(2)}}{z_i^2(\omega)}\right]^{\alpha_2}\left[\frac{\tau_{l^j(1)l^j(2)}\omega_{l^j(1)}}{z_i^1(\omega)}\right]^{1-\alpha_2} \tag{14}$$

产出就变化为

$$Y_i=\sum_{n=1}^{N+1}\frac{a_{ni}\left(Y_i\frac{\tau_{ni}}{q_i}\right)^{-\theta}}{\sum_{s=1}^{N+1}a_{ns}\left(Y_s\frac{\tau_{ns}}{q_s}\right)^{-\theta}}Y_n \tag{15}$$

由于 $Y_i=\sum_{n=1}^{N+1}\pi_{ni}Y_n$，贸易成本 τ_{ni} 变化为 τ'_{ni}。

$$\hat{Y}_lY_i=\sum_{n=1}^{N+1}\frac{a_{ni}(\hat{Y}_l\hat{\tau}_{ni})^{-\theta}\pi_{ni}}{\sum_{s=1}^{N+1}\pi_{ns}(\hat{Y}_l\hat{\tau}_{ns})^{-\theta}}\hat{Y}_nY_n \tag{16}$$

给定区域间贸易成本变动、产出量和偏好因子等，可以求得 $N+1$ 区域产出变动，进而根据贸易成本变动得出其对地区福利的影响。

三、模型设定和变量分析

（一）模型设定

根据理论命题，本节主要检验两个问题：市场分割是否对地区间的收入差距产生影响？市场分割中劳动力、资本和商品市场分割，它们对收入差距影响程度的排序如何？为此构建如下回归模型：

$$THAI_{it}=\beta_0+\beta_1\,lbseg_{it}+\beta_2\,kmseg_{it}+\beta_3\,gmseg_{it}+\beta_iX_{it}+d_i+\mu_t+\varepsilon_{it} \tag{17}$$

其中，被解释变量 $THAI_{it}$ 为 i 省（自治区、直辖市）t 年的收入差距；核心解释变量 seg 为地区间市场分割程度；X_{it} 为控制变量；δ_i 为省份固定效应；λ_t 为时间固定效应；ε_{it} 为随机误差项。

（二）变量选取与说明

1. 因变量

用来衡量收入差距的指标有很多，如基尼指数、变异系数、泰尔指数等。已有的研究分别从宏观层面的城乡收入差距、行业收入差距以及微观层面的居民收入差距进行分析，本节采用泰尔指数分析各省份的收入差距。

2. 核心自变量

核心自变量为市场分割程度，包括劳动力市场分割、资本市场分割和商品市场分割。

（1）劳动力市场分割程度（$lbseg$）

劳动力市场分割程度的计算方法采用相对价格法，建立在冰川成本模型理

论基础之上，以不同地区劳动力相对价格方差的变动来反映劳动力市场分割程度。其计算方法为

$$|\Delta Q_{ijt}^{k}| = \left|\ln\left(\frac{P_{it}^{k}}{P_{jt}^{k}}\right) - \ln\left(\frac{P_{it-1}^{k}}{P_{jt-1}^{k}}\right)\right| = \left|\ln\left(\frac{P_{it}^{k}}{P_{it}^{k}}\right) - \ln\left(\frac{P_{jt-1}^{k}}{P_{jt-1}^{k}}\right)\right| \quad (18)$$

$$q_{ijt}^{k} = |\Delta Q_{ijt}^{k}| - \hat{\beta}^{*} \ |\Delta \overline{Q_{t}^{k}}| \quad (19)$$

基础数据来自《中国劳动统计年鉴》（2004—2020 年）、《中国统计年鉴》（2004—2020 年）。

（2）资本市场分割程度（*kmseg*）

本节借鉴高传伦（2017）的方法，资本市场分割程度可以理解为政府对资本市场的规制、所有制类型对资本流动的影响、货币供给能力、资本形成能力、银行市场化水平、股票市场发育程度六个维度的综合性反映：$cms = F(grc, otc, msc, cfa, bml, smd)$。本节采用主成分分析法对指标体系进行因子分析，根据 KMO 检验值以及巴特利特球形检验作为标准。数据来源于《新中国六十年统计资料汇编》《中国统计年鉴》等，部分缺失数据采用插值法进行估算，部分缺失数据通过年份的时间序列 OLS 回归获取。

（3）商品市场分割程度（*gmseg*）

本节借鉴韩佳容（2021）构建的多部门一般均衡模型，计算制度性贸易成本代表商品市场分割程度。首先运用 Head-Ries 指数估计中国区域间的总贸易成本，$\tau_{ni}^{j} = \left(\frac{\pi_{ni}^{j}}{\pi_{nn}^{j}}\right)^{\frac{1}{1-\sigma}} \left(\frac{P_{n}^{j}}{P_{n}^{j}}\right)\left(\frac{a_{ni}^{j}}{a_{in}^{j}}\right)$。其中，$\pi_{nn}^{j}$ 是 n 地区自身的供给，π_{ni}^{j} 是外地区供给的份额，P_{n} 为价格指数，a_{in} 是产品的消费偏好。其次，借鉴 Albrecht 和 Tombe（2016）的方法，将总贸易成本回归分解为客观性贸易成本（t_{n}^{j}）和制度性贸易成本（t_{ni}^{j}），也就是商品市场分割程度为 $\tau_{ni}^{j} = t_{ni}^{j} t_{n}^{j}$。客观性贸易成本体现为地理距离导致的运输成本，这种方法计算的贸易成本存在两点不足：一是制度性成本可能会包含语言、商业习惯、习俗等非制度因素，二是制度性贸易成本仍然存在着与地理距离变量相关的成分。因此，最后对总贸易成本进行回归，$\ln(\overline{\tau_{ni}^{j}}) = \delta^{j} \ln(\overline{d_{ni}^{j}}) + \sigma_{i}^{j} + \varphi_{n}^{i} + \varepsilon$，$d_{ni}^{j}$ 为客观性贸易成本，δ^{j} 为贸易成本的地理弹性，σ_{i}^{j} 是出口方固定效应，φ_{n}^{i} 是进口方固定效应，这两项体现为制度性贸易成本也就是商品市场分割程度。数据来源于中国科学院区域可持续发展分析与模拟重点实验室的《中国 31 省市区域间投入产出表》。

3. 控制变量

影响收入差距的因素较多，从地区角度看，包括经济发展程度（*PGDP*）、城镇化率（*City*）、产业结构（*IS*）、贸易水平（*Trade*）、技术进步（*RD*）、人力资本（*Hum*）等。其中经济发展程度（*PGDP*）由人均 GDP 来表示，城

镇化率（*City*）用城镇人口占总人口的比重表示，产业结构（*IS*）用第二和第三产业增加值之和与第一产业增加值的比值来表示，贸易水平（*Trade*）用对外贸易出口额表示，技术进步（*RD*）用研究与试验发展经费内部支出（万元）来表示，人力资本（*Hum*）由人均受教育年限来表示。以上指标的测度数据来自《中国统计年鉴》《中国人口和就业统计年鉴》《中国科技年鉴》及2003—2020年各省份的统计年鉴。

四、回归结果与经济解释

（一）基准回归

表6-3展示了市场分割对收入差距影响的基准回归结果。模型（1）为劳动力市场分割对地区间收入差距的影响，从回归结果可以看出，劳动力市场分割对地区间收入差距的影响系数为正，并且在5%的水平下显著，表明劳动力市场分割将导致地区间收入差距扩大。模型（2）为资本市场分割对地区间收入差距的影响，其回归结果在1%的水平下显著，系数显著为正，说明资本市场分割同样会扩大地区间收入差距。模型（3）为商品市场分割对地区间收入差距的影响，商品市场分割的影响系数为0.017，在10%的水平下显著。总体来看，市场分割会扩大地区间的收入差距。从三个市场分割影响系数的大小比较来看，资本市场分割影响收入差距的程度最大，劳动力市场分割次之，商品市场分割的影响程度最小。这说明我国需要加强资本市场的一体化，降低资本流动的障碍，促进资本在全国范围内有序流动，推动共同富裕的实现。商品市场分割的影响系数最小，并不代表商品市场的统一大市场程度低，只是经过多年的市场一体化，国内市场地区分割程度较低。

表6-3　市场分割对收入差距的影响

	(1) 劳动力市场分割	(2) 资本市场分割	(3) 商品市场分割
劳动力市场分割	0.053**		
	(1.827)		
资本市场分割		0.082***	
		(0.298)	
商品市场分割			0.017*
			(2.928)
经济发展程度	−0.055***	−0.011*	−0.012
	(−5.952)	(−1.866)	(−1.00)

（续）

	(1) 劳动力市场分割	(2) 资本市场分割	(3) 商品市场分割
城镇化率	−0.011	−0.047***	−0.012
	(−0.735)	(−4.618)	(−0.421)
产业结构	−0.004***	−0.011***	−0.004*
	(−3.017)	(−2.793)	(−1.709)
贸易水平	0.006	−0.009***	−0.010***
	(1.148)	(−8.802)	(−3.764)
技术进步	−0.016***	−0.015***	−0.017***
	(−3.029)	(−5.847)	(−3.165)
人力资本	−0.134***	−0.024*	−0.032
	(−4.084)	(−1.736)	(−1.298)
时间、地区固定	是	是	是
样本量	510	510	510
校正 R^2	0.635	0.691	0.508

注：***、**、*分别代表在1%、5%和10%的水平下显著。括号内为经过聚类稳健标准误调整的 t 值。

从控制变量的影响来看，经济发展程度、城镇化率、产业结构、贸易水平、技术进步和人力资本对地区间收入差距的影响都较为显著。其中经济发展程度、城镇化率和人力资本的影响系数较高，说明为促进共同富裕，我国应大力发展经济，提升落后地区的城镇化率，不断加大农村地区人口向中小城镇转移的力度，同时加大人力资本投资，提升居民受教育水平，加大人才吸引力度。

（二）稳健性检验

本部分进行一系列的稳健性检验。第一，延长时间窗口，观察地区市场分割对收入差距影响的变化；第二，更换原有核心变量的统计口径，以不同的方式对地区收入差距和地区市场分割重新测度，检验核心结论是否发生变化。

表6-4是市场分割与收入差距的实证结果。模型（1）、（2）、（3）检验劳动力市场分割滞后一期、二期和三期对地区收入差距的影响，滞后一期和滞后二期在1%的水平下显著，滞后三期在5%的水平下显著。模型（4）、（5）、（6）检验资本市场分割滞后一期、二期和三期对地区收入差距的影响。核心解

释变量的系数均为正且至少通过了1%置信水平下的显著性检验。模型（7）、（8）、（9）检验资本市场分割滞后一期、二期和三期对地区收入差距的影响，影响水平分别在1%、5%和10%的水平下显著。劳动力市场分割、资本市场分割、商品市场分割滞后一期、二期和三期的系数均为正，且呈现随时间推移而逐渐缩小的趋势。

表 6－4　稳健性检验Ⅰ：延长时间窗口

	劳动力市场分割			资本市场分割			商品市场分割		
	（1）	（2）	（3）	（4）	（5）	（6）	（7）	（8）	（9）
滞后一期	0.052***			0.072***			0.015***		
	（2.982）			（2.489）			（1.395）		
滞后二期		0.048***			0.061***			0.010**	
		（1.847）			（1.382）			（1.489）	
滞后三期			0.021**			0.371***			0.007*
			（2.038）			（2.092）			（2.380）
时间、地区固定	是	是	是	是	是	是	是	是	是
样本量	480	450	420	480	450	420	480	450	420
校正 R^2	0.527	0.582	0.493	0.618	0.622	0.538	0.692	0.482	0.526

注：***、**、*分别代表在1%、5%和10%的水平下显著。括号内为经过聚类稳健标准误调整的 t 值。

表6－5显示了变更核心变量统计口径的检验结果。用泰尔指数表示地区收入差距，泰尔指数不仅可以反映地区间居民的收入差距，而且更适合分析国内各省份的收入水平差距，公式如下：

$$THAI_{it} = \frac{P_{it}}{P_t} \times \sum_{j=1}^{2} \frac{I_{ijt}}{I_{jt}} \ln\Big(\sum_{j=1}^{2} \frac{I_{ijt}}{I_{jt}}\Big)$$

$$(i = 1,2,3,\cdots,31; t = 1,2,3,\cdots,18; j = 1,2) \qquad (20)$$

其中，$j=1$，2分别表示城镇和农村，I_{ijt}对应 t 期 i 地区城镇（$j=1$）和农村（$j=2$）的人均收入，p_{it}表示 t 期 i 地区的人口数量，p_t 表示 t 期全国的人口数量，I_{jt}表示 t 期全国城镇（$j=1$）和农村（$j=2$）的人均收入。表6－5中（1）是地区收入差距采用泰尔指数的回归结果。回归结果显示，劳动力市场分割、资本市场分割和商品市场分割对于地区收入差距都在1%的水平下显著，并且系数显著为正，表明市场分割扩大了地区间收入差距，证实了假设。（2）、（3）和（4）分别是劳动力市场分割、资本市场分割和商品市场分割的替代变量。劳动力市场分割选择相对价格法的另外一种表达方式，也就是相对价格一阶差分形式：$\Delta Q_{ijt}^{k}=\ln\left(\frac{P_{it}^{k}}{P_{jt}^{k}}\right)-\ln\left(\frac{P_{it-1}^{k}}{P_{jt-1}^{k}}\right)=\ln\left(\frac{P_{it}^{k}}{P_{it-1}^{k}}\right)-\ln\left(\frac{P_{jt}^{k}}{P_{jt-1}^{k}}\right)$，以此作为劳动力市场分割的替代变量。对于资本市场分割来说，我们直接选择各地区上市公司总市值的对数作为替代变量。商品市场分割也选择同劳动力市场分割同样的计算方法，只不过将劳动力价格变化为商品价格。从回归结果可以看出，三种市场分割的替代变量都通过了 5%的显著性检验，影响系数也都为正。

表 6-5　稳健性检验Ⅱ：更换变量统计口径

	(1) 泰尔指数	(2) 劳动力市场分割	(3) 资本市场分割	(4) 商品市场分割
劳动力市场分割	0.074***	0.068**		
	(2.933)	(2.038)		
资本市场分割	0.062***		0.084**	
	(1.388)		(2.702)	
商品市场分割	0.027***			0.027**
	(3.848)			(4.881)
时间、地区固定	是	是	是	是
样本量	520	520	520	520
校正 R^2	0.524	0.486	0.511	0.554

注：***、**、*分别代表在1%、5%和10%的水平下显著。括号内为经过聚类稳健标准误调整的 t 值。

（三）异质性分析

前述理论分析表明，不同区域的市场化水平不同，市场分割的程度也存在差异，中国要素市场呈非均衡化分布，地区间会存在一定的差异性，因此需要进一步检验不同地区要素市场扭曲对两者关系的调节效应。本部分将总样本分割成三个子样本，即将全国分为东、中、西部三大地区①，以此来考察不同地区市场分割对地区收入差距的影响，回归结果见表 6-6。

① 东部地区包括北京、天津、河北、辽宁、上海、江苏、浙江、福建、山东、广东、海南；中部地区包括山西、吉林、黑龙江、安徽、江西、河南、湖北、湖南；西部地区包括内蒙古、广西、重庆、四川、贵州、云南、陕西、甘肃、青海、宁夏、新疆、西藏。

表 6-6　异质性分析：地区层面

	(1) 东部	(2) 中部	(3) 西部
劳动力市场分割	0.082	0.053**	0.043**
	(2.028)	(2.837)	(1.842)
资本市场分割	0.058***	0.073*	0.024
	(1.939)	(1.809)	(1.598)
商品市场分割	0.018*	0.028**	0.014***
	(3.028)	(3.947)	(2.390)
时间、地区固定	是	是	是
样本量	196	148	216
校正 R^2	0.637	0.395	0.402

注：***、**、*分别代表在1%、5%和10%的水平下显著。括号内为经过聚类稳健标准误调整的 t 值。

实证结果显示，中部地区和西部地区的劳动力市场分割对地区收入差距都有扩大作用，且中部地区的扩大作用强于西部地区，而东部地区的劳动力市场分割对地区收入差距的影响在统计学上不显著。东部地区劳动力市场分割之所以对收入差距影响并不显著，主要是因为东部地区的市场化程度较高，对劳动力流动设置的障碍较小，而目前中西部地区的劳动力流动还存在一定的障碍。从资本市场分割来看，东部地区在1%水平下显著。对于中部地区来说，资本市场分割的影响程度在10%的水平下显著，西部地区资本市场分割系数为0.024，但是并不显著。西部地区资本市场分割的影响系数小于中东部地区，但这并不能说明西部地区的资本市场分割对收于差距的影响较小或没有影响，而是表明西部地区的资本市场不发达，在提升居民收入方面还有很大的差距。从商品市场分割来看，东部地区的商品市场分割程度在10%水平下显著，中部和西部地区分别在5%和1%的水平下显著。从商品市场分割影响系数看，中部地区的系数最大，西部地区比东部地区稍低，说明中西部地区还存在较大程度的商品市场分割。

五、结论和建议

改革开放以来，中国经济规模跃居世界第二，居民收入水平不断提升，但中国的贫富差距问题仍然存在，近年虽然基尼系数不断下降，但仍然高于0.4的国际警戒线。收入差距包括地区收入差距、城乡收入差距和行业收入差距，其中地区间经济发展程度不同导致的收入差距最为明显。如何缩小地区间收入差距成为中国共同富裕进程中亟待解决的重要问题。根据传统贸易理论，要素和商品的自由流动会导致要素价格均等化。如果存在贸易成本，包括运输成本、要素流动壁垒以及商品流动壁垒，则会导致要素价格和商品价格的不一致，甚至会拉大地区间要素和商品价格的差距。因此，本节研究了包括劳动力市场分割、资本市场分割和商品市场分割在内的统一大市场对地区间收入差距的影响。理论研究发现，劳动力市场、资本市场和商品市场的流动限制会导致居民福利水平的显著变化，而基于2004—2020年数据的实证研究也证实了劳动力市场分割、资本市场分割和商品市场分割对地区间收入差距存在显著影响，替代变量、核心变量滞后的稳健性检验结果也证实了这一结论。地区异质性分析的结果显示劳动力市场分割对中西部地区的影响较为显著，对东部地区的影响在统计学上不显著，资本市场分割的影响对东部和中部地区比较显著，对西部地区的影响在统计学上不显著。商品市场分割的实证结果显示中部和西部地区的显著性水平较高。本节的研究对于深刻理解我国目前突出的地区间收入不平等问题具有重要的理论和现实意义，基于上述结论，我们提出以下几点建议。

第一，促进全国统一大市场的建设。建设统一开放、竞争有序的市场体系，使市场在资源配置中起决定性作用，是社会主义市场经济体制的必然要求。全球经济一体化飞速发展，区域经济一体化程度也越来越高，国内市场更有必要统一有序。长期以来，一些国内企业更愿意出口而不愿意开拓国内市场，其原因部分在于国内市场分割导致的成本增加。我国提出要构建国内国际双循环相互促进的新发展格局，但目前我国的国内循环还存在障碍，市场封锁、地方保护等现象仍然存在，商品和要素资源还不能完全按照经济规律和统一市场规则在全国范围顺畅流动和优化配置（韩俊和任兴洲，2013）。因此需要空间规模、交易方式、竞争制度等不断提升和完善，打破地方保护和市场分割，破除各种封闭小市场，破除妨碍各种生产要素市场化配置和商品服务流通的体制机制障碍，进一步降低制度性交易成本。

第二，构建统一的劳动力市场。目前部分地区不断提高人口流动门槛，排斥外地人口在本地就业，导致劳动力市场分割不断加剧。由于户籍制度的存在，劳动力市场被分割为城镇居民劳动力市场（又分为特大城市、大城市、中小城市劳动力市场）、城镇外来务工劳动力市场、农村劳动力市场等，同时受档案、工资、人事关系、组织关系、行政级别、考核体制等诸多限制，技能型和高级劳动力流动被行政关系严重分割。因此，有必要深化劳动力市场结构改革，破除地方劳动力流动的障碍，提升劳动力生产要素的流动性，真正建立全国统一、高度开放的劳动力市场，以降低由于不合理的劳动力市场制度安排所导致的地区间收入差距。

第三，健全资本要素市场运行机制，减少地区间资本流动的制度阻滞。金融是经济增长的核心动力之一，特别是对于后发地区，由于资金缺口，迫切需要积累和有效使用资金。经过多年的发展，包括传统金融和科技金融等领域已经得到快速发展，资本要素市场分割程度大幅度下降，但是由于金融抑制、行政力量控制资本的配置，不同类型企业获得资金的规模和成本相差比较大，再加上“银政壁垒”和属地管理制度，落后地区和民营企业融资难、融资贵等问题还没有得到有效解决。而且，中国证券市场属于非统一的市场，沪深交易所采用不同的规则和制度，省际资本流动受到限制。因此，当前需要积极破除阻碍资本要素自由流动的体制机制障碍，推动全局性基础设施建设，推动金融领域改革，健全要素市场运行机制，减少地区间资本流动的制度阻滞。

第四，消除阻碍商品流动的各种限制。一些地区产业结构高度同化，产业政策也趋于相同，部分地方政府实施某些有违竞争政策的条例、规定、措施等，可能对统一大市场产生分割效应。因此，需要加快清理废除妨碍统一市场和公平竞争的各种规定和做法，破除地方保护和区域壁垒、清理废除妨碍依法平等准入和退出的规定做法，完善统一市场的基础制度、高标准联通的市场设施、统一的商品与服务市场，建全公平监管体系，加强对不正当市场行为的干预，改革和优化地方政府的职能，淡化地方政府单一的经济增速目标，消除阻碍商品流动的各种限制。

第四节　小　结

改革开放 40 多年来，我国根据国际形势的变化和国内发展的需要，制定了不同的对外开放发展战略，从经济特区，到沿海开放城市，到沿边开放城市，再到自由贸易试验区和自由贸易港，不断优化区域开放布局，形成了一个多层次、多渠道、全方位的区域开放布局。为了优化区域开放布局，首先，需要坚持国内国际双循环发展格局。国内大循环以满足国内需求为出发点和落脚点，以国内分工体系为载体，以国内生产消费分配流通等环境的畅通、新动能的不断提升为内生运行动力，与共同富裕密切相关。其次，继续优化区域开放布局，深入推进区域重大战略、区域协调发展战略，强化区域间开放联动，包括陆海内外联动、东西双向互济，加大东、中、西部开放力度。最后，建设全国统一大市场。劳动力市场、资本市场和商品市场的流动限制会导致居民福利水平的显著变化，建设统一开放、竞争有序的市场体系，使市场在资源配置中起决定性作用，有助于促进共同富裕。

第七章 高水平对外开放与共同富裕：世界价值

第一节 “一带一路”倡议与共同富裕

一、引言

近年来全球经济一体化的程度逐步加深，贸易和跨国公司投资等快速发展带动各国经济增长，发达国家和发展中国家基于自身的比较优势参与国际分工，实现了经济较快增长。但同时不平等的问题也随之而来，全球化导致不同国家、国家内部不同群体之间的利益分配不均衡，富国越富、穷国越穷的现象依然存在，另外国家内部不同群体之间由于参与全球化而导致收入差距扩大的趋势依然较严重。中国经过 40 多年的改革开放，经济规模跃居世界第二位，人民生活水平也得到极大提升，对外贸易规模稳居世界第一位，对外投资、外汇储备稳居世界前列。在此背景下，习近平主席 2017 年 1 月 18 日在联合国日内瓦总部的演讲中提出了“构建人类命运共同体，实现共赢共享”的中国方案。为响应这个方案，中国积极推动“一带一路”倡议的落地实施，希望通过“一带一路”倡议促进参与国家的经济发展和居民生活水平提升。自从习近平主席在 2013 年提出建设“一带一路”的合作倡议以来，截至 2021 年 11 月，中国已经与 144 个国家及 32 个国际组织签署了 200 多份“一带一路”合作文件，使中国与“一带一路”沿线国家的国际贸易和投资水平得到极大的提升，促进了经济发展。然而，各个国家的经济发展程度并不完全一致，同时在居民收入水平上也存在较大的差别。“一带一路”倡议是否会对参与国国家间和国家内的收入差距产生影响？如存在影响，是贸易渠道还是对外直接投资渠道的影响程度更大？研究这些问题对于推进“一带一路”倡议的顺利开展、人类命运共同体的建设都具有非常重要的意义。

二、文献综述

已有的研究表明，“一带一路”倡议有利于区域国家经济水平的提升，总体上看，中国的经济增长对“一带一路”沿线国家的溢出效应呈现正向上升趋势（王腊芳，2020）。“一带一路”倡议通过基础设施建设、经济发展和环境可持续发展来实现对沿线国家民生福祉的改善以及经济水平的提高（刘珊珊，2022），而其中经济发展的主要原因来自贸易渠道和投资渠道。因此，与本节有关的文献主要有两个方面：贸易渠道的“一带一路”倡议与收入分配以及直接投资渠道的“一带一路”倡议与收入分配。

（一）贸易渠道的“一带一路”倡议与收入分配

“一带一路”倡议对国际贸易的影响主要包括对区域内国家之间贸易效率以及贸易潜力两方面的影响，它通过对国际贸易产生影响进一步影响国家内的收入分配。“一带一路”倡议通过双重价值链对区域贸易竞争力产生外溢效应，极大地促进了双边和多边贸易的发展（马丹 等，2021）。而其中，设施联通对贸易有显著的拉动作用（陈虹和刘纪媛，2020），除了设施互联互通以外，中国经济增长是中国与“一带一路”区域贸易的最大驱动因素，贸易成本下降对该区域贸易增长的贡献度也比较高（王珏和冯宗宪，2022）。在其他研究中贸易成本的中介效应较为显著，对出口目的国位于重点国别和海上丝绸之路沿线国家的企业出口的正向作用更为显著，且中低技术产品的贸易成本中介效应最大（洪俊杰和詹迁羽，2021）。除此之外，人均 GDP、人口数量以及是否沿海等因素显著影响了中国与“一带一路”沿线国家的贸易规模（李晓钟，2019）。国内外学者对国际贸易与收入分配及收入差距的关系进行了大量研究。但是研究结论存在较大的分歧。按照传统国际经济学的观点，通过自由贸易，所有参与国家都可以获得好处，但是不同国家获取的收益是有差别的，而且对于一个国家内部不同的参与主体，其影响也是有差异的，出口部门密集使用的要素会获益，而进口竞争部门密集使用的要素则会受损。斯托尔帕-萨缪尔森定理（S-S定理）表明贸易是影响国内收入分配的一个重要原因，所以，贸易会对收入差距产生影响，其影响有可能扩大收入差距，也有可能缩小收入差距。从20世纪80年代开始，国内外学者对S-S定理进行了大量的实证分析，结论差异比较大。Leamer（1999）对美国的贸易与要素价格变化进行了验证，发现贸易对美国非熟练劳动者相对工资下降的影响达40%，Haskel和Slaughter（2001）对英国20世纪80年代贸易与收入差距的研究也证实了贸易会扩大收入差距。其后的很多研究也都认为国际贸易在拉大国家间收入差距的同时，也扩大了国内收入差距（Hartmann，2020；Georg，2020）。但是利用贸易要素含量模型（the factor content of trade model）探究两者关系的研究发现贸易并不是收入差距扩大的主要原因（Krugman and Lawrence，1993；Baldwin and Cain，1997），部分研究认为贸易可以缩小收入差距（Autor，1998；Basu and Kaushik，2006）。尽管学者们对贸易与收入差距的关系存在激烈的争论，但是对“贸易会影响收入分配”这一观点则看法较为一致。他们从不同的角度对贸易影响收入分配的机制进行了很好的理论探索。贸易渠道的“一带一路”倡议与收入差距的关系尚需要进一步研究。

（二）直接投资渠道的“一带一路”倡议与收入分配

有关直接投资影响收入分配的文献比较丰富，包括了外商直接投资（FDI）和对外直接投资（OFDI）两个层面的研究。FDI 主要通过劳动力市场和技术溢出两条途径对东道国企业工资水平产生影响，包括外资企业的“随行就市”（Brown and Medoff，2003）和内资企业的“看齐效应”（Barry et al.，2005）。外商直接投资会对一国内熟练劳动力和非熟练劳动力之间的收入差距产生影响，特别是大量发展中国家承接发达国家跨国公司的产业转移，提升了熟练劳动力的工资水平，拉大了其与非熟练劳动力之间的收入差距。FDI 不仅仅对熟练劳动力和非熟练劳动力的收入产生影响，在内外资企业之间，外资企业劳动力收入水平较高（盛斌和魏方，2012），但也有研究认为内资企业员工可以通过 FDI 的技术溢出效应获得适应性技能和知识，从而提高其工资水平，缩小内外资企业间的工资差距（Brown and Medoff，2003）。在 OFDI 与母国收入分配关系的研究中，大部分研究都认为对外直接投资会对母国的就业产生替代效应和互补效应，从而对母国收入差距产生影响，但替代效应和互补效应与投资动机的异质性有关（Feenstra and Hanson，1996），寻求市场型和成本节约型的 OFDI 会显著降低本国对外投资行业的劳动力收入水平，劳动密集型行业的 OFDI 持续扩大了工资差距，而资本密集型行业的 OFDI 则对收入差距呈现先扩大后缩小的趋势（毛其淋和许家云，2014；严婷和韩汉君，2020）。整体来看，部分研究认为对外直接投资会显著扩大母国收入差距（刘海云和石小露，2019），也有部分研究认为二者间存在倒“U”形关系，即随着对外直接投资强度的提升，母国收入差距呈现先扩大再缩小的态势（王玉泽和罗能生，2019）。“一带一路”倡议主要通过东道国相对制度质量以及投资便利化等方面影响中国的 OFDI。戴科研（2018）、黄新飞（2020）等人指出东道国制度一般是指包括东道国经济、政治和法制等多个方面在内的一个综合性社会因素，是影响一国获得对外直接投资的重要因素。中国对“一带一路”区域国家的投资具有资源偏好而不是制度环境偏好，但是不同性质企业的表现是不同的，民营企业更具有制度偏好，而国有企业更具有资源偏好（Ramasamy et al.，2012），另外东道国投资便利化水平等因素也对中国的对外投资具有显著影响（袁子晴和杨亚平，2018；胡必亮和张坤领，2021）。“一带一路”倡议下中国的 OFDI 会对区域内东道国的收入增长和收入差距产生何种影响，目前还缺乏相关的文献。

因此，本节以 2006—2020 年“一带一路”区域内的 138 个国家为样本，采用双重差分模型，将“一带一路”倡议作为准自然实验，同时将早期加入“一带一路”倡议的64个国家视作处理组，其他国家视作对照组，研究“一带一路”倡议对区域内国家收入差距的影响效应，进而深入探讨了“一带一路”对区域内国家共同富裕的影响效果和作用机制，并且从多个维度揭示了“一带一路”倡议对区域内国家共同富裕的影响。

与现有文献相比，本节可能的边际贡献主要体现在以下三个方面。第一，从研究对象看，本节聚焦“一带一路”倡议，讨论了“一带一路”倡议对参与国国家间和国家内居民收入差距的影响，为“一带一路”顺利推进和人类命运共同体的构建提供了经验证据。第二，从研究内容看，不同于传统的政策评价，本节分别从贸易和投资角度，揭示“一带一路”倡议促进共同富裕的机制，从而为后续促进区域内国家共同富裕提供贸易渠道和投资渠道的建议。第三，从实证策略看，本节采用双重差分模型，将“一带一路”倡议作为准自然实验，研究“一带一路”倡议对区域内国家收入差距的影响效应。总之，本节不仅拓展了现有关于“一带一路”的研究，也有助于深化对“一带一路”倡议在促进区域间共同富裕作用的理论认识。

本节结构如下：在第一部分提出问题和第二部分文献综述的基础上，第三部分提出“一带一路”倡议促进共同富裕的理论分析和假说，第四部分是模型设定与变量说明，在此基础上，第五部分进行了实证研究，最后一部分为结论和建议。

三、理论分析及假说

（一）“一带一路”倡议对共同富裕的影响

随着区域经济一体化和经济全球化的快速发展，包括劳动力、资本等各类生产要素根据生产需求在全球范围内实现资源的优化配置，特别是资本的扩张，带动贸易、技术、信息等生产要素的跨国配置，包括发展中国家在内的世界各国不断放松管制，吸引外资，发展贸易，实现了产业增长和收入水平的提升，经济全球化对发展中国家与发达国家是互利共赢的。整体上看，全球化带来参与国的经济增长和居民收入的增加，但是也带来国家间和国家内不同群体之间收入的差距。而“一带一路”倡议是一种新型的全球化，能够改善传统全球化带来的各种弊端。第一，“一带一路”倡议通过基础设施建设和工业园区建设，推动参与国交通、能源基础设施和信息网络设施的发展，进而拉动各项要素在海洋与内陆、内陆与内陆更广范围内的流通，缓解内陆国家发展动力不足的问题。在此基础上，“一带一路”倡议通过工业园区建设，推动参与国经济发展和劳动者就业，从而促进参与国经济发展和居民收入水平提升。第二，贸易畅通和资金融通推动了“一带一路”参与国的经济发展。作为全球生产网络的重要组成部分，中国链接了全球各国，将发展中国家和发达国家整合在新型全球化的平台之中，能够在世界范围内促进经济要素的自由有序流动、资源的高效配置和市场的深度融合，激发发达国家和发展中国家的发展特色和发展潜力，消除西式全球化带来的碎片化和两极化发展，达到合作共赢。第三，“一带一路”倡议更加均衡，体现为政府和市场的共同参与，缩小了单独由市场驱动的全球化带来的国家间和国家内的贫富差距，“一带一路”框架下签署的各项协议是政府和市场共同参与，政府的参与可以提升整个国家和政府的能力，考虑社会分配，从而促进共同富裕。从实践来看，“一带一路”倡议自提出以来，参与国在政治、经济、文化和交通等领域开展广泛合作，不仅在“五通”方面取得了重大进步，同时在贸易投资方面也取得了重大提升。越来越多的国家加入“一带一路”倡议，与中国签订贸易投资协定、建立自由贸易区。同时“一带一路”倡议通过国际直接投资带去大量资本进而扩大产业规模，促进产业发展，对区域各国和地区的经济发展产生了积极影响，国家间的收入差距随之减小，国家内的贫富差距水平也不断降低。根据世界银行的统计，2013 年以来，“一带一路”区域内国家的基尼系数普遍下降，64 个国家基尼系数的平均值从 2013 年的 0.436 下降为 2021 年的 0.373。从国家间的居民收入来看，“一带一路”区域国家的人均收入从 4 745 美元上升到 2021 年的 6 102 美元，与世界平均水平的差距也逐渐缩小。美国威廉玛丽学院“援助数据”（AidData）项目研究报告称中国的“一带一路”倡议有助于缩小参与国的贫富差距。

（二）“一带一路”倡议对国家内收入差距的影响

从贸易看，古典贸易理论认为劳动是唯一的生产要素，它能够在部门间自由流动，国际贸易可以改善劳动者的福利水平。新古典的要素禀赋理论提出根据比较优势参与国际贸易进而影响生产要素价格以及收入分配的观点；其后包括 H-O-S 定理等在阐述贸易产生原因的同时，进一步肯定了贸易对缩小收入差距的影响。但由于这些研究缺乏微观基础和存在要素流动的限制，很多研究认为贸易并不能缩小收入差距，异质性贸易理论从微观角度分析了贸易和收入分配的关系。贸易对收入差距的影响效果如何始终没有统一答案，原因在于不同研究所切入的视角和所建模型的假设条件存在差异。贸易畅通和资金融通是“一带一路”倡议促进经济全球化的主要内涵与实践路径。截至 2021 年 9 月，中国已与 13 个“一带一路”沿线国家签署了 7 个自贸协定，建立自由贸易区等措施加强了区域间各国家与中国的联系，提升了彼此的国际贸易与投资水平。中国也是区域内几乎所有国家的第一大贸易国。这些国家对中国出口的增加带动了密集使用要素的收入提升。

除国际贸易以外，国际投资也是影响国家内部收入分配的重要因素。无论是吸引的外商直接投资还是对外直接投资，都会对母国和东道国的收入分配产生影响。外商直接投资对于发展中国家来说，可以弥补经济起步阶段的资金缺口和技术缺口，资本增加有利于扩大产业规模进而提供更多就业机会，促进收入分配公平；同时国际投资还可以引进新兴技术，培养一批具有专业技能的人才，形成技术外溢效应，进一步促进产业发展从而影响收入分配。对外直接投资对收入的影响主要表现在就业效应和技术效应。以就业效应为例，一般认为对外直接投资与出口是相互替代的，从而导致就业减少，但是不同类型对外直接投资的作用是有差异的。市场寻求型和资源寻求型的对外直接投资可以带动母国出口从而扩大就业规模，另外也可以通过影响国内要素投入和扩大国外需求促进母国就业增加；而成本节约型对外直接投资相对会减少母国的就业需求，但是这对不同类型就业者的影响也存在差异。据商务部发布的数据统计，截至2021年年底，中国在24个“一带一路”沿线国家建设了79家境外经贸合作区，累计投资430亿美元，为当地创造34.6万个就业岗位。同时，区域内国家之间的相互投资所占比例逐渐上升，根据世界银行的数据，截止到2021年，“一带一路”区域内国家之间的相互投资占对外直接投资和吸引外商直接投资的比例分别从2013年的18.69%和21.35%上升到31.60%和44.27%。

（三）“一带一路”倡议对国家间收入差距的影响

传统国际经济学理论认为，各国之所以参与国际分工，是由于能够带来利益的增长。无论是国际贸易理论和跨国公司理论都是如此。古典贸易理论认为一国应根据其比较优势，在专业化分工基础上，生产和出口其具有比较优势的产品，从而获取贸易收益。新古典贸易理论基于各国要素禀赋差异，认为参与方应发挥自身的要素禀赋优势，生产和出口其具有要素禀赋的产品，从而获得自身贸易利益的提升。而在规模经济和不完全竞争的条件下，新贸易理论认为各国可以通过出口本国具有规模经济与垄断优势的产品，获取规模报酬与超额垄断利润。在全球价值链分工下，贸易利益分配置于产品生产中的工序之上，各国基于各自的区位优势参与工序分工，一国获取收益大小由各国在价值链中的位置决定。“一带一路”倡议作为新型全球化，以打造利益、命运、责任三大共同体为主要内容，在政策沟通、设施联通、贸易畅通、资金融通、民心相通等“五通”方面取得了重大进步。“一带一路”倡议积极推动基础设施建设，降低企业运输成本，减少对外贸易的固定成本，降低贸易的不确定性；通过资金的双向流动，推动各国生产要素有效地参与新型国际分工，发挥各自的比较优势，提升贸易水平，促进经济增长；通过人员往来和科技合作，促进国家和企业技术创新水平的提升，实现产业结构升级。“一带一路”倡议的实施，能够有效促进企业出口、降低贸易成本、扩大市场需求以及释放市场需求潜力，从而进一步缩小国家之间的收入差距。

由于“一带一路”倡议涉及的国家较多，它们参与“一带一路”倡议的程度也具有一定差异，另外各国在政治、经济、要素禀赋等方面存在较大的差异，这都会对“一带一路”倡议缩小收入差距促进共同富裕的实施效果产生一定影响。据此，本节提出如下三个待检验命题假说：

假说 1：加入“一带一路”倡议能够缩小区域国家内的收入差距。

假说 2：加入“一带一路”倡议能够缩小区域国家之间的收入差距。

假说 3：“一带一路”倡议主要通过贸易渠道和投资渠道影响国家间和国家内的收入差距。

四、模型设定与变量说明

（一）模型设定

本节以 2006—2020 年“一带一路”区域内的 138 个国家为样本，采用双重差分模型，将“一带一路”倡议作为准自然实验，研究“一带一路”倡议对区域国家收入差距的影响效应，具体实证分析模型如下：

$$Y_{it} = \alpha_0 + \theta D_{it} + X'_{it}\beta + u_i + \lambda_t + \varepsilon_{it} \quad (1)$$

$$D_{it} = Treat_i \times Period_t \quad (2)$$

（1）式中，Y_{it} 为被解释变量，有两个方面的指标，分别是国家内的收入差距以及国家间的收入差距，国家内收入差距选取各国的基尼系数作为衡量各国收入分配水平以及共同富裕水平的指标，国家间收入差距选取各国人均收入与平均水平的偏离程度来衡量共同富裕水平，下标 i 和 t 分别表示 i 国家以及 t 年；u_i 表示个体固定效应；λ_t 为时间固定效应；ε_{it} 表示随机扰动项。

（2）式中，$Treat_i$ 为处理国家虚拟变量，倘若该国家在 2015 年及之前加入“一带一路”倡议即赋值为 1，否则赋值为 0。$Period_t$ 为处理时间效应虚拟变量，加入“一带一路”倡议当年及之后赋值为 1，加入之前赋值为 0。D_{it} 为处理国家与时间效应虚拟变量的交互项，同时也是本节关注的核心变量。系数 θ 的估计值代表了“一带一路”倡议对区域间国家收入分配的影响效应，倘若“一带一路”倡议能够有效缩小区域间国家的收入差距，促进共同富裕的实现，系数 θ 的值应该显著为负。

（二）变量选取与说明

1. 被解释变量

代表国家内部收入差距的指标：基尼系数（*GINI*）。基尼系数是国际上通用的用以衡量一个国家或地区居民收入差距的常用指标。

代表国家之间收入差距的指标（$dpgni$）：采用各国人均收入与均值的偏离程度表示。其计算公式为

$$dpgni_{it} = \frac{|\, pgni_{it} - pgni_{ot} \,|}{pgni_{ot}} \tag{3}$$

（3）式中，$dpgni_{it}$ 代表“一带一路”区域内国家间的收入差距程度，$pgni_{it}$ 为参与“一带一路”i 国 t 年的人均收入，$pgni_{ot}$ 为 138 个国家人均收入的均值。

本节的数据均取自世界银行数据库，由于部分国家以及年份缺失，通过插值法经过数据处理得到 138 个有效国家的指标，考虑数据的有效性，我们选取 2013—2015 年加入“一带一路”倡议的 64 个国家作为处理组，最终得到有效观测值 1 140 个。

2. 控制变量

（1）国家经济发展水平（lnGDP）

由于各个国家 GDP 的取值以亿美元为单位，数值较大，为减小异方差带来的负面影响，本节将各国的 GDP 取对数处理。虽然全球经济的发展使得各个国家或多或少受益，经济水平有一定程度的提升，但是不同国家的贫富差距也存在差别，经济发展水平越高，一般相对收入差距越小。

（2）城市化水平（$City$）

用各个国家城镇人口占总人口数的比例来衡量。城市与农村之间的收入差距问题一直是各个国家经济发展中的重大问题，城市化不仅仅代表劳动力的转移，同时也会调整各个产业的结构，教育也可能因此得到发展，从而进一步影响城乡之间的收入分配、缩小收入差距。

（3）政府支出水平（lnGov）

用政府最终消费支出来衡量，与前文提到的 GDP 类似，本节对政府最终消费支出这个指标采取了对数处理。政府最终消费支出是对由政府机构承担费用，向社会公众提供消费性货物与服务的货币量的统计。因此政府的消费支出可以从社会保障补助、提供公共服务等方面对收入二次分配产生影响，一般而言，政府的支出越多越有利于缩小收入差距。

（4）失业率（$Unemp$）

本节用总失业人数占总劳动人数的百分比衡量各个国家的失业率。劳动者提供的劳动数量以及劳动质量存在着差别，这是决定收入报酬水平以及收入差距的核心因素。同时，收入也会受人力资源市场的调节，倘若劳动者的数量供大于求，则这类劳动者的收入水平会普遍偏低，反之则偏高。一般失业率越高

的国家，收入差距会更大。

（5）国际直接投资水平（lnInv）

用外商直接投资净流入衡量各个国家的国际直接投资水平，类似国家经济发展水平与政府支出水平两个指标，本节同样对其取对数处理。“一带一路”倡议在很大程度上提升了相关区域国家的国际直接投资水平，国际直接投资通过对东道国制度质量以及投资便利化水平等因素的影响从而进一步影响收入差距。

以上各控制变量的数据主要来源于世界银行数据库，表 7-1 为各变量的描述性统计。

表 7-1　各变量统计特征

变量	样本量	均值	标准差	最小值	最大值
基尼系数	1 104	0.298	0.079	0.129	0.722
$dpgni$	1 104	0.902	0.768	0.001	6.082
D_{it}	1 104	0.239	0.439	0.000	1.000
政府支出水平	1 104	22.938	2.067	16.827	27.198
国家经济发展水平	1 104	20.810	2.091	18.208	29.732
失业率	1 104	0.085	2.736	0.002	0.359
国际直接投资水平	1 104	22.073	2.183	10.387	28.030
城市化水平	1 104	0.582	0.233	0.089	0.978

3. 数据说明

本节涉及的被解释变量、核心自变量和控制变量数据都来源于世界银行数据库，样本的时间维度设定为 2006—2020 年。虽然截止到 2021 年 11 月底共有 144 个国家参与了“一带一路”倡议，但是由于部分国家数据统计缺失，同时由于政策可能存在时滞效应，考虑到研究的有效性，我们把 2015 年及之前加入“一带一路”倡议的 64 个国家作为处理组。具体 64 个处理组国家和 74 个对照组国家见表 7-2。

表 7-2　“一带一路”倡议的处理组国家和对照组国家

处理组国家（64 个）	海上丝路国家（25 个）	巴林、孟加拉国、文莱、柬埔寨、埃及、印度、印度尼西亚、伊朗、伊拉克、科威特、老挝、马来西亚、缅甸、阿曼、巴基斯坦、菲律宾、沙特阿拉伯、新加坡、斯里兰卡、泰国、阿联酋、越南、也门、马尔代夫、卡塔尔

（续）

处理组国家（64个）	陆上丝路国家（39个）	土耳其、叙利亚、约旦、黎巴嫩、以色列、希腊、塞浦路斯、尼泊尔、阿富汗、哈萨克斯坦、乌兹别克斯坦、土库曼斯坦、塔吉克斯坦、吉尔吉斯斯坦、俄罗斯、乌克兰、白俄罗斯、格鲁吉亚、阿塞拜疆、亚美尼亚、摩尔多瓦、波兰、立陶宛、爱沙尼亚、拉脱维亚、捷克、斯洛伐克、匈牙利、斯洛文尼亚、克罗地亚、波黑、黑山、塞尔维亚、阿尔巴尼亚、罗马尼亚、保加利亚、马其顿、不丹、巴勒斯坦
对照组国家（74个）		阿尔及利亚、阿根廷、埃塞俄比亚、爱尔兰、安哥拉、奥地利、澳大利亚、巴拉圭、巴拿马、巴西、贝宁、比利时、冰岛、玻利维亚、博茨瓦纳、布基纳法索、布隆迪、韩国、丹麦、德国、东帝汶、多哥、多米尼加、厄瓜多尔、法国、斐济、芬兰、佛得角、冈比亚、刚果（布）、刚果（金）、哥伦比亚、哥斯达黎加、海地、荷兰、洪都拉斯、吉布提、几内亚、几内亚比绍、加拿大、加纳、加蓬、津巴布韦、喀麦隆、科摩罗、科特迪瓦、肯尼亚、莱索托、卢森堡、卢旺达、马达加斯加、马耳他、马里、毛里求斯、毛里塔尼亚、美国、蒙古国、秘鲁、摩洛哥、莫桑比克、墨西哥、纳米比亚、南非、南苏丹、尼加拉瓜、尼日尔、尼日利亚、挪威、葡萄牙、瑞典、瑞士、萨尔瓦多、塞拉利昂、塞内加尔

五、实证结果和分析

（一）平行趋势检验

采用双重差分模型必须满足一个很重要的前提假设，即平行趋势假定。在政策作用于个体的时间节点之前，模型中的处理组以及对照组随时间变化的趋势应该是不存在显著差异的，具体见图 7-1 和图 7-2。

图 7-1 是针对国家内收入差距采用 95%的置信区间来描绘平行趋势检验的结果。由图中可以观察到，在政策作用即 2013 年以前，置信区间都与 0 轴有交点，即政策发生之前的系数无法在 95%的置信区间内拒绝等于 0 的假设。因此可以得出结论，在加入"一带一路"倡议之前，处理组与对照组之间不存在显著差别。而 2014—2015 年的置信区间仍与 0 轴有交点的原因可能是由于政策作用的效果存在着时滞效应。但从图中不难发现，2014 年之后的动态效应显著性是逐步升高的，也就是随着"一带一路"倡议的不断推进，它降低收入差距的作用逐渐扩大，并提升了参与国内部的共同富裕水平。图 7-2 针对区域国家间收入差距的平行趋势检验也显示类似的结果。

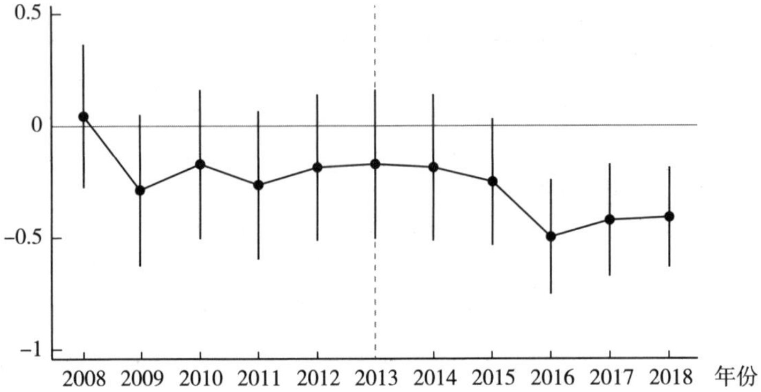

图 7－1　国家内收入差距的动态效应

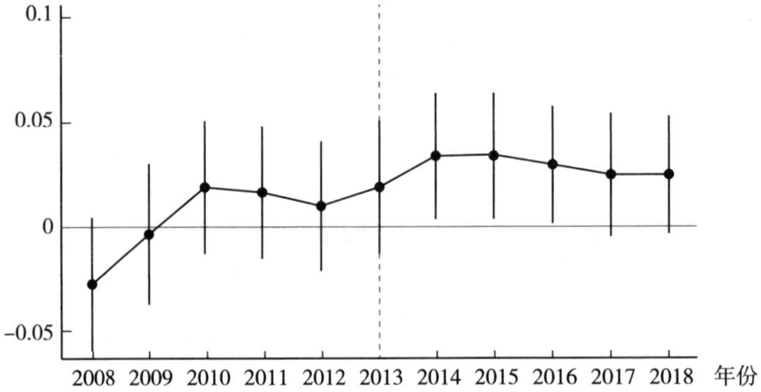

图 7－2　国家间收入差距的动态效应

（二）基准回归结果

本节根据前文的模型设定同时采用双向固定效应模型对“一带一路”倡议的实施效果进行估计，基准回归结果如表 7－3。

表 7－3　基准模型回归结果

	(1) *GINI*	(2) *GINI*	(3) *dpgni*	(4) *dpgni*
D_{it}	−0.039**	−0.036*	−0.043**	−0.027***
	(0.000)	(0.000)	(0.037)	(0.010)
政府支出水平		−0.116***		−0.127**
		(0.020)		(0.017)
国家经济发展水平		−0.018*		−0.035
		(0.010)		(0.030)

（续）

	(1) GINI	(2) GINI	(3) dpgni	(4) dpgni
失业率		0.218***		0.379***
		(0.083)		(0.244)
国际直接投资水平		−0.001***		−0.028**
		(0.000)		(0.000)
城市化		−0.201**		−0.317
		(0.070)		(0.062)
常数项	0.792***	0.785***	0.762***	0.669***
	(0.080)	(0.102)	(0.080)	(0.052)
样本量	1 104	1 104	1 104	1 104
固定效应	是	是	是	是
R^2	0.276	0.331	0.236	0.275

注：***、**、*分别代表在1%、5%和10%的水平下显著。括号内为标准差。

模型（1）和模型（2）是“一带一路”倡议对国家内收入差距影响的回归结果，模型（1）没有添加控制变量，D_{it}的影响系数为−0.039，并且在5%的水平下显著，说明“一带一路”倡议推进以后，降低了参与国国家内的居民收入差距，促进了共同富裕。模型（2）添加了控制变量，影响系数为−0.036，在10%的水平下显著。由此可以得出结论，与未加入“一带一路”倡议的国家相比，加入该倡议国家的国内收入差距是有所降低的。因此，“一带一路”倡议有利于缩小参与国国内的收入差距，从而进一步推动共同富裕。模型（3）和模型（4）是“一带一路”倡议对国家间收入差距影响的回归结果，模型（3）没有添加控制变量，模型（4）添加了控制变量，从回归结果可以看出，其影响系数显著为负，并且分别在5%和1%水平下显著。从这个回归结果中可以得出两个结论：第一，“一带一路”倡议对国家间收入差距的影响大于对国家内收入差距的影响，也就是说“一带一路”倡议会先显著提升参与国的人均收入水平，之后才会对国内居民收入差距产生影响；第二，“一带一路”倡议可以显著降低参与国国内和国家之间的收入差距，从而提升共同富裕水平。这验证了假说1和假说2成立。

（三）稳健性检验

1. 动态面板模型的稳健性检验

为减小数据偏差以及混杂变量的影响，本节采用系统GMM广义矩估计进行回归，结果见表 7-4。

表 7-4　稳健性检验结果

	GMM		PSM 检验	
	(1)	(2)	(3)	(4)
	GINI	*dpgni*	*GINI*	*dpgni*
L.GINI	0.827***			
	(0.000)			
L.dpgni		0.982***		
		(0.000)		
D_{it}	−0.019***	−0.033***	−0.030	−0.072*
	(0.000)	(0.000)	(0.002)	(0.083)
政府支出水平	−0.098***	−0.123***	−0.012***	−0.082**
	(0.000)	(0.000)	(0.003)	(0.016)
国家经济发展水平	−0.072***	−0.059***	−0.037**	−0.028***
	(0.000)	(0.000)	(0.022)	(0.001)
失业率	0.037***	0.412***	0.195***	0.652***
	(0.002)	(0.013)	(0.086)	(0.331)
国际直接投资水平	0.009***	−0.011***	0.002**	−0.014**
	(0.000)	(0.000)	(0.000)	(0.003)
城市化	0.038***	0.063**	−0.087	−0.136*
	(0.013)	(0.080)	(0.028)	(0.017)
常数项	−0.738***	1.029**	0.892***	0.635***
	(0.006)	(0.031)	(0.082)	(0.018)
AR（1）	0.001	0.013		
AR（2）	0.267	0.689		
Sargan	0.737	0.637		
样本量	642	642	820	820
固定效应	是	是	是	是
R^2	0.562	0.598	0.297	0.268

注：***、**、*分别代表在 1%、5%和 10%的水平下显著。括号内为标准差。

由表 7-4 中模型（1）可以看到滞后期 *L.GINI* 的系数为 0.827，呈正相关关系，在 1%的水平下显著，即本期的基尼系数与上一期的基尼系数是显著相关的。并且，表中的 *AR* 检验为扰动项的自相关检验，模型（1）中 *AR*（2）的系数为 0.267，大于 0.1，因此不存在高阶自相关。模型（1）中的 *Sargan* 的系数为 0.737，大于 0.1，因此广义矩估计适用于本节稳健性检验。此外，模型（1）中需重点关注的变量 D_{it} 的系数为－0.019，并且在 1%的水平下显著。由此可以得出结论，在剔除因倡议可能带来的内生性问题后，系数仍在 1%的水平上显著为负，结果依然稳健。模型（2）是国家间的回归结果，其结论基本与模型（1）相一致，验证了假说 1 和假说 2 的成立。

2. PSM 倾向评分匹配的稳健性检验

样本自选择等问题会导致政策内生，因此，为检验"一带一路"倡议可能带来的内生性问题，现进行 PSM 倾向评分匹配以便处理组和对照组更合理地比较，PSM 前后对比核密度如图 7－3。

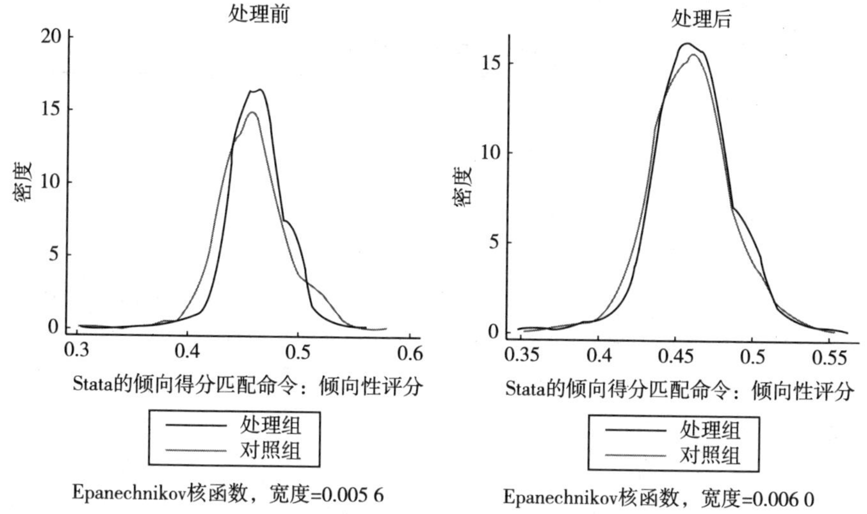

图 7－3　PSM 前后对比核密度

由图 7－3 不难发现，处理前的处理组与对照组的倾向得分并不重合，相差较大。在运用卡尺值为 0.01，以及 1∶2 的近邻匹配后得到处理后的核密度图，由图中可以发现，匹配后的处理组以及对照组基本重合，经过 PSM 方法后，这里排除了部分样本并用筛选后的回归样本进行 PSM-DID 回归，结果如表 7－4 中的模型（3）和（4）。关注其核心虚拟变量的相关系数可以发现，D_{it} 仍然与基尼系数为负相关，据此可以得出结论："一带一路"倡议可以缩小区域间国家内部和国家间的收入差距。因此，在剔除可能存在的数据偏差以及混杂变量的影响后，结果依然稳健。

(四) 异质性检验

1. "海上"与"陆上"丝绸之路国家

海洋时代，沿海国家具有发展贸易和承接国际产业转移的区位优势，因此经济发展的程度相对较高。依据是否沿海，本节将涉及的64个国家划分为"海上丝绸之路"与"陆上丝绸之路"两个组别，国家组别如表7-2中所示。由表7-5中模型（1）和（3）可以发现，海上丝绸之路沿线国家的D_{it}系数均为负，并且在1%的水平上显著。根据表7-5中模型（2）和（4）可知，陆上丝绸之路沿线国家的D_{it}系数都不显著，对国家内收入差距的影响为负向，对国家间收入差距的影响为正向，但是影响系数都非常小，在经济学上没有太大意义。据此可以得出结论，相较陆上丝绸之路国家而言，"一带一路"倡议对于海上丝绸之路国家的作用更明显，更有助于缩小海上丝绸之路国家之间和国家内部的收入差距。

表7-5 异质性检验结果

	GINI		*dpgni*		*GINI*		*dpgni*	
	(1)	(2)	(3)	(4)	(5)	(6)	(7)	(8)
	海上	陆上	海上	陆上	东盟	非东盟	东盟	非东盟
D_{it}	−0.014***	−0.001	−0.050***	0.001	−0.018***	0.006**	−0.016**	0.008
	(0.000)	(0.000)	(0.010)	(0.020)	(0.010)	(0.000)	(0.020)	(0.020)
常数项	0.915***	0.895***	1.796***	0.516	1.030***	0.605***	−0.016	−0.036
	(0.160)	(0.100)	(0.580)	(0.810)	(0.210)	(0.120)	(0.960)	(1.070)
样本量	485	970	485	970	612	843	612	843
固定效应	是	是	是	是	是	是	是	是
R^2	0.214	0.151	0.213	0.121	0.182	0.169	0.113	0.122

注：***、**、*分别代表在1%、5%和10%的水平下显著。括号内为标准差。

2. 签订自贸协定国家与非签订自贸协定国家

虽然与中国签订共建"一带一路"合作文件的国家众多，但是它们与我国合作的程度有较大差异，其中中国与东盟自贸协定签订时间早，合作程度高。2010年1月1日，中国-东盟自由贸易区全面建成。因此，我们将东盟10国作为签订自贸协定国家，归入一组，其余54个国家作为一组。回归结果见表7-5中的模型（5）、(6)、(7)、(8)。其中模型（5）和（7）是东盟国家的回归结果，可以看出，"一带一路"倡议对东盟国家内收入差距的影响显著为负，在1%的水平上显著，对东盟国家间收入差距的影响在5%的水平上显著为负，而非东盟国家的影响系数均为正，说明“一带一路”倡议对与中国贸易投资联系更紧密的国家影响更加显著，通过签订贸易投资协议，能够更有效地缩小这些国家内部和国家间的收入差距，从而进一步实现共同富裕。

（五）机制分析

通过上述基准模型检验、PSM-DID等稳健性检验，我们发现“一带一路”倡议对于参与国内部居民收入差距和参与国之间收入差距都有显著的负向效应，也就是说，“一带一路”倡议能够有效促进区域间各国共同富裕的实现，有效改善参与国国内收入差距。通过文献综述以及理论分析可知，“一带一路”倡议主要通过国际贸易与投资两个方面的路径来改善区域间各国的收入差距，因此这里将采用中介效应检验的方法来进一步检验“一带一路”倡议对相关国家的影响机制。

基于以上理论机制，本部分以中国与伙伴国进出口额的对数（ln*trade*）、来自中国直接投资额的对数（ln*fdi*）作为中介变量，分别代表国际贸易以及投资水平，运用“三步法”因果逐步回归中介效应模型分析其传导机制，构建如下中介模型：

$$M_{it} = \delta D_{it} + X_{it}\beta + u_i + \lambda_t + \varepsilon_{it} \tag{4}$$

$$Y_{it} = \varphi M_{it} + \eta D_{it} + X_{it}\beta + u_i + \lambda_t + \varepsilon_{it} \tag{5}$$

其中M_{it}为代表国际贸易以及直接投资的两个中介变量，国际贸易为中国与该国进出口额的对数，直接投资为中国对该国直接投资存量的对数。其他变量的含义与（1）式和（2）式相同。“一带一路”倡议通过国际贸易和直接投资影响收入差距的回归结果如表7-6。

表7-6的结果显示，核心变量D_{it}的系数都为负且基本在统计学意义上显著，表明“一带一路”倡议显著改善了国家之间和国家内的收入差距。另外回归结果显示，“一带一路”倡议可以显著促进中国与相关国家的贸易和投资。从贸易的中介效应回归结果看，贸易显著影响了参与国之间和国家内的收入分配，影响系数为负。因此可以得出结论，“一带一路”倡议不仅可以促进区域间国家贸易水平的提升，而且国际贸易有利于缩小区域国家内部以及国家之间的收入差距，这符合本节提出的假说3。表7-6中模型（3）和（4）代表直接投资渠道的“一带一路”倡议对收入差距的影响机制，从结果可以看出，中国对区域内其他国家的直接投资对收入差距的影响系数为负，其中对国家内收入差距的影响在10%水平下显著，对国家间收入差距的影响在5%水平下显著。这说明，一方面，近年来中国不断扩大在“一带一路”区域内的直接投资，对东道国国内的收入差距产生一定影响，降低了其国内收入差距；另一方面，中国直接投资缩小了区域内国家之间的收入差距，说明各国通过吸引中国

的直接投资，显著促进了本国经济增长，提高了国民收入。这也证实了融入“一带一路”倡议的必要性，体现了“一带一路”倡议共建人类命运共同体的目标。

表 7-6　中介效应检验结果

	(1)	(2)	(3)	(4)
	GINI	*dpgni*	*GINI*	*dpgni*
D_{it}（直接效应）	−0.022***	−0.040***	−0.024	−0.039**
	(0.010)	(0.020)	(0.010)	(0.020)
ln*trade*	−0.067***	−0.053***		
	(0.030)	(0.020)		
ln*fdi*			−0.002*	−0.007**
			(0.000)	(0.010)
控制变量	是	是	是	是
固定效应	是	是	是	是
校正 R^2	0.163	0.192	0.108	0.172
Sobel 检验	−0.011**	−0.013***	0.010	0.013**
	(0.010)	(0.000)	(0.050)	(0.020)
Bootstrap 法	−0.043**	−0.042***	−0.052	−0.050*
	(0.010)	(0.010)	(0.010)	(0.030)
中介效应占比	0.373	0.315	0.196	0.264

注：***、**、*分别代表在1%、5%和10%的水平下显著。括号内为标准差。

六、结论和建议

共同富裕不仅是中国的目标，也是全人类所面临的共同问题，习近平主席提出了“构建人类命运共同体，实现共赢共享”的中国方案，让世界各国共享发展机遇，“一带一路”倡议就是落实中国方案最好的载体之一。二十大报告提出要实行更加积极主动的开放战略，共建“一带一路”成为深受欢迎的国际公共产品和国际合作平台。“一带一路”倡议遵循共商共建共享原则，致力于深化互利共赢合作，那么“一带一路”倡议是否促进了该区域的共同富裕？基于国际贸易与投资的双重视角，本节将“一带一路”倡议作为一项准自然实验，根据2006—2020年138个国家的面板数据，运用双重差分模型以及中介效应检验了“一带一路”倡议对区域内国家共同富裕的影响效应及影响机制。

研究结果发现，“一带一路”倡议对区域国家间居民收入差距和国内收入差距有明显的缩小作用，即“一带一路”倡议促进了区域内国家间和国家内的共同富裕。“一带一路”倡议对国家间收入差距的影响效应大于其对国家内居民收入差距的影响效应，说明“一带一路”倡议的作用是从提升参与国的整体福利水平开始，对国内居民收入差距的影响程度稍小。GMM 广义矩估计和 PSM 倾向评分匹配的稳健性检验都验证了该结论。异质性检验结果表明“一带一路”倡议对海上丝绸之路国家以及与中国签订自贸协定的国家作用较大，对陆上丝绸之路国家和非自贸协定国家的影响较小。影响机制的实证结果表明，贸易渠道的影响效果大于直接投资渠道，说明目前“一带一路”倡议主要是通过贸易赋能区域内国家的共同富裕。这些结论证实了融入“一带一路”倡议的必要性，体现了“一带一路”倡议共建人类命运共同体的目标。基于上述研究结论，本节为更好地推进“一带一路”倡议和人类命运共同体建设提出以下建议。

第一，持续推动建设高质量“一带一路”，提升国际社会认可度。在“逆全球化”思潮以及新冠疫情的影响下，各国的经济发展或多或少受到影响，而中国“一带一路”倡议的出现恰逢其时。秉持共商共建共享的原则，我国应加强与区域间各国的合作互通，持续推动中欧班列、海陆通道等基础设施的建设，保障全球产业链以及供应链的稳定，为政策沟通、设施联通、贸易畅通、资金融通、民心相通这“五通”提供坚实的基础支撑，发展高质量的“一带一路”，取得国际社会上更多国家的认可，争取让更多国家加入“一带一路”倡议。

第二，深化区域间国家合作，积极签订贸易投资协定以提升国际贸易水平。同为改革开放新布局战略中的重要组成部分，“一带一路”倡议与建立自由贸易区有着相似的背景意义以及功能价值。本节异质性分析部分实证证明，相较其他国家，与中国签订自贸协定的相关国家收入差距缩小的水平更加显著。因此，我国应加强“一带一路”建设与自贸区战略有效衔接与联动，不断推动中国与其他沿线国家的自由贸易区建设，促进与区域间各国的贸易往来，以提升各国的贸易水平；积极求同存异，在现有背景下寻求最大的均衡点，实现合作共赢。

第三，进一步深化对外直接投资的广度和深度。“一带一路”倡议以市场开放、贸易便利化以及投资自由为目标，然而目前相较贸易渠道来看，“一带一路”倡议对于区域间各国投资水平的提升程度仍有待提高。因此除推动区域国家自贸区的建设以外，还应整合各国的市场资源，促进各市场的合作分工，提高各企业的生产效率，支持各产业“走出去”；同时营造良好的投资环境，在尊重东道国文化、法律法规的前提下经营企业，通过负面清单、放宽准入限制等措施扩大对外直接投资；另外在东道国的选择方面，应不仅局限于拥有高质量资源的发达国家，秉持着开放包容的理念，也可以选择有潜力且劳动力市场更合理的发展中国家进行投资以提升国际投资水平。

第二节　全球发展倡议与共同富裕

一、全球发展倡议的主要内容

发展是人类社会的永恒主题，是实现人民幸福的关键。2021 年 9 月 21 日，面对后疫情时代南北鸿沟扩大、发展合作动能减弱的形势，习近平主席站在全人类福祉的高度，在联合国大会上提出全球发展倡议，以构建全球发展共同体为目标，秉持发展优先、以人民为中心等理念，推动加快落实 2030 年可持续发展议程，致力实现更加强劲、绿色、健康的全球发展。该倡议以实干为途径，充分聚焦具体重点领域，为解决当今世界难题和匡正全球发展新征程，提供了一份立足时代特征、饱含中国智慧的中国方案。倡议一经提出就得到国际社会积极响应，100 多个国家表示支持，包括埃及在内的 53 个国家加入中方在联合国平台成立的全球发展倡议之友小组。

当前，百年变局同世纪疫情叠加共振，世界经济复苏受挫，落实联合国 2030 年可持续发展议程面临前所未有挑战。人类到了“拯救可持续发展目标，将其带回正轨”的关键时刻。为进一步凝聚发展共识、开启发展新篇，2022 年 5 月 9 日，全球发展倡议之友小组高级别视频会议在纽约联合国总部举行，中国国务委员兼外长王毅以视频方式出席会议并致辞，联合国秘书长古特雷斯以及泰国副总理兼外长敦、哈萨克斯坦副总理兼外长特列乌别尔季、巴基斯坦外长比拉瓦尔、古巴外长罗德里格斯、柬埔寨计划部国务秘书敦塔瑞、埃及副外长罗扎等 6 位部长级官员出席高级别会议并发言，60 多个国家 150 多位代表及联合国主要发展机构负责人参会并展开互动对话。

全球发展倡议致力于凝聚加快发展的政治共识、搭建发展合作的公共平台、促进发展经验的交流互鉴、增强协同发展的国际合力，是大势所趋、人心所向。中方就推动全球发展倡议走深走实提出四点建议：一是重振落实 2030 年议程的全球合作。各方要坚守承诺，努力如期实现 17 项可持续发展目标。反对将发展问题政治化、边缘化，继续聚焦发展中国家关注的重点领域，为改善各国民生作出更大努力。二是营造加快全球发展的有利环境。要加快完善全球治理体系，提高新兴市场和发展中国家代表性和发言权，推动构建开放型世界经济。要维护各国人民自主选择发展道路的权利，反对干涉别国内政，反对没有国际法依据的单边制裁。三是构建平等均衡的全球发展伙伴关系。发达国家要兑现发展援助承诺，提供更多资金和技术支持。发展中国家要深化南南合作，实现跨越式发展。要推动多边开发机构为此提供更有效帮助，凝聚最大发展合力。四是发挥联合国系统的核心和引导作用。我们支持联合国在落实 2030 年议程中充分发挥统筹协调功能，支持联合国秘书长将发展作为优先任务，动员联合国发展机构，落实全球发展倡议，助力实现可持续发展目标。

中国是全球发展的倡导者，更是发展合作的行动派。为推动全球发展倡议尽快落地，王毅国务委员在会上宣布了中国将采取一系列务实举措，包括与新兴市场和发展中国家加强协商，适时举办全球发展高层会议，共商发展大计；增加发展资源投入，进一步加大对南南合作援助基金以及中国-联合国和平与发展基金的支持力度；推动形成各方共同参与的全球发展倡议项目库；以及适时发布《全球发展报告》，推动国际发展知识交流共享。

全球发展倡议坚持发展优先、以人民为中心、普惠包容、创新驱动、人与自然和谐共生和行动导向等理念与原则，以减贫、粮食安全、抗疫和疫苗、发展筹资、气候变化和绿色发展、工业化、数字经济及互联互通为重点合作领域，努力实现不让任何一个国家、任何一个人掉队的目标。

全球发展倡议根植于中华优秀传统文化，来源于中国现代化建设的发展实践。追求“大道之行、天下为公”、崇尚“亲仁善邻、协和万邦”、倡导“和衷共济、守望相助”，是深深融入中华民族血脉的文化基因，是中国开展全球发展合作始终不变的坚守。新中国成立以来，中国共产党团结带领全国各族人民立足自身国情和实践，在不断探索中形成了中国式现代化道路。中国在融入全球发展体系的过程中不断实现自身发展，来自发达国家的资本、市场、技术与管理是中国经济发展的重要组成部分，中国也将继续以更深层次的改革和更高水平的开放为全球发展作出更大贡献。中国是发展中国家的一员，历来是广大发展中国家的好朋友、好伙伴，始终坚持在促进自身发展的同时，尽己所能通过贸易、投资、援助和发展知识分享等多种方式帮助其他发展中国家实现共同发展。中国的发展实践证明，发展的问题只能靠发展解决、在发展中解决，只有毫不动摇坚持发展，才能解决各类经济社会问题，逐步实现国家繁荣富强和人民幸福。

全球发展倡议倡导将发展问题置于全球合作议程的中心位置，是中国向国际社会提供的又一重大公共产品，体现了中国作为全球负责任大国的担当，是人类命运共同体理念的重要实践。倡议突出和平与发展的时代主题，把促进发展、保障民生置于全球宏观政策的突出位置，致力于更加开放、包容、普惠、平衡、共赢的发展，是对全球发展合作的“再动员”，是对以人民为中心这一核心人权理念的“再确认”。倡议坚持共商共建共享和真正的多边主义，加强同联合国发展机构的合作，依托或对接现有各类机制和平台，合力推进重点领域工作，促进协同增效。倡议自提出以来，得到国际社会积极响应，迄今已有100多个国家表示支持，有效凝聚国际社会团结合作、加快发展的共识，推动务实合作。

二、全球发展倡议影响全球共同富裕的机制

（一）聚焦发展中国家经济发展

南北差距、复苏分化、发展断层、技术鸿沟等问题日益凸显，新冠疫情进一步加剧了国家间和国家内部的不平等。联合国2022年度《世界经济形势与展望》报告指出，发达经济体的人均国内生产总值将于2023年完全恢复至疫情前预期水平，而发展中经济体和转型经济体的人均国内生产总值将持续低于疫情前预期水平。全球发展倡议是弥合发展鸿沟、破解发展赤字的全球公共产品，致力于推动实现包容普惠发展，着力解决国家间和各国内部的发展不平衡、不充分问题，提升全球发展的公平性、有效性和包容性，不让任何一个国家掉队。全球发展倡议关注发展中国家，特别是最不发达国家、小岛屿发展中国家、内陆发展中国家特殊的发展困难，让所有国家、所有人群公平享有发展惠益。

（二）注重与已有合作机制协同增效

全球发展倡议既不是为了取代已有的国际发展议程，也不是对已有的2030年议程及其目标进行拆分弱化。全球发展倡议是对发展问题的“再聚焦”、对可持续发展目标的“再承诺”、对全球伙伴关系的“再提振”和对国际发展合作的“再激活”，旨在唤起国际社会对发展问题的重视，推动加强全球发展伙伴关系，形成国际合力，有效应对疫情对发展带来的挑战，帮助发展中国家加快经济复苏，如期实现2030年议程。全球发展倡议将同各方加强发展合作战略对接，特别是与《2063年议程》、《东盟共同体愿景2025》、非洲发展新伙伴计划、支持非洲发展伙伴倡议等发展议程充分对接，促进各国、各区域、各机制发展进程协同增效，相互促进，相互成就。全球发展倡议将围绕所有17项可持续发展目标，依托或对接现有多边机制和平台，强化有效行动，包括推动联合国、亚太经合组织、二十国集团、金砖国家、上合组织、东盟等区域和次区域平台汇聚共促发展的强大合力，鼓励发挥国际组织、各国政府、工商界、学术界、民间社会等各方面作用，谱写落实2030年议程的交响乐。

（三）推进发展筹资促进全球发展

发展筹资是2030年议程落实的重要执行手段，也是当前全球发展面临的

突出挑战。要从全局和长远的角度看待发展筹资问题，广泛凝聚全球、区域和国家层面的政治意愿，推动构建更加平等、均衡的全球发展伙伴关系，有效弥补发展中国家的发展资金缺口，为全球公共产品提供融资支持。

一是加大向发展中国家提供融资支持。面对当前严峻发展挑战，发达国家更需要履行发展援助承诺，向发展中国家提供占其国民总收入0.7%的官方发展援助，并向最不发达国家、小岛屿发展中国家、内陆发展中国家等面临特殊发展困境的国家倾斜，帮助这些国家克服当前贫困、健康、教育等领域的严峻挑战。国际发展机构和发展融资机制也应进一步加大政策协调，为遭遇偿债困难的发展中国家及时提供债务融资、债务减免和债务重组工具，减轻当前特殊形势下发展中国家债务压力。

二是鼓励和支持发展中国家充分调动国内发展资源。帮助发展中国家提升长期自主发展能力，结合自身国情制定和实施综合发展战略，加强将外部投资有效转化为经济增长和可持续发展动力的制度设计和能力建设，充分调动国内资源和社会各界力量，保证发展为全民所有，发展成果为全民所享。加强国际税务合作，通过提升管理和国际合作水平打击逃税和腐败，通过改进税收信息的共享和使用来减少非法资金流动。以发展中国家的需求为主导，加强经济和金融体制改革、消除腐败等方面的技术和知识合作。

三是引导撬动私人部门资金。鼓励多边开发银行探索与其他机构开展联合融资和市场化融资合作，通过优化资产负债表等方式进一步扩大资金动员能力。引导撬动私人部门资金有序流入发展中国家，特别是有关国家发展急需的领域。交流分享各国政府和社会资本合作（PPP）的良好实践经验。

四是维护公平开放的国际经济金融环境。为各国特别是发展中国家加快发展创造良好的外部条件，共同反对单边主义和贸易保护主义，维护多边贸易体制，坚决支持自由公平贸易，放宽高技术产品出口管制，积极构建开放型世界经济体系。

第三节　小　　结

“一带一路”倡议对区域国家间收入差距和国家内收入差距有明显的缩小作用，能够有效促进各参与国家实现共同富裕。相较“一路”国家而言，“一带一路”倡议对于“一带”国家的作用更显著，更有助于缩小海上丝绸之路国家的收入差距；同时，相较与中国联系更为紧密的国家而言，例如已加入东盟的文莱、印度尼西亚、老挝等国家，还有与中国已经签订自贸协定的柬埔寨、巴基斯坦、新加坡等国家，“一带一路”倡议对其余参与国收入差距的影响效应相对较小。除此以外，“一带一路”建设能够有效促进中国与区域间各国的贸易增长，“一带一路”倡议通过国际贸易的中介作用进一步缩小国家间和国家内的收入差距，推动实现共同富裕。

2021 年 9 月，习近平主席在联合国大会上提出全球发展倡议，构建全球命运共同体。全球发展倡议是继“一带一路”倡议之后，中国提出的又一个促进全球发展的公共产品。全球发展倡议影响全球共同富裕的机制包括聚焦发展中国家经济发展、注重与已有合作机制协同增效、推进发展筹资促进全球发展等。

第八章　对外开放与共同富裕：国际经验

第一节　对外开放与共同富裕的日本经验

一、引言

日本在世界范围内的影响力是有目共睹的，虽然目前日本经济发展已经出现了一定程度的下滑，但它的历史功绩却不容忽视，所以它的历史政策可以为现代化国家建设提供有益的参考。在二战之后的时代里，日本经济进入鼎盛时期，对国际社会经济发展产生巨大的影响，成为世界上一个伟大的经济奇迹。自改革开放以来，中国的经济发展也呈现出稳定的增长状态。虽然目前世界经济整体呈现衰退走势，但中国依然以国内生产总值持续增长的状态前进。为了促进中国经济的健康有序发展，我们可以从日本经济发展的经验教训中充分学习，采取适合中国国情的发展路径，学习历史经济发展的教训，积极调整经济政策和外交政策，确保中国经济发展的稳定性，一步一步地实现中国经济的长期发展。

国内外学者对日本国民收入倍增计划进行了不同角度的深入研究。国外学者更关注倍增计划本身，将侧重点放在了当时的国际环境和国内环境是否会对这一计划有影响，以及国民收入倍增计划实施后日本得到了何种提升，并探讨其取得的成果。而国内学者则更加注重该计划对我国收入倍增计划尤其是对收入分配政策的启示，他们将日本国民收入倍增计划与我国收入倍增计划相联系，探讨它们之间的异同点，从而得出启示，并且更关注的是收入分配方面。

关于收入分配，日本政府首先在第一次分配中实现了全面就业，然后采取了一套均衡的财政体制，并结合了以直接税为主体的税制和社会保险的特点，实现了再分配过程中的均等分配。日本在税收制度改革和社会保险制度的不断完善中，收入再分配得到了更大的创新立足点和更系统的发展保障，之后呈现的成果就是发达地区的财政收入又回流到了落后地区，这样就使得不同地区的经济得以平衡，并且也让不同阶层居民的收入得到了均衡。

根据日本厚生劳动局发布的劳动统计表，1990—2022 年，日本劳动者的平均年收入没有出现明显提高，反而从 1990 年的 452.1 万日元下降到 2022 年的435.2万日元，其中2014年只有419.2万日元。从行业分布看，大部分行业的年均收入都在400万日元以上。其中最高的是电力、电气和燃气行业，从业人员平均年收入在660万日元左右，金融与保险、建筑业、制造业、运输业、医疗与社会福利、批发与零售、教育和培训、房地产和物品租赁等领域从业人员的年均收入都在400万日元以上。整体行业之间的收入差距较低。

二、日本对外开放状况

（一）日本对外贸易状况

日本贸易收支的顺差状态始于20世纪80年代，并且在很长一段时间内都是经常收支盈余的主要原因，但从2011年开始，日本出现了30多年来的首次贸易逆差。李爱文和霍卓君（2014）认为出现贸易逆差有两个原因，其中日本地震、进出口数量和价格、汇率变化等是短期原因，而出口商品的竞争力下滑和进口商品的依赖度提高是长期原因的主要因素。2020年，新冠疫情暴发和快速传播，给整个世界的产业链、供应链造成了严重的影响。生产和消费都出现了下降的现象，失业人数急剧上升，经济贸易活动大幅减缓，全球经济进入了萧条期。在这种情况下，日本的对外贸易也受到强烈的影响，其经济也因此出现下降情况。徐梅（2020）提到日本央行预期2022财年日本GDP增长2.7%，2023财年也将上升1.3个百分点，这和日本内阁府的预期并不一致，这样看来在不确定因素越来越多的新形势下，各国经济的可预测性也随之降低。日本财务省在2021年7月21日公布的国际贸易统计速报中指出，日本2021年上半年出口相较去年增长了23.2%，这要归功于美国和中国等主要市场的需求带动，这是自2010年以来增长最快的一次，2021年上半年的出口总额为39.88万亿日元，较2019年上半年增长4.2%，其主要的原因是汽车、汽车零部件等出口额与同期相比大幅上升。

如图8-1所示，2012—2022年，日本货物进出口总额先是出现下降的趋势，2020年后稍有回升，但是还没有达到2012年的峰值。2012年日本货物进出口总额为16 846亿美元，2015年为12 504亿美元，2022年从2020年的12 766亿美元上升到16 452亿美元。从出口看，2012年日本货物出口额为7 986亿美元，2015年为6 248亿美元，之后缓慢回升，2022年为7 467亿美元。

日本国内市场相对狭窄，需要抢占国际市场，推动经贸发展。而日元升值，导致日本对外直接投资大幅增加，相对会替代日本货物出口。日本的对外投资策略是投资于最终的加工组装环节，而日本出口中间产品，这使得日本出口结构发生较大改变。一般机械、电气设备、运输设备、科学仪器等机电制造

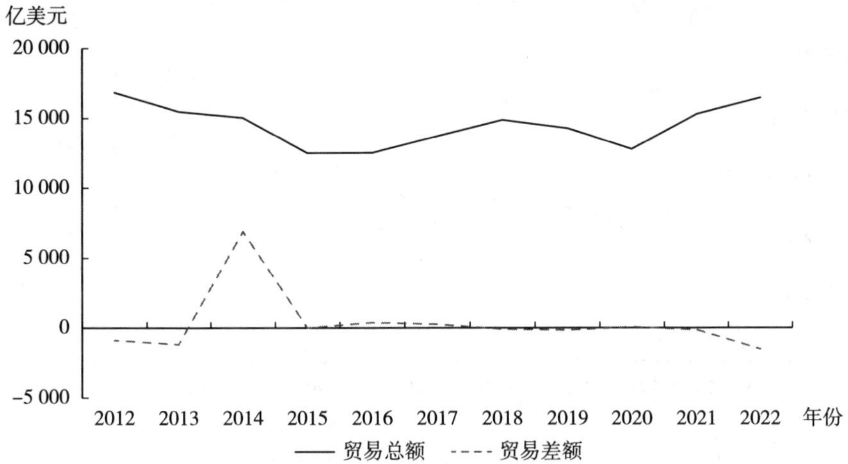

图 8-1　2012—2022 年日本货物进出口总额与贸易差额

业是日本主要出口产业，特别是半导体、汽车、机床等占日本出口的比例较大。而传统的家电、纺织和金属制品等出口占比近年显著下降。在进口产业中，受自然资源禀赋的限制，矿物燃料和农副产品等是日本进口的主导产品。

（二）日本外资变动分析

与一般国家不同，日本吸引外资规模一直相对较小，从图 8-2 中可以看出，日本吸引的外资一直处于较低的水平，基本上没有超过 2 000 亿美元。这与日本民族主义的情节比较明显，并且对外来资本存在质疑有关。2019 年，日本外商直接投资存量占国内生产总值（GDP）的比例为 4.4%，世界排名第 201 位，在经合组织国家中，这一数值同样处于最低水平。

回顾日本资本增长的历史，可以看出日本对外来资本的利用中有直接投资，也有证券投资。第二次世界大战以后，美国的资本是促进日本经济复苏、资本增长的重要因素。美国的资本最早通过援助贷款流向日本。1947 年以后，美国对日援助贷款旨在协助日本重建工业生产，有助于日本经济的复苏。除援助贷款外，美国通过在日本设厂的形式向日本进行投资。美国这种直接投资的目的，主要在于避开日本贸易壁垒，与此同时，美国也对日本的产品打开了国内的市场。美国在日本投资较多，成效显著。20 世纪 60 年代美国向日本、欧洲等地的直接投资比拉美国家多 3 倍，以建厂为主。美国投资推动日本本国资本增长：1955—1970 年，日本固定资产总额增长 500%以上，而美国同期固定资产增长率仅为 57%。拿到美国的投资，占领市场之后，日本跨国公司迅速成长壮大，对外投资频繁。日本跨国公司自 20 世纪 70 年代开始积极对外投资乃至排挤美国企业在国内的市场份额。

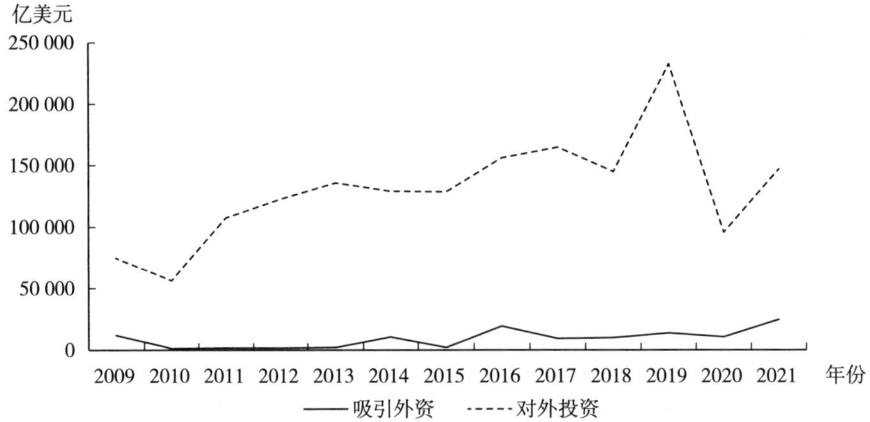

图 8-2　2009—2021 年日本对外投资和吸引外资变动趋势

日本是靠对外投资来提高本国资本的，但它在不断扩大自身开放的过程中始终十分保守。研究表明日本的国内市场大小、收入水平、地理因素、语言差异、国与国历史关系等因素具有解释力，但是仍不能完全说明日本吸引外商直接投资较少的现象。

日本对外资产与 GDP 之比在经济体量较大的国家中也相对较高。2020 年，日本对外资产是当年 GDP 的 218.6%，在 91 个样本国家（地区）中，排名第 23 位。排名在日本之前的国家主要为离岸金融中心国家（地区）、欧洲国家和经济体量相对较小的国家。美国对外资产与 GDP 之比则为 154.0%，中国为 59.1%。

（三）日本对外投资发展

日本的对外直接投资规模比较大，特别是 20 世纪 80 年代“广场协议”以后，日元的不断升值带动了日本大规模对外投资。截至 2021 年年底，日本拥有海外资产超过 11 万亿美元，国外资产绝对金额位列美国、英国、卢森堡、德国和荷兰之后，位居全球第 6 位，对外资产与 GDP 之比在经济体量较大的国家中也相对较高，2020 年为 218.6%，远超美国的 154.0%和中国的 59.1%。相较其他东亚国家，日本是较早甚至是最早进行对外投资的国家，在雁形发展模型的指导之下，日本对东亚地区进行大规模投资，包括政府发展援助（ODA）等，对外资产存量和流量保持高速增长。为进一步实现出口稳定、生产链条完整、提高效率、降低成本等，日本经济产业省在 2007 年版的《通商白皮书》中提出了“新贸易投资立国”战略。此后，日本包括直接投资在内的对外投资继续快速增长。2008—2020 年，日本对外资产存量由 57 315 亿美元增加到 110 560 亿美元，增长 92.9%。其中，直接投资存量由 6 908 亿美元增加到 19 876 亿美元，增幅达 187.7%。日本对外投资发展有以下几大特点。

一是对外投资及投资收益增长迅速。20 世纪 80 年代初，在多年“贸易立国”战略指导下，日本已经成为世界第二大贸易国，但对外投资规模仍然较小。随着发展战略向“投资立国”转变，日本对外投资步伐明显加快，1990 年日本跃居世界第一对外直接投资大国，2005 年日本对外投资所得收支盈余首次超过贸易盈余，成为其国际收支经常项目的最大顺差来源。截至 2013 年，日本海外净资产已达 325 万亿日元，连续第 23 年保持全球最大海外净资产国地位。

二是对外投资与贸易、援助“三位一体”。20 世纪 80 年代初，日本对发达国家的投资主要集中在商业、金融与保险等第三产业；对发展中国家则主要集中在轻纺等劳动密集型和资源开发型产业。但自 20 世纪 80 年代中后期起，日本除继续扩大第三产业投资外，还增加了对发达国家制造业及发展中国家机械、电器行业的投资。随着全球产业布局扩大，海外投资增长带动日企内贸易尤其是母公司与子公司间的贸易额不断上升，进而推动日本对外贸易进一步增长。而且，日本政府还把对外投资、促进贸易发展与政府发展援助结合起来，实现了开发市场和促进经济国际化的双重目标，1989 年日本已成为世界第一对外援助国。

三是对外投资与创新驱动互动增长。日本对外投资不仅是资本的转移，也包括生产技术、管理资源等的转移。20 世纪 80 年代东南亚等地区仍处于经济起步阶段，按照“雁形模型”，日本将对于国内相对落后的技术通过投资的方式转移到这些地区，仍能带动当地生产技术和管理水平的提高。同时，对外投资收益和落后产业转出也为日本国内科技创新和产业向价值链高端迈进提供了资金和空间，二者形成良性互动。1980—1989 年，日本电子机械工业研究与开发费用支出增长 3.44 倍的同时，专利应用与技术输出也增长了 3.77 倍。

（四）日本对外开放战略

1. 日本对外开放战略的具体措施

（1）提供投融资便利与担保，为企业提供资金支持

在“投资立国”战略指导下，日本企业充分利用多元化的资金来源，为经济快速增长作出巨大贡献。除企业自身的资金积累和银行贷款外，日本政府一方面联合金融机构等为企业海外投资提供大量优惠的信贷政策；另一方面还鼓励金融机构加大对企业对外投资的资金支持力度，鼓励金融机构发展海外分支机构，加强与受资国金融机构的合作。此外，日本政府还为企业海外投资提供

投资担保，包括实施海外投资保险制度及向政府“信用保证协会”申请使用“海外投资关系信用保证”等措施。

（2）为企业提供技术援助，推动对外投资快速发展

日本政府为企业对外直接投资提供技术援助主要有三方面：一是政府采取“官-产-学”相结合的科技创新体制，鼓励政府、企业与高校之间的合作，开展联合研究与开发活动，并将科研与生产紧密结合；二是政府为中小企业海外直接投资项目提供技术援助和启动资金支持，包括对项目的可行性研究提供技术援助、筹集项目研发资金以及培训技术人员等；三是政府支持大企业与中小企业联合，鼓励大企业向中小企业提供资金、技术和信息等方面的帮助。同时，在区域经济合作上，政府充分发挥发展援助的作用，以帮助有关国家加强基础设施建设的方式，推动日本与区域内国家经济合作的顺利进行。

（3）推进投资自由化政策，改善对外投资环境

由于东亚各国存在一些阻碍日本企业国际化经营的制度和法律法规，因此，要促进日本企业的国际化进程，日本政府需多层次实施投资自由化政策。首先，日本政府通过修改相关法律法规，放松了企业的海外投资政策，实现企业对外投资环境的改善。其次，日本政府重视与多个国家广泛建立经济伙伴关系，加强与各国在经济规则和外资政策方面的沟通、协调。最后，在经济合作过程中，日本政府还与各国签署投资保护协定，要求受资国提高外资政策的透明度，实行投资风险公示制度，努力为企业营造对外投资的有利环境。

（4）为企业提供便利服务，密切政府、企业与受资国间的联系

日本政府通过为企业提供诸多便利服务，促使日本海外投资规模迅猛发展，也推动了企业对外投资的顺利进行。一方面日本政府通过“日本贸易振兴协会”等机构，为国内企业对外直接投资提供包括受资国的宏观经济形势、法律框架等信息；另一方面日本政府加强并完善了对外投资咨询机构的建设与服务，促进政府官员、企业界人士与受资国等海外国家相互之间的沟通和联系。此外，日本政府还通过实施税收优惠政策，具体包括税收抵免法及设立海外投资亏损准备金等，减轻了企业税负，减少了企业海外经营风险。

2. 日本对外开放战略实施的效果

（1）促进日本对外经贸关系发展

日本通过大规模海外直接投资，既改善了对外经贸环境，又推动了对外经贸关系的发展。一方面日本将大量丧失比较优势的传统产业向亚洲“四小龙”、东盟国家及我国东部沿海地区转移，形成“雁形模式”的产业链和贸易圈，带动国内相关设备和零部件等过剩产能的出口。另一方面日本企业借助亚洲各国

的辐射效应，扩大向欧美国家的出口，提升传统产业的国际竞争力。另外，通过对外直接投资，日本企业在海外就地产销，避免了产品出口遭欧美国家关税与非关税的壁垒阻碍，在一定程度上缓解了国际经贸摩擦，推动了对外经贸关系的快速发展。

（2）推动国内产业结构向“高级化”转变

日本政府充分利用各国的比较优势，鼓励国内边际产业到海外进行投资，将低技术含量、低附加值、高能耗、高污染的产业转移到海外，并加强国内高技术含量、高附加值产品的生产规模，既缩小了边际产业的生产规模，又实现边际产业梯度转移的目的。在很大程度上，日本海外直接投资为国内产业升级释放了大量空间，促使产业结构不断调整和优化，也加快了产业结构向“高级化”转变。其中，以信息和文化产业为主导成为产业结构升级的方向。与此同时，20 世纪七八十年代的经济危机和能源危机，迫使日本经济改变依赖海外资源的发展方式。日本政府加大对资源丰富国家的资源开发型投资，带动企业获得海外资源的长期开发权，也进一步突破国内资源不足导致经济发展受限的瓶颈。因此，日本产业结构呈现出由劳动密集型向资本技术密集型转变、由资源依赖型向资源开发型转变的特点。

（3）促进国内经济进一步转型升级

随着经济全球化和投资自由化的不断发展，资本和资源在全球范围内寻求最佳配置成为一种趋势。“广场协议”后，日本国内房地产、物流、金融、服务等第三产业迅速发展，经济结构逐渐向内需主导型转变。同时，日本对外经济结构从“商品输出为主”转向“资本输出为主”，经济增长进入由“贸易立国”向“投资立国”转变的新阶段。一方面政府鼓励企业扩大资本输出，着力向产业链高端环节延伸；另一方面政府不断扩大科研投资规模，着力发展电子机械、汽车、航空航天等科技含量高的行业。此外，日本政府还从依靠国内组装加工和大量出口，转向国内设计研发、国外组装加工出口。日本通过海外直接投资促进了经济转型升级，在经济转型过程中，日本政府遵循“梯度转移、循序渐进”的产业政策。

（4）加速日本企业国际化进程

随着经济的不断发展及对外市场的开放，日本企业不仅要面对国内企业竞争的压力，还要面对国外企业冲击的困境。部分企业开始将生产基地转移到海外，步入由商品出口向对外直接投资的发展道路，并且这些企业充分利用当地劳动力优势，提高技术水平和国际竞争力。与此同时，在政府政策的鼓励下，对外直接投资的发展加速了日本企业的国际化进程。越来越多的日本国内中小企业将外部压力转换成走国际化发展道路的动力，不但降低了企业生产经营成本，提高了产品国际竞争力；而且在全球范围内优化了资源配置，实现了企业内部生产工序和职能的合理分工，提高了国际化水平。

3. 日本对外开放战略实施中存在的问题

虽然“投资立国”战略的实施不仅实现了日本海外资产规模不断扩大和投资收益持续增加，而且借此推动了经济结构的转型升级以及日本国际经济地位和企业国际化经营水平的显著提升。但值得关注的是，日本对外投资过程中也出现了一些较为突出的问题，从而一定程度上为日本经济和对外投资的进一步发展埋下了隐患。

（1）产业空心化问题日益严重

“广场协议”后，日元持续升值和新兴经济体需求的增加，加速了日本制造企业向海外市场的投资步伐。日本政府将劳动密集型产业转移到海外生产，造成国内投资增长速度滞后于海外投资增长速度，导致国内生产链条缩减、就业机会减少，引发国内产业空心化。同时，由于“泡沫经济”破灭后日本政府未能抓住20世纪90年代全球信息技术革命的浪潮、及时推进高技术产业和新兴服务业发展，令机械、电子计算机、汽车等主要产业空心化程度进一步加剧，成为长期制约日本经济增长的结构性问题。

（2）对外投资结构不合理

一是对外投资激增加剧经济风险。20世纪80年代中后期是日本对外直接投资急剧增加的时期，此时段相当一部分资金投资于海外不动产，特别是1989年日本三菱财团买下美国洛克菲勒中心大厦成为日本对外投资的一个标志性事件。但之后随着日本泡沫经济崩溃，大量海外不动产投资变为不良资产，迫使日本企业转而低价贱卖，由此造成巨额损失。二是对外资产构成与对外资产分布不合理。日本2004年对外直接投资占总对外投资额的比重仅为8.9%，低于对外证券投资的48.4%，也明显低于对外其他投资的22.5%和外汇储备的20.2%。同时，日本2005年年末对外证券资产投向中，美国和欧洲占比达到35.4%和35.7%，亚洲仅占1.4%，这均导致日本对外投资收益率偏低。

（3）企业跨国并购落后

20世纪90年代以来，跨国并购快速发展并成为国际直接投资的主要方式之一，但日本企业对外直接投资的方式仍然是以新建企业为主。2000年，全球跨国并购达到顶峰，但日本企业跨国并购的进程远落后于英、美等主要发达国家。这期间，英、美企业跨国并购总额分别为3 979亿美元和1 431亿美元，日本企业跨国并购总额仅为211亿美元，分别是英、美总额的5.3%和14.7%。

三、日本对外开放与共同富裕的实证分析

在系统的发展过程中，如果两个要素的变化趋势具有一致性，趋于相近，那就说明它们同步变化程度较高，反之就较低。探析对外开放与行业收入差距之间的关联度，需要运用灰色关联度分析法。

（一）灰色关联度实证模型的建立

第一步，确定分析序列。

本节将参考序列记为 X_0（a），比较序列[①]记为 X_i（a），则：

$$X_0(a)=[X_0(1),X_0(2),X_0(3),\cdots,X_0(a)]$$

$$X_i(a)=[X_i(1),X_i(2),X_i(3),\cdots,X_i(a)] \quad 其中\ i=1,2,3,\cdots$$

则参考序列 X_0（a）和比较序列 X_i（a）组成一个 $a\times(i+1)$ 矩阵，记为 $\mathbf{A}$：

$$\mathbf{A}=\begin{bmatrix} X_0(1) & X_1(1) & X_2(1) & \cdots & X_i(1) \\ X_0(2) & X_1(2) & X_2(2) & \cdots & X_i(2) \\ X_0(3) & X_1(3) & X_2(3) & \cdots & X_i(3) \\ \vdots & \vdots & \vdots & \vdots & \vdots \\ X_0(a) & X_1(a) & X_2(a) & \cdots & X_i(a) \end{bmatrix}$$

第二步，对变量进行预处理。

因为这些变量的单位都不一样，会影响数据之间的比较和分析，因此我们将对这些数据进行无量纲化。本节采用初值化，也就是用数值除以第 1 个数据的方式，无量纲化后的矩阵记为 $\mathbf{A}^*$。

第三步，取差绝对值。

根据上一步得出的矩阵 $\mathbf{A}^*$，取参考序列和比较序列的差值的平均值，就能得出每一列的最大和最小值，现将这个绝对值记为 Δi（a）：

$$\Delta i(a)=|X_0(a)-X_i(a)| \quad 其中\ i=1,2,3,\cdots$$

差序列：

$$\Delta i(a)=[\Delta i(1),\Delta i(2),\Delta i(3),\cdots,\Delta i(k)] \quad 其中\ i=1,2,3,\cdots$$

两级最大差：

$$\Delta\max=\max\max|X_0(k)-X_i(k)|$$

两级最小差：

$$\Delta\min=\min\min|X_0(k)-X_i(k)|$$

第四步，计算关联度系数。

① 在分析数列中，被解释变量是参考序列，而其他影响着参考序列的是比较序列。

系数的计算公式如下：

$$W_i(a)=\frac{\Delta\min+\rho\Delta\max}{\Delta+\rho\Delta\max}$$

可以将公式简化，因为我们用的是初值法。简化后的公式为

$$W_i(k)=\frac{\rho\Delta\max}{\Delta+\rho\Delta\max}$$

其中，ρ 表示分辨系数①。

第五步，计算灰色关联度。

本节使用算术平均的方法计算灰色关联度 R_i②：

$$R_i=\frac{1}{n}\sum_{k=1}^{n}W_i(k)$$

为了保证数据的连贯性和可获取性，本节选用2008—2020年的数据，数据均来自世界银行以及日本官方。

本节参考序列选取基尼系数来衡量收入差距，比较序列即影响收入差距的因素，具体的变量指标如表8-1所示。

表8-1　主要指标及含义

变量	主要指标	变量符号	变量定义
参考序列	收入差距	*gini*	基尼系数
比较序列（影响因素）	货物贸易依存度	*trade*1	货物贸易进出口总额/GDP
	服务贸易依存度	*trade*2	服务贸易进出口总额/GDP
	受教育程度	*edu*	受过高等教育人数/总人口数
	经济发展程度	*gdp*	GDP同比增长率
	金融发展程度	*finance*	金融机构贷款余额/GDP
	实际使用外资程度	*fdi*	实际使用外资额/GDP
	失业率	*unemploy*	城镇登记的失业率
	财政支出程度	*gov*	当年的财政支出/GDP
	城市化率	*urban*	城镇人口/总人口数

通过表8-2模型结果我们可以看到，失业率排名第一，关联度为0.877 4，属于显著相关。货物贸易依存度排名第四，服务贸易依存度排名第八，服务贸易依存度与收入差距的灰色关联度是0.593 3，并未超过0.6，关

① 一般取值0.5，目的是减少最大绝对值 Δmax 太大引起的失真。

② 关联度 R_i 越接近1，表明关联程度越大。如果大于0.6，则认为两者关联性显著。

联性不显著；而货物贸易依存度与收入差距的关联度较大，证明货物贸易对收入差距的影响会比服务贸易对收入差距的影响更大。因此，在接下来的实证分析中，本节主要以货物贸易作为研究对象。

表 8-2　各指标灰色关联度数值

变量	*trade1*	*trade2*	*edu*	*gdp*	*finance*	*fdi*	*unemploy*	*gov*	*urban*
灰色关联度	0.834 7	0.593 3	0.798 1	0.714 5	0.865 4	0.567 8	0.877 4	0.860 1	0.833 9
排名	4	8	6	7	2	9	1	3	5

（二）日本对外贸易对收入差距影响的模型构建

影响行业收入差距大小的因素有很多，为确保实证结果的稳定性，本节将以面板数据模型进行回归。本节选取了日本的 14 个行业测算行业收入差距，由于 2007—2009 年部分行业数据有缺失，考虑到数据的连贯性，这里选用 2010—2020 年日本 14 个行业的数据进行泰尔指数的测算。为详细了解日本对外贸易与行业收入差距的影响关系，建立如下三个模型：

$$\begin{aligned}\ln THEIL_{it} = {} & \alpha + \beta_1 \ln TRADE_{it} + \beta_2 \ln TEC_{it} + \beta_3 \ln UNE_{it} \\ & + \beta_4 \ln UNE_{it} \times \ln TRADE_{it} \\ & + \beta_5 \ln TEC_{it} \times \ln TRADE_{it} + \beta_6 \ln HUM_{it} + \varepsilon_{it} \qquad (1)\end{aligned}$$

$$\begin{aligned}\ln THEIL_{it} = {} & \alpha + \beta_1 \ln IM_{it} + \beta_2 \ln TEC_{it} + \beta_3 \ln UNE_{it} \\ & + \beta_4 \ln UNE_{it} \times \ln IM_{it} \\ & + \beta_5 \ln TEC_{it} \times \ln IM_{it} + \beta_6 \ln HUM_{it} + \varepsilon_{it} \qquad (2)\end{aligned}$$

$$\begin{aligned}\ln THEIL_{it} = {} & \alpha + \beta_1 \ln EX_{it} + \beta_2 \ln TEC_{it} + \beta_3 \ln UNE_{it} \\ & + \beta_4 \ln UNE_{it} \times \ln EX_{it} \\ & + \beta_5 \ln TEC_{it} \times \ln EX_{it} + \beta_6 \ln HUM_{it} + \varepsilon_{it} \qquad (3)\end{aligned}$$

(1)、(2)、(3) 式中，i 表示截面单位，t 表示时间，$THEIL_{it}$ 表示行业收入差距泰尔指数，$TRADE_{it}$ 表示外贸依存度，TEC_{it} 表示技术水平，UNE_{it} 表示就业情况，HUM_{it} 表示教育水平，特别注意的是本部分对所有的变量都取对数。具体的变量定义如表 8-3 所示。

表 8-3　各变量含义

变量	主要指标	变量符号	变量定义
解释变量	对外贸易依存度	*TRADE*	*TRADE* = 货物进出口贸易额 /*GDP*
	进口依存度	*IM*	*IM* = 货物进口贸易额 /*GDP*
	出口依存度	*EX*	*EX* = 货物出口贸易额 /*GDP*

（续）

变量	主要指标	变量符号	变量定义
被解释变量	行业收入差距泰尔指数	*THEIL*	$\frac{1}{n}\sum_{i}^{n}\frac{y_i}{y}\ln\left(\frac{y_i}{y}\right)$
控制变量	技术水平	*TEC*	科研经费支出
	就业情况	*UNE*	(失业人数 / 总人口数)×100
	教育水平	*HUM*	6 岁以上受教育人口的平均受教育年限

在进行面板数据回归之前，需要对相关变量进行中心化处理。在面板数据模型中，通常使用 F 统计量来确定选择固定效应模型还是混合效应模型，而在选择固定效应模型还是随机效应模型时则会使用 *Hausman* 统计量，结果如表 8－4，根据结果我们将选择固定效应模型。

表 8－4　模型选择检验结果

检验类型	统计量	统计值	p 值	结论
F 检验	F	117.966 4	0.000 0	固定效应
H 检验	H	29.663 8	0.000 0	固定效应

表 8－5 展现了日本对外贸易依存度、进口依存度和出口依存度分别对行业收入差距泰尔指数的影响。从表中的实证结果可以看出，日本外贸总体依存度和进口依存度与行业收入差距呈正相关，而出口依存度与行业收入差距呈负相关。也就是说进口额、对外贸易总额与行业收入差距成正比，通俗来说就是随着日本进口额的增加，行业收入差距也会扩大，每当进口额上升一个百分点，行业收入差距就会扩大 0.341 个百分点。出口额与行业收入差距成反比，也就是说随着日本出口额的增加，行业收入差距将会缩小，出口额每增加一个百分点，行业收入差距将缩小 0.255 个百分点。日本主要进口原油、天然气等一次能源、食品、原材料等；主要出口商品有汽车、电器、一般机械、化学制品等。

技术水平和外贸依存度的交互项在三个模型中都通过了显著性检验，且系数都为正，这说明日本对外贸易背景下技术的进步越大，行业间收入差距也就越大，且无论是进口还是出口都将会扩大。就业情况的系数是正的，根据公式可以得出日本失业率与行业的收入差距呈正比，这说明了失业率越高，行业的收入差距越大。

表 8-5 基本回归结果

变量	(1)	(2)	(3)
对外贸易依存度	0.369***		
	(2.748)		
进口依存度		0.341**	
		(3.185)	
出口依存度			−0.255***
			(−2.212)
技术水平	2.081***	2.109***	1.312***
	(2.981)	(3.017)	(7.233)
就业情况	0.859**	0.672**	0.056
	(2.469)	(2.071)	(0.223)
教育水平	−0.236	−0.426	−0.957***
	(−0.429)	(−1.104)	(−3.110)
技术水平和外贸依存度的交互项	0.552**	0.574***	0.834***
	(2.479)	(2.887)	(3.990)
教育水平和外贸依存度的交互项	−1.106*	−1.685**	−0.449
	(−1.793)	(−2.359)	(−1.365)
常数项	−4.864***	−3.462***	−2.855***
	(−3.074)	(−1.836)	(−4.253)
R^2	0.785	0.791	0.786

注：*、**、*** 分别代表在10%、5%和1%水平下显著。括号内为 t 值。

四、日本对外开放与共同富裕的启示

（一）制度配套设计与有效供给的重要性

把握收入分配制度改革时机，健全与之相适应的制度设计。日本通过建立稳定的就业体系和最低工资制度，保证了所有人都有收入，并将国民收入倍增计划与经济社会发展计划相结合，实现了人人收入增加的初次分配。与此同时，日本通过均衡的财税制度和全民社会保障体制，再加上高额累进制所得税和政府保障政策的共同发挥，实现了家家有保障的再分配，充分发挥出了“限高托底”的作用。因此，日本的经验告诉我们必须对收入分配制度进行有效改革，并建全与之配套的相应政策，以更好地实现共同富裕。

（二）灵活多样与事前预防的制度供给

日本雇佣制度的核心是主要员工的终身雇佣与小时工的灵活雇佣相结合，这是一种弹性的制度设计。在保证了基本用工需求的同时，也为社会充分就业创造了条件。日本有一个特别的措施，即租税，然而在不同时期，它的重点会有所不同。日本在基本的财税制度与灵活的租税措施相结合下，既可以保证基本制度的连续性，同时也能随时弥补它的不足。此外，为实现社会充分就业，日本还有事前改善式的就业保险制度设计，这种政策就是为了事前预防、事中改善、事后补偿，从而达到高效的制度供给。因此，在当前我国就业压力日益增大的背景下，政府应当建立更加灵活和多元化的就业体制，健全事前预防激励机制，以实现社会的全面就业。

（三）持续扩大中产阶层的比例

日本通过实行收入倍增等计划和完善收入分配制度，使中产阶层的比重不断提高，形成了相对稳定、数量较多的中产阶层，也就是常说的“橄榄形社会”，这样可以有效地缩小贫富差距，使贫富差距保持在一个适度的范围，缓解来自社会各个阶层之间的矛盾。因此，借鉴日本的经验，我国必须加大对中低收入人群的保障，健全收入分配制度，扩大中产阶层的比重，这样就可以有效地缩小贫富差距，促进社会发展成果共享。

第二节　对外开放与共同富裕的德国经验

一、引言

党的十九大报告提出的2035年目标和2050年目标，都明确指出了要改善民生、缩小差距，实现共同富裕的要求。从这些表述来看，我们可以得出这样一个结论：未来中国经济增长将更加依靠消费拉动，而不是投资驱动；未来中国社会结构也会发生重大变化，中等收入群体占比显著提高。比如，十九大报告提出，到2035年的目标是：“人民生活更为宽裕，中等收入群体比例明显提高，城乡区域发展差距和居民生活水平差距显著缩小，基本公共服务均等化基本实现，全体人民共同富裕迈出坚实步伐。”

地处欧洲中部的德国，是世界上工业化程度最高的国家之一，国民生活质量较高，也是社会福利机制最健全的国家之一。根据国际货币基金组织的数据，德国2020年的GDP为3.846万亿美元，人均GDP为4.577万美元。按照国际汇率计算，德国是仅次于美国、中国、日本的全球第四大经济体。同时德国也是一个以出口导向型经济为主的发达国家。德国的工业极其发达，主要工业部门有电子、航天、汽车、装备制造、精密机械、军工等。在出口方面，德国是世界第三大出口国，也是著名的贸易顺差大国，近年来，其出口额占国家 GDP 比重持续超过 40%。如今，如何调节国民收入分配差距已成为全球各国普遍面临的一个问题。但德国的收入分配差距和不平等现象相较发展中国家和其他发达国家而言情况稍好。所以，本节通过研究德国对外开放与国内收入分配差距之间的关系，进一步探究在经济开放的背景下，如何更好地平衡国内收入分配，实现全体人民共同富裕。

二、文献综述

我们把对外开放度作为衡量一个国家或区域对外开放的标准，具体而言，就是经济的开放程度。一个国家的经济开放程度，可用该国的进出口贸易来表示，而一国的对外贸易是一个稳定的过程，因此，在国际上，通常用进出口总额与 GDP 的比重来评价和测度一个国家的对外贸易。

共同富裕是社会主义在追求社会民生上的根本目的。习近平总书记曾指出："共同富裕本身就是社会主义现代化的一个重要目标。"关于共同富裕，钟春平（2021）指出共同对应着公平公正，富裕对应着效率，共同富裕意味着效率和公平应该放在同等重要的地位，共同和富裕并非彼此对抗，而是相互辅助的，共同是为了更可持续的富裕，富裕则提供了更高层次的共享水平。金光旭（2021）指出共同富裕的基本概念在不同时代和角度的理解是不一样的，基本是以实现多层次、多需求、多领域的"人的共同发展"为基本前提，这一共同发展既有经济学意义上的含义，也包含政治、文化、社会、生态、区域等诸多内涵。他分别从历史文化发展、马克思主义观点和社会主义本质等角度分别阐释了共同富裕这一概念，最后指出共同富裕是动态发展的。唐任伍和李楚翘（2021）也指出共同富裕既是奋斗目标，也是动态过程，是一个过程和结果一体的动态概念。

要达到共同富裕，就要缩小贫富差距。刘培林等（2021）认为，要达到共同富裕，首先要解决发展的不均衡，要使所有人都能平等地获取和积累资源，平等分享发展成果，改善中等收入群体的富裕程度，不断提高人均收入，缩小行业、地区和城乡之间的差距。因此，可以通过衡量收入差距的大小来判断是否实现共同富裕。那么，什么因素可以影响收入差距呢？王小鲁和樊纲（2004）通过研究中国的收入差距是否存在库兹涅兹曲线这一问题，进一步指出，经济增长、收入再分配、公共产品与基础设施、社会保障和体制层面都对收入差距起到了重大作用。陈洪海和孙璐（2016）对中国城乡居民收入差距的主要原因进行了分析，得出结论：经济增长速度、城乡二元结构以及外资投资在 GDP 中所占的比重，是中国城乡居民收入差距的主要原因。

关于衡量收入差距的主要指标，许多学者都采用基尼系数。经济学家基尼提出了基尼系数，基尼系数是根据洛伦茨曲线计算的，将洛伦茨曲线和收入分配绝对平均线之间的区域面积除以收入分配绝对平均线之下的区域面积，即得出基尼系数。基尼系数在 0～1 之间变化，基尼系数接近 0 代表着收入分配的绝对平均。按照国际上的标准，基尼系数在 0.2～0.3 之间时显示收入分配较为平均，0.3～0.4 之间时比较合理，0.4～0.5 时差距较大，当基尼系数超过 0.5 时差距悬殊。

贸易开放对收入分配影响的国外理论研究主要是赫克歇尔-俄林（H-O）模型与斯托尔帕-萨缪尔森（S-S）定理。按照 H-O 模型，一个国家在贸易开放后，应该按照自己的要素禀赋来确定其出口，即国家应该制造并出口那些密集地利用其充裕要素的商品，并进口稀缺要素密集型商品，以此在贸易中获利。S-S 定理指出，贸易开放可以通过商品相对价格的提高使生产该商品过程中密集使用要素的实际报酬增加。

Rodrigo Adão（2020）等开发了一种新的因素含量方法来研究贸易对不平等的影响。他们分析推广了 Deardorff 和 Staiger（1988）的理论研究，结合厄瓜多尔的行政数据，得出结论：国际贸易在一段时期内加剧了厄瓜多尔的收入不平等问题，特别是在收入分配的前期阶段。然而，如果没有对外贸易，厄瓜多尔在过去十年中不平等问题的改善就不会那么明显。Fischer（2001）着重研究了在不同资源禀赋的情况下，贸易自由化对收入不平等的影响，并且得出在劳动力资源丰富的国家，贸易开放能够改善收入不平等，而在拥有更多土地的国家，贸易开放将会加剧贫富差距的结论。Xue 等（2014）研究了全球化、自由化与收入差距之间的关系，并将中国作为研究对象。其中，他们对中国经济发展与收入分配的走势进行了对比，结果表明，改革开放不仅推动了中国经济的高速发展，而且还造成了居民收入差距的不断扩大。刘任佳（2021）在考察有关因素对城市和农村的影响差异时，也认为，在发挥对外开放的功能时，要重视地区间的均衡发展。

Xu 等（2021）采用了撒哈拉南部非洲 2000—2015 年的面板数据，利用 GMM 方法，研究贸易开放度、FDI 与收入差距的相关性。结果显示，FDI 与居民收入差距呈现出显著的负相关，说明了 FDI 水平和人均收入的提高会缩小收入差距。但是，贸易开放、教育、政治稳定、腐败和法制都和贫富差距有着积极的统计意义。Hall（2017）采用了一种内生的经济增长模型，它包括了南北贸易和内生的教育选项，以考察各国内部和各国间的收入差距。研究认为，工资差距的动态变化与劳动者对新技术的适应性有关，并且受教育水平的影响。同时还发现，在发展中国家，由于经济发展水平不高，贸易自由化会造成收入差距呈“U”形变化。

关于对外贸易开放与收入差距的关系，国内学者采用实证分析方法，得出以下三种不同的结论。

一是对外贸易开放缩小收入差距。陈少林（2021）详细阐发了 S-S 定理，总结出贸易开放会促使开放国大量要素密集型产品的出口，而出口的增长会推动要素需求的增长，进而推动商品的价格上升，从而使富裕的要素所有者获得更多的利益。在发达国家，技术工人相对更多，非熟练劳动力相对较少，所以，按照 S-S 定理，贸易开放会使发达国家的收入差距扩大；而发展中国家的人口差距更大，技术工人更少，发展中国家在贸易开放后，收入差距会逐渐缩小。童文司（2016）在研究中，运用 S－S 定理，分析了外贸在商品价格作用下影响收入分配差异的途径，即贸易自由化会改变国际市场上的商品价格，促使厂商自行调整产品的供应，导致产品的再配置，进而导致要素价格的变化以及各要素所有者收入水平的变化。作者采用贸易依存度、基尼系数、人均 GDP、失业率等指标，根据 22 个发展中国家的数据进行实证分析，得出对外贸易会缩小一国收入差距，尤其是发展中国家收入差距的结论。

二是对外贸易开放扩大收入差距。赵莹（2003）研究了对外贸易开放与收入差距的理论关系和实证关系。在理论上，中国对外贸易主要出口劳动密集型产品，而进口资本与技术密集型产品，并且对外贸易的发展也使非技术工人的工资增加，缩小了技术工人与非技术工人之间的收入差距。但是实证结果却与理论分析得出了不同的结论。作者分析了 1978—1998 年的统计资料，发现贸易开放程度的提升以及 FDI 的大量流入都会使我国的收入差距进一步拉大。谢晓璇（2021）以中国经济开放度作为衡量中国对外开放程度的指标，采取 2000—2018 年广东省 20 个市的面板数据，建立模型，将对外开放分解为贸易开放、外资开放和对外交流开放这三个方面，分别探讨其对广东省城乡居民收入差距的影响，并得出结论：对外贸易开放会对城乡居民收入差距产生扩大的影响，且影响显著。其中，谢晓璇根据实证分析认为，贸易开放促使广东省对外贸易产业结构升级，进而加大对熟练劳动力的需求，从而扩大城乡居民收入差距；外资的引进改善了农村的产业结构，提高了农业的劳动生产率，进而提高了农村居民收入，而外资进入对城镇居民就业和工资的影响不大，故外资引进缩小了城乡居民收入差距；对外交流开放对城乡居民收入差距的影响不显著。王少瑾（2007）通过实证分析，尤其是把出口和进口分开，分别对不同区域的收入差距进行了比较，结果表明，进出口增长和 FDI 大量流入都会导致收入差距扩大。另外，万广华（2005）根据中国的数据进行实证分析得出，全球化会对地区间收入差距具有正向的显著影响，且这种影响会随时间的增长而增强。万广华和张藕香（2008）以81个国家为样本进行了实证分析，发现贸易和FDI所代表的全球化导致了各国之间的不平等，而且贸易对不平等的作用要比FDI更大。

三是对外贸易开放与收入差距呈倒“U”形关系。刘爽（2016）采用理论和实证分析相结合的方法，在对我国对外贸易与收入差距的理论分析中，运用最新的增加值贸易核算方法，结合我国经济独特的条件数据，以增加值法和传统方法计算的进出口总量，分别作为衡量对外贸易的指标。研究结论表明，两种方法的结果一致，即对外贸易与我国整体收入差距、地区收入差距和行业收入差距均呈现倒“U”形关系，并且对外贸易可以缩小我国总体收入差距与行业收入差距。

基于以上综述，我们可以发现在研究对外开放与收入差距之间的关系时，学者们目前没有得出一致的结论。在理论研究中，部分学者以新古典贸易理论的S-S定理为基础，认为对外贸易开放可能会导致稀缺要素的价格降低、丰富要素的价格提高，从而影响收入分配，缩小收入差距。另外大部分学者均采用了实证分析的方法，对不同的国家进行研究。他们利用的数据不同，通过回归分析得出的结果也不一致，一些学者认为对外贸易开放会扩大收入差距，一些学者则认为对外贸易开放会缩小一国收入差距，还有一些学者认为对外贸易开放与收入差距之间存在倒“U”形关系。此外，学者们对收入差距与对外开放关系的测算口径并不一致。在选取收入差距的指标时，有的学者着重研究城乡收入差距，有的着重研究地区收入差距，仅少量文献研究对外开放对一国整体收入差距的影响。并且关于对外开放，大多数文献只研究对外贸易，仅少数文献会将对外贸易与外商直接投资相结合共同探讨其对收入差距的影响。因此本节将对影响经济开放水平的不同方面进行深入研究，同时选取贸易出口与外商直接投资两个角度来探讨对外开放对德国整体收入差距产生的影响，并通过相关数据进行实证分析，得出结论。

三、对外开放影响收入差距的理论分析

（一）对外贸易的就业数量扩大效应

对外贸易对就业的影响主要通过影响总供给与总需求来实现。很多国家通过参与国际贸易，在国内有效需求不足的情况下，开拓国际市场，实现了市场规模的扩大和规模经济，而规模经济的提升进一步降低成本，从而扩大市场，带动更多的就业。这也就是国际贸易理论中专业化分工带给各个参与国的收益，专业化分工使得生产效率提升，市场规模的扩大又进一步导致就业规模的

提升。进口对就业的影响是复杂的，进口结构不同，对上下游的影响也有差异。一般认为进口规模的扩大可能会导致进口竞争部门就业数量的减少，但是如果进口更多的中间产品，在国内加工组装以后再出口，可能会增加更多的就业。中国贸易发展的实践就证实了这一点。

（二）对外贸易的就业质量偏向效应

就业质量偏向效应，即对外贸易在经济发展转型和结构升级的过程中，对劳动力的需求产生变化，从而直接影响收入分配。当经济发展到一定程度时，市场对廉价劳动力的需求会逐步转向对高质量熟练劳动力的需求，从而提高熟练劳动力的工资水平，进一步拉大收入差距。

（三）技术偏向性技术进步效应

有学者认为，国际贸易有利于国际技术扩散和转移。一般对外贸易会促使国家经济不断向上发展，技术不断进步。在一国的劳动力市场中，快速的技术进步会导致对高技能和高教育水平的劳动力需求增加。高技能和高水平劳动力所占比重提高，改变了劳动力市场的就业结构，更加剧了收入不平等的现象，即所谓的技术偏向性技术进步效应。

根据以上，本节提出假设1：对外贸易（出口）对一国国内收入差距存在影响。

针对外商直接投资对一国收入分配的影响机制，各位学者意见不一，主要有两种代表理论。

（四）现代化假说

一是现代化假说，它认为FDI最初只会在东道国的少数具有高市场利率的关键产业上进行投资，促进了这些行业的迅速发展，但未获得外国资本的行业发展相对滞后，从而加剧了东道国的收入不平等，但当经济发展一段时间之后，东道国的收入差距会趋于缩小。库兹涅茨倒“U”形曲线的观点与此类似，他认为，在经济发展的早期阶段，收入差距会不断扩大，但随着经济的发展，两者之间的差距会不断缩小。

（五）依附假说

二是依附假说，依附假说强调一国在全球经济体中经济实力的相对位置是影响其国内收入分配至关重要的因素。如果一国的经济实力处于发展中水平，对发达国家的依附程度较大，外国资本流入对该国收入差距的扩大作用就会更加显著。FDI进入东道国某些产业或部门时，会带动某产业或某部门的快速发展，使得从事外资部门的员工得到相对较高的工资，长期发展中会形成一个劳动力精英群体。这一群体为了维护自身阵营内部的利益，与本地企业竞争并逐渐形成一定的门槛效应以阻止更多人进入，稀释自己的既得利益。

根据以上，本节提出假设 2：外商直接投资（外资进入）对一国国内收入差距存在影响。

四、德国对外贸易开放现状

德国是一个以出口导向型经济为主的发达国家。以国际汇率计算，德国是全球第四大经济体，欧洲最大的经济体，全球八大工业国家之一。德国工业非常发达，主要工业部门有电子、航天、汽车、装备制造、精密机械、军工等。在出口方面，德国是全球第三大出口国，也是著名的贸易顺差大国，近年来，其出口额占国家 GDP 比重持续超过 40%，外贸长期保持顺差，同时德国重视对外投资和吸引外资。根据世界银行的统计数据，德国 2020 年货物和服务出口额达 1.67 万亿美元，因受疫情影响比 2019 年下降 7.69%，外商直接投资额为1 126 亿美元，比 2019 年增加 66.55%。同时从长远来看，德国货物和服务出口占 GDP 百分比从 2000 年的 30.8%上升到 2020 年的 43.4%，外商直接投资净流入占 GDP 百分比从 2000 年的 12.8%下降为 2020 年的 2.93%。所以可以看出，德国近 20 多年来的贸易出口一直呈上升趋势，而外商直接投资额却在下降。

图 8 - 3 数据来自世界银行，统计数据始于 1970 年。如图 8 - 3 所示，1970 年德国的货物和服务出口额约为 326 亿美元，出口占 GDP 的比重只有约 15%，此后随着德国经济的发展，出口额不断增加，出口占 GDP 百分比也在不断上升。1977 年德国出口额突破千亿美元，数值大致为 1 079 亿美元，出口额占 GDP 比重约为 18%，同时德国的出口额仍不断增加。1980 年，德国出口额达到 1 769 亿美元，占 GDP 比重仍约为 18%，说明德国在不断发展出口贸易的同时，GDP 也在不断增加。出口为德国带来了可观的经济发展，而在 1980—1982 年，由于生产过剩，石油危机爆发，同时也影响了德国经济，德国 GDP 下降，出口额也在下降，下降到 1983 年的 1 563 亿美元，但出口占 GDP 比重不降反升到约 20%。随着经济危机的消失和政府的经济调节，德国出口额在 1983 年后又开始重新上升，上升速度也在加快，虽然此时段出口额有了两次短暂的下降，分别是 1993 年因为欧洲货币危机，下降了约 11.06%，和 1997 年小幅度下降，降幅只有 1.73%，但在之后德国的出口不断向前发展。2004 年，德国出口额首次突破万亿美元，数值约为 1.003 2 万亿美元，出口占 GDP 百分比达 35.71%。2002—2008 年，由于全球化思潮盛行，全球产业链不断发展完善，分工不断细化，而德国又一直在国际贸易中拥有比较优势，所以德国的出口贸易额出现了迅猛增长，增长速度在 2004 年一度达到 22.49%，而出口占 GDP 百分比也在 2008 年达到 43.8%。但 2008 年美国次

贷危机爆发，全球经济大受冲击，德国出口额断崖式下降，从 2008 年 1.634 万亿美元下降到 2009 年的 1.295 万亿美元，下降幅度为 20.7%。而后德国政府对经济实施调控，推行以实业兴国的政策，2010 年德国经济复苏，经济增长率高达 3.4%，出口也在随之增长，到 2014 年，出口额达到约 1.77 万亿美元，占 GDP 比重约为 45.62%。2015 年由于汽车产量和私人消费的减少，德国出口出现了短暂的下滑，下滑幅度为 11.12%，而后 2016 年外贸市场回暖，德国出口逐渐回升，并在 2018 年达到出口额的历史新高，约 1.88 万亿美元，占 GDP 百分比约 47.3%。2019 年德国出口额出现小幅度下滑，2020 年，受疫情影响，德国出口额同比下降了 1 429 亿美元，出口额约 1.66 万亿美元，占 GDP 百分比约为 43.42%。

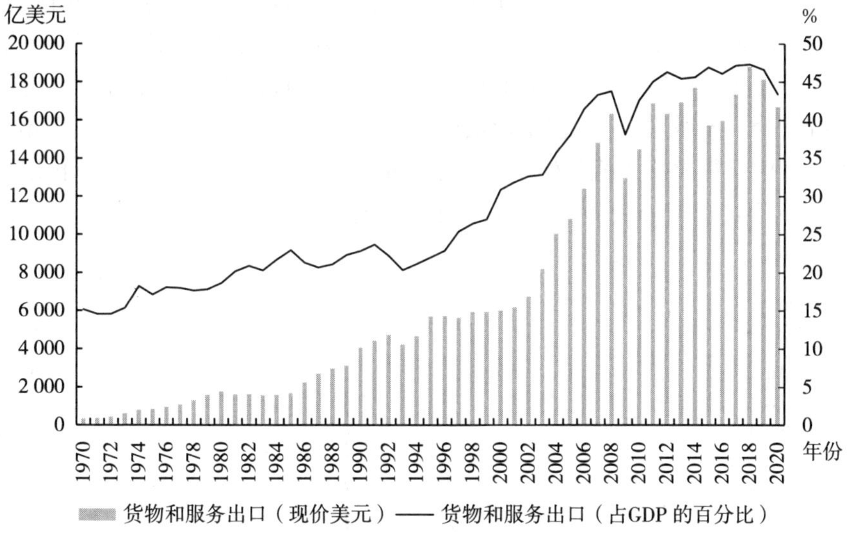

图 8－3　1970—2020 年德国货物和服务出口

从大体上来看，德国货物和服务出口额在近 50 年间大致呈上升趋势。1970—2000 年，德国出口一直保持小幅度稳定增长，进入 21 世纪后，受益于经济全球化的浪潮，德国出口呈现大幅度增长，出口额破万亿美元，德国经济也得到不断发展。但自 2008 年次贷危机波及全球之后，德国的出口额又不断经历下降和回升的波动，可以说近 10 年德国的出口贸易一直处在持续的波动状态。

关于德国的外商直接投资，世界银行记录了外商直接投资净流入值，没有统计净流出值。外商直接投资净流入值是指外国投资者在投资国国内直接投资的新投资流入减去撤资。根据外商直接投资净流入值可以了解德国外商直接投资的变动趋势。从图 8-4 来看，20 世纪 70 年代至 20 世纪 90 年代初，德国外商直接投资净流入数值不大，在 1971 年只有约 11 亿美元，投资净流入占 GDP 比重只有约 0.44%。1998 年以前，德国外商直接投资净流入占 GDP 百分比甚至不到 1%，并且投资不太稳定，20 世纪 80 年代后甚至出现负值，如 1980 年、1981 年、1988 年和 1992 年，说明此时投资者纷纷从德国撤资，德国外商直接投资的发展不容乐观。1993 年后，随着德国经济的发展和相关对外政策的支持，德国外商直接投资净流入不断增加，1995 年净流入值突破百亿美元，达到 120 亿美元。20 世纪 90 年代中后期，德国外商直接投资呈不断上升趋势，并在 21 世纪初，即 2000 年，外商直接投资净流入值迅猛增加，突破千亿美元，达到 2 480 亿美元，这年外商直接投资净流入占 GDP 比重约为 12.76%。而后在 2001 年外商直接投资净流入又断崖式下降到约 569 亿美元，净流入值不断下降，在 2004 年出现负值，为 -204 亿美元，外商直接投资额流出大于流入。而后，从 2004 年开始，德国外商直接投资净流入值呈现出先增加后减少、再增加、再减少的不断反复波动，且波动幅度较大。近十年，德国外商直接投资净流入值整体呈现上下不断波动。不过总体净流入未再出现负值。2020 年，德国外商直接投资净流入值达到 1 126 亿美元，占 GDP 比重约 2.92%。

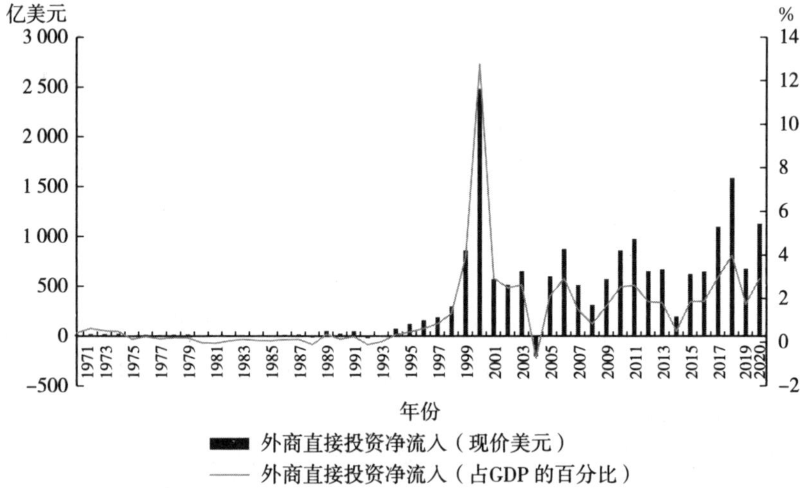

图 8-4　1971—2020 年德国外商直接投资净流入

自 1990 年两德统一以后，东德与西德的地区收入差距一直存在，普遍西德地区的人均经济水平仍高于东德地区。同时，德国政府一直致力于扶持东德地区，向其投入资金用于建设基础设施和刺激经济发展，实行调节收入差距的各种财政措施，以便缓解贫富差距。根据世界银行的统计数据，1991 年，德国的基尼系数为 0.294，2018 年，德国基尼系数为 0.317。从图 8－5 可知，德国在最近 30 年期间，基尼系数持续稳定在 0.28～0.32 区间内，收入分配处于较合理的状态，社会发展稳定。根据德国联邦统计局公开的数据，2020 年德国平均每月家庭总收入为 4 715 欧元，其中就业收入是最重要的部分，占其总收入的 63％，可支配收入为 3 681 欧元，而私人消费支出为 2 507 欧元。

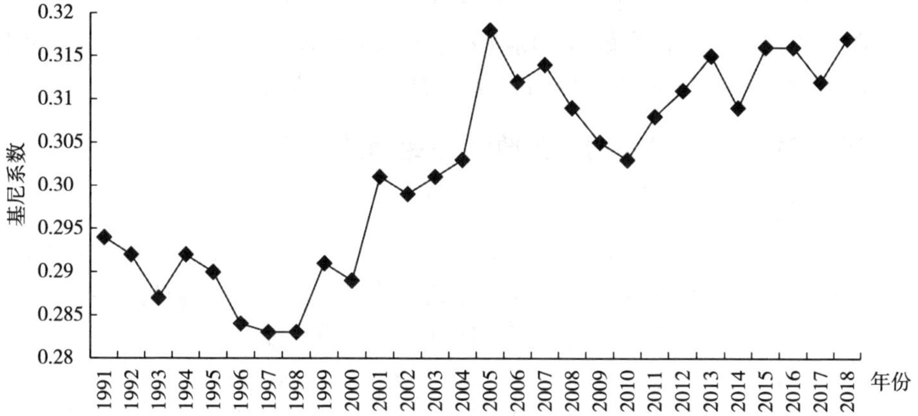

图 8－5　1991—2018 年德国基尼系数

1990 年 10 月，两德统一成联邦德国，世界银行关于德国基尼系数的统计始于 1991 年。如图 8－5 所示，1991 年，德国基尼系数为 0.294，收入分配水平较为平均。在随后的两年德国基尼系数持续下降到 0.287，呈现较好的变化趋势。1994 年，德国基尼系数又增长到 0.292，增长幅度较小，接着几年德国基尼系数不断下降到 0.283，在 20 世纪末这一年，德国基尼系数出现一定的上升，上升至 0.291，然后又在 2000 年下降到 0.289。这 10 年间德国的基尼系数升升降降，但都未超过两德统一后第一年的基尼系数，总体比较稳定。但在 2001 年，德国基尼系数出现较大幅度上升，上升到 0.301，这是自两德统一以来，基尼系数首次超过 0.3，不过以国际标准来看，德国收入分配水平还是处于合理的状态。随后的 2002 年德国基尼系数又下降到 0.299，而后 3 年又呈不断上升趋势，直到 2005 年，德国基尼系数达到近 30 年最大值 0.318。2007 年开始，德国基尼系数又持续下降了 3 年，从 2007 年的 0.314 下降到 2010 年的 0.303，下降幅度不大。2010 年后，德国基尼系数又呈持续性上升趋势，从 2010 年的 0.303 上升到 2013 年的 0.315，整体上升幅度不大。随后，德国基尼系数在 2014 年下降一次，又在 2015 年上升到 0.316，并在 2016 年保持不变，然后又在 2017 年下降到 0.312，在 2018 年上升到 0.317，这5年上升和下降的幅度都很小。

根据上段分析，自两德统一以来，从整体上看，德国基尼系数一直在0.30上下浮动。1991年，德国基尼系数只有0.294，2005年升至最大值0.318，到最近2018年的数值0.317，基尼系数的数值持续保持在0.28～0.32的区间内。值得注意的是，1998—2005年，基尼系数从0.283升至0.318，出现了3个年度的大幅度增长，基尼系数的波动相较这30年的变化呈较为明显的上升趋势。而在2006年以后，德国基尼系数表现为稳定波动的趋势，整体浮动幅度不是很大，说明德国国内收入分配水平相较其他国家来说，是较为平均的、理想的，德国在近30年间的收入分配差距不是很大。

五、对外开放对德国国内收入差距影响的实证分析

（一）模型设定

基于对国内外学者研究文献的梳理，为进一步探究德国对外开放对收入差距的影响，本节就对外开放与收入差距之间的关系进行实证研究，采用德国1991—2018年的年度数据，建立时间序列，构建模型如下：

$$Y = C + \beta_1 X_1 + \beta_2 X_2 + \beta_3 X_3 + \beta_4 X_4 + \beta_5 X_5 + \beta_6 X_6 + \delta$$

其中Y代表德国基尼系数，X_1代表出口依存度，即出口额占GDP比，X_2代表外商直接投资净流入占GDP比，X_3～X_6为控制变量，X_3代表取对数的人均GDP，X_4代表中学入学率，X_5表示失业率，X_6表示研发支出占GDP比，C为常数项，β_1至β_6为待估参数，δ为残差项。

（二）变量选择和数据来源

1. 被解释变量

自1912年经济学家基尼提出基尼系数以来，它就成为测量一个国家国内居民收入差距的重要指标，因此国际上通常用基尼系数衡量一国的总体收入差距。赵莹（2003）在研究中国对外开放与收入差距的实证关系时，采用基尼系数来表示收入差距；童文司（2016）与洪丽（2010）在研究多个不同国家的收入差距时，也选择采用基尼系数来代表这些国家的收入差距。因此本节采用基尼系数作为被解释变量来衡量德国国内居民的收入差距，用Y表示，所选的基尼系数由可支配收入计算而来，数据来自世界银行德国1991—2018年的数据。

2. 解释变量

对外贸易依存度是一国进出口贸易额与国内生产总值的比值，用来代表一国对外贸易的发展水平，也是衡量一国对外贸易开放程度的重要指标。赵莹（2003）、胡超（2008）、魏浩和赵春明（2012）等众多学者在研究贸易

与收入差距之间的关系时，都使用该指标衡量一国的贸易开放程度。此外，王少谨（2007）、万广华等（2005）、洪丽（2010）、谢晓璇（2021）和 Xu 等（2021）在实证分析对外开放对收入差距的影响时，会同时使用贸易依存度和外商直接投资（谢晓璇采用外资开放度）两个指标来共同探讨对外开放对收入差距的影响。所以，本节综合上述学者的研究经验，结合德国经济以出口为导向的现状，采用出口依存度与外商直接投资两个维度的指标来代表德国对外开放水平，所以本节的解释变量有两个，即出口依存度与外商直接投资净流入占 GDP 比，分别用 X_1 与 X_2 表示，所用数据来自世界银行数据库。

3. 控制变量

因为影响一国收入差距的因素不止对外贸易，所以根据洪丽（2010）、童文司（2016）等多个学者对国家收入差距影响因素的研究成果，并且结合德国国内调节收入差距的现状，选取以下变量作为实证分析的控制变量，以增加实证分析的可信度，使实证结果更加有效。

经济水平。美国经济学家库兹涅茨（1995）提出库兹涅茨曲线，该曲线描述了收入分配会随着国家经济发展水平的变化而变化。一开始，在经济未充分发展的前提下，收入差距会随着经济的不断发展而扩大，当经济发展到一定水平后，收入差距又会随着经济发展而缩小，收入分配将趋于平等。最终收入分配的曲线在坐标轴上像一个倒“U”形的曲线，故也称“倒 U 假说”。所以，本节将选取德国人均 GDP 来衡量德国经济发展水平，由于人均 GDP 数值偏大，所以本节将人均 GDP 取对数作为控制变量，以此来分析经济发展对一国收入差距的影响。该变量用 X_3 表示，其数据来自世界银行数据库。

教育水平。Hall（2017）在研究国家内部和国家之间收入不平等的动态关系时发现，收入不平等的变化取决于工人适应新技术的能力，而这是由教育质量所决定的。并且研究者发现对于教育质量较低的发展中国家，贸易自由化将会导致收入不平等呈倒“U”形变化。此外，赵莹（2003）、洪丽（2010）、童文司（2016）等多位学者也将一国教育水平作为控制变量来实证研究贸易开放对收入差距的影响。所以本节将选取德国中学入学率作为衡量德国教育水平的指标，探讨教育对一国收入差距的影响。该变量用 X_4 表示，数据来自世界银行数据库。

就业水平。一般来说，每个地方一定程度上都会存在失业，即穷人容易失去工作，从而拉大收入差距。晏艳阳和宋美喆（2011）在研究失业与收入差距之间的关系时发现，结构性失业会拉大城镇居民的收入差距。所以本节用失业率作为一个控制变量，即失业人数占劳动力总数的比重，用 X_5 表示，数据来自世界银行。

技术进步。理论分析表明，国际贸易有利于国际技术扩散和转移。一般对外贸易会促使国家经济不断向上发展，技术不断进步。在一国的劳动力市场中，快速的技术进步会增加对高技能和高教育水平劳动力的需求，高技能和高水平劳动力所占比重提高，改变了劳动力市场的就业结构，更加造成了收入不平等的现象。所以，本节用研发支出占 GDP 比重来代表德国技术水平，用 X_6 表示，数据来自世界银行。由于世界银行缺失 1991—1995 年的相关数据，故选取其他区间研发支出占比的平均值代替。

（三）实证分析结果

1. 回归分析结果

在表 8－6 模型 1 中，选取出口依存度与外商直接投资净流入占 GDP 比这两个核心变量进行回归分析，出口依存度的回归系数符号为正，且在 1%的水平下显著；外商直接投资净流入占 GDP 比的回归系数符号虽然为负，但是在统计学上不显著。所以根据实证结果认为，出口的增加会扩大德国国内的收入差距。假设 1 成立。

表 8－6 模型 2 是在模型 1 的基础上加入了经济水平这一控制变量，根据回归结果可见，出口依存度对收入差距的实证结果与模型 1 一致，回归系数符号为正，且在 1%的水平下显著，而外商直接投资净流入占 GDP 比的回归系数符号为负，且在 10%的水平下显著，假设 2 成立。

表 8－6 模型 3、模型 4 和模型 5 是依次在前模型的基础上加入教育水平、就业水平和技术进步这 3 个变量。根据结果来看，在 4 个控制变量中，经济水平与教育水平的回归结果不显著，但在模型 5 中就业水平与技术进步的回归结果分别在 5%、1%的水平下显著，且回归系数符号都是正的。这说明，失业率的提高会进一步扩大德国国内收入差距；并且一国研发支出投入的比例越大，技术进步的可能性就越大，进而会拉大德国收入差距，即技术进步也会拉大收入差距。

表 8－6　对外开放对德国收入差距影响的实证结果

变量	模型 1	模型 2	模型 3	模型 4	模型 5
常数项	26.432 9***	36.158 0***	36.116 1***	35.757 9***	36.116 4***
	(0.000 0)	(0.000 4)	(0.000 6)	(0.001 0)	(0.000 2)
出口依存度	0.109 6***	0.133 7***	0.134 1***	0.132 6***	0.121 3***
	(0.000 0)	(0.000 0)	(0.000 1)	(0.000 2)	(0.000 1)

（续）

变量	模型 1	模型 2	模型 3	模型 4	模型 5
外商直接投资净流入占 GDP 比	−0.059 5	−0.087 4*	−0.087 3*	−0.086 9*	−0.080 7*
	(0.139 6)	(0.071 0)	(0.078 0)	(0.086 3)	(0.065 0)
经济水平		−1.008 5	−1.019 5	−0.909 7	−1.428 2
		(0.278 7)	(0.323 0)	(0.423 3)	(0.155 7)
教育水平			0.001 4	−0.007 0	−0.031 8
			(0.977 9)	(0.909 9)	(0.552 8)
就业水平				0.015 7	0.223 5**
				(0.798 7)	(0.017 3)
技术进步					2.461 2***
					(0.006 8)
R^2	0.828 6	0.843 6	0.843 6	0.844 1	0.890 9

注：***、**、*分别代表在1%、5%和10%的水平下显著。括号内为 t 值。

如表 8-6 结果，可以看到出口依存度的回归系数一直高度显著，且符号一直为正；外商直接投资净流入占 GDP 比的回归系数符号均为负，除了在模型 1 中不显著，在模型 2 到模型 5 中都在 10%的水平下显著。综上，在其他变量不变的前提下，以出口占 GDP 比这一指标测度的对外开放水平的提高，会导致德国国内收入不平等加剧。

2. 稳健性检验

在上面的实证分析中，本节选用出口依存度与外商直接投资净流入占 GDP 比等指标来衡量德国的对外开放水平。但赵莹（2003）、胡超（2008）、魏浩和赵春明（2012）等不少学者选用对外贸易依存度这一指标来总体描述一国的对外开放水平。所以，为了验证上面实证结果的可信度，这里用对外贸易依存度替代出口依存度，再次回归来检验实证结果的稳健性。

如表 8-7，在核心变量中将出口依存度替换成对外贸易依存度，其他解释变量与控制变量不变。由结果可知，从模型 1 到模型 5，对外贸易依存度的回归系数符号均为正，且都在 1%的水平下显著，即在其他变量不变的前提下，以进出口占 GDP 比这一指标测度的对外开放水平的提高，会扩大德国国内收入差距。外商直接投资净流入占 GDP 比的回归系数符号均为负，在模型 1 到模型 5 中的回归结果都在统计学上显著，说明外商直接投资净流入占比的提高，会改善德国收入差距。另外，其他 4 个控制变量的回归系数符号和显著性结果均与表 8-6 接近。

表 8-7　对外开放对德国收入差距影响的稳健性检验

变量	模型 1	模型 2	模型 3	模型 4	模型 5
常数项	26.076 9***	35.373 9***	35.284 0***	34.742 8***	35.679 2***
	(0.000 0)	(0.000 6)	(0.000 9)	(0.001 4)	(0.000 2)
对外贸易依存度	0.063 5***	0.077 1***	0.077 6***	0.076 3***	0.070 7***
	(0.000 0)	(0.000 0)	(0.000 1)	(0.000 2)	(0.000 1)
外商直接投资净流入占 GDP 比	−0.072 8*	−0.102 6**	−0.102 6*	−0.101 9*	−0.096 0**
	(0.081 2)	(0.048 3)	(0.053 4)	(0.059 2)	(0.037 6)
人均 GDP		−0.972 5	−1.000 1	−0.802 1	−1.429 2
		(0.311 7)	(0.351 9)	(0.487 1)	(0.158 6)
中学入学率			0.003 4	−0.013 1	−0.036 4
			(0.949 2)	(0.833 8)	(0.495 8)
失业率				0.032 0	0.247 9***
				(0.606 8)	(0.008 8)
研发占 GDP 比					2.582 2***
					(0.004 9)
R^2	0.828 6	0.835 9	0.838 9	0.837 9	0.889 9

注：***、**、*分别代表在1%、5%和10%的水平下显著。括号内为 *t* 值。

六、关于中国对外开放与实现共同富裕的思考与建议

（一）研究结论

本节首先将对外开放与共同富裕（收入差距）之间的关系作为研究问题。然后通过对 H-O 模型和 S-S 定理的回顾分析，结合对外贸易所导致的就业数量扩大效应、就业质量偏向效应、技术偏向性技术进步效应和外商直接投资影响收入分配的机制等相关理论，提出两个假设：德国对外贸易（出口）对国内收入差距存在影响；德国的外商直接投资（外资进入）也对国内收入差距存在影响。

接着在理论分析的基础上进行实证分析，本节将德国对外开放分为两个方面，分别是出口与外商直接投资，采用出口依存度（出口额占 GDP 比重）作为衡量德国出口的指标，外商直接投资占 GDP 比重作为衡量德国吸引外资的指标，并用德国基尼系数作为衡量德国国内收入差距的指标，同时添加中学入学率、失业人数占劳动力总数比重、取对数的人均 GDP 和研发支出占 GDP 比等指标作为控制变量。通过实证分析，我们发现自两德统一以来，出口依存度

与德国国内收入差距之间存在正相关关系，而外商直接投资与德国国内收入差距之间存在负相关关系，最后得出结论：出口的增加会扩大德国国内收入差距，而外商直接投资的增加则会缩小德国国内收入差距。同时，失业率的提高与技术进步会扩大德国收入差距。

（二）对调节我国收入差距实现共同富裕的政策建议

1978 年，中国实施改革开放的政策，2001 年，中国成功加入世界贸易组织。一方面，中国城镇居民人均可支配收入和农村居民人均可支配收入持续提高，人民生活质量不断改善；另一方面，中国居民的收入差距也在不断扩大。毫无疑问，中国经济在全球化趋势下不断发展，同时随着经济增长所带来的出口增加、外资进入、技术进步等这些因素，也影响了中国的收入差距变化。

党的十九大报告中指出，“我国社会主要矛盾已经转化为人民日益增长的美好生活需要和不平衡不充分的发展之间的矛盾”，明确地表达了改善人民生活、缩小收入差距的要求。故本节在对外开放的经济背景下，选择收入差距较小的德国作为研究对象，实证分析其对外贸易与收入差距的关系，结合相关结论与德国的经验，提出以下关于共同富裕的政策建议。

1. 深化对外开放政策，重视服务贸易的发展

本节实证结果表明，德国出口增加会扩大国内收入差距，外商直接投资增加会缩小其国内收入差距。而中国作为资本稀缺、劳动力资源充裕的国家，更应当注重吸引外资进入，促进外商直接投资，在国内营造更具吸引力与竞争力的投资环境。由实证结果可知，德国失业率的降低可以缩小国内收入差距。我国应扩大对外开放的领域，大力支持服务贸易的发展，提升服务贸易的规模，作为第三产业，服务贸易中的餐饮业、旅游业、物流业等，可以为低技能劳动者提供就业岗位。我国应增加服务贸易的就业人员，促进服务行业的经济增长与消费，从而促进国内经济循环发展，顺应 2020 年中央提出“加快构建以国内大循环为主体，国内国际双循环相互促进的新发展格局”的战略要求，缩小国内收入差距。

2. 不断完善社会保障体系，加强政府对收入分配的调节

德国作为社会福利机制完善的国家，在政府初次分配与再次分配、调节社会保障体系等方面，可以为我们提供相关参考经验。比如德国在税收上建立了个人所得税、遗产税、赠与税、社会保障税等不同税种相互协调的机制，参考德国经验，并且结合当下国情，我国应注重调节新兴产业如网红经济、视频直播等产业的过高不合理收入，加大对娱乐行业偷税漏税的监管力度与惩罚机制，充分发挥税收调节收入分配的作用。此外，我国在政府税收调节与财政支出方面须加大对教育和医疗的投入，国内大循环也需要用技术与消费来推动，

政府在增加教育和医疗方面民生支出的同时，也在一定程度上加大了对青少年的人力投资，从而为未来推动技术进步与经济发展作铺垫。

3. 推进城市化改革，地方政府须注重以人为本

中国居民的收入差距与德国等发达国家的居民收入差距虽然都随着经济发展而扩大，但中国在40多年改革开放的进程中差距扩大得更为明显，尤其是城乡差距和地区差距。随着经济的不断发展，不少农民选择进城打工谋生，但城市中常住人口与户籍人口两者的比例相差较大。故缩小城乡差距需要让人口向城市聚集，注重城市化转型，地方政府须做到以人为本，为进城务工的人们提供住房、医疗、教育等公共资源，提高外来务工人群的生活水平，保障外来人口下一代的发展，缩小贫富差距。同时，地方政府在发展地区经济时须注重以人为本的理念，尤其要注重教育上的管理，保证素质教育的普及与质量，加大对职业学校的素质教育要求，重视国民素质的提高。此外，政府应适当提高蓝领工人的工资水平，提升职业教育的社会地位，引导青少年树立正确的择校观和学习观，改变只有上大学才能出人头地的观念，意识到各行各业均能实现人生价值。

第三节　小　　结

本章选取了两个开放程度比较高的典型国家：日本和德国，研究其共同富裕的经验，分别从理论和实证的角度探讨这两个国家如何通过参与国际分工，缩小国内收入差距，促进共同富裕，进而为中国参与对外开放促进共同富裕提供了有益的借鉴和参考。

第九章 总结、政策建议及展望

第一节 总 结

共同富裕是中国特色社会主义的本质要求，是社会主义制度优越性的集中体现，是中华民族伟大复兴中国梦的重要组成部分。为了及时掌握共同富裕进程、评价共同富裕实现程度、分析共同富裕影响因素，本书构建了一个以人民为中心，紧扣富裕、共享和可持续三个基本点，过程指标与结果指标相互结合的共同富裕评价指标体系。根据该评价指标体系，本书测度了中国和世界主要国家的共同富裕程度。研究发现，共享发展具有全球普遍性，但每个国家的历史地理、发展阶段、禀赋特征存在差异，共享发展方式也存在差异，在影响因素中，对外开放起到了非常重要的作用。

从国际经验可知：第一，发达国家普遍经历了收入差距先上升后下降的过程，特别是对外开放程度比较高的德国和日本，其他发达国家也同样如此；第二，为降低收入差距，在对外开放上，德国和日本不断优化贸易结构，调整对外直接投资措施，对外开放的水平和结构得到优化，也带动了居民收入水平的普遍提升。

贸易方面。中国各省份对外贸易额逐年上升，对外贸易占 GDP 的比重自 2008 年后趋于平稳。实证结果表明对外开放度的提高会缩小城乡收入差距，但不同地区的对外开放度对城乡收入差距的影响效应存在差异，对于经济发展较为落后的地区，对外开放度的提高更能缩小收入差距。在对外贸易高质量发展上，我国对外贸易高质量发展水平整体呈上升趋势，贸易创新能力愈加增强，贸易结构愈加趋于完善，贸易协调持续发展能力愈加提高。这源于国家越来越注重贸易出口的创新能力和出口产品的品质问题。并且现今中小企业在国际市场中占有越来越重要的地位，高新技术产品在各国对外贸易出口产品中愈加重要。

投资方面。外商直接投资对我国收入差距有诸多方面的影响。外商直接投资首先进入我国的东部沿海地区，促进该地区的对外贸易，带动经济的发展，提升该地区的居民收入。这个过程中会产生一些效应，直接效应表现为资金、技术、企业等投入在东部沿海地区，带来了更多的就业机会。间接效应则表现为东部沿海地区因区位优势相较其他地区产业结构升级更快，可能拉大了地区的收入差距。在对外直接投资上，OFDI 的发展整体上缩小了收入差距，要素市场扭曲的存在会抑制 OFDI 缩小收入差距。分地区、分时间区段的检验结果显示，要素市场扭曲下不同地区和不同发展阶段 OFDI 对母国收入差距的影响存在差异。东部地区要素市场扭曲的存在会抑制 OFDI 缩小收入差距；中部和西部地区的回归结果则在统计学上不显著，因此这种调节效应存在区域差异。2003—2009 年 OFDI 对我国收入差距无显著影响，但 2010—2020 年调节效应显著存在，即要素市场扭曲的存在会对共同富裕造成不利影响。对于 OFDI、收入差距和要素市场化三者关系的机制问题，当前要贯彻落实党的十九届四中全会“坚持和完善中国特色社会主义制度、推进国家治理体系和治理能力现代化”重要精神，充分发挥市场在要素资源配置中的决定性作用，消除要素市场扭曲，以此推动 OFDI 发展，缩小收入差距，向实现共同富裕迈出关键性的一步。

优化开放布局方面。首先，需要坚持国内国际双循环发展格局。国内大循环以满足国内需求为出发点和落脚点，以国内分工体系为载体，以国内生产消费分配流通等环境的畅通、新动能的不断提升为内生运行动力，与共同富裕密切相关。其次，继续优化区域开放布局，深入推进区域重大战略、区域协调发展战略，强化区域间开放联动，包括陆海内外联动、东西双向互济，加大东、中、西部开放力度。最后，建设全国统一大市场。劳动力市场、资本市场和商品市场的流动限制会导致居民福利水平的显著变化，建设统一开放、竞争有序的市场体系，使市场在资源配置中起决定性作用，有助于促进共同富裕。

中国高水平开放与共同富裕的世界价值方面。第一，需要进一步推进“一带一路”倡议。“一带一路”倡议对区域国家间收入差距和国家内收入差距有明显的缩小作用，能够有效促进各参与国家实现共同富裕。相较“一路”国家而言，“一带一路”倡议对于“一带”国家的作用更显著，更有助于缩小海上丝绸之路国家的收入差距。“一带一路”建设能够有效促进中国与区域间各国的贸易增长，“一带一路”倡议通过国际贸易的中介作用进一步缩小国家间和国家内的收入差距，推动实现共同富裕。第二，要通过全球发展倡议促进发展中国家经济发展和世界的共同富裕。全球发展倡议影响全球共同富裕的机制包括聚焦发展中国家经济发展、注重与已有合作机制协同增效、推进发展筹资促进全球发展等。

第二节 政策建议

一、促进贸易高质量发展

第一，夯实产业基础，推动地区企业转型升级。首先，各省份应注重地区的企业外贸出口状况，发挥财政政策的引导作用，灵活制定相关政策，鼓励企业健康、持续、稳定发展。其次，各省份应积极推动在国际市场中竞争力较弱的外贸企业转型和升级，取缔落后产业企业。再次，目前竞争能力较强的企业要合理调整出口结构，鼓励在原有产品出口的基础上，向产品上游进行延伸，增强自身的贸易竞争力。最后，各省份要推动现代服务业的发展，发展高附加值的生产性服务业，促进先进制造业与现代服务业深度融合。

第二，加强科研投入，提升企业的创新能力。一方面，各省份要支持企业培养人才团队，加大科研创新投入，鼓励企业升级完善研发机构，提升创新发展的规模效应。各省份应鼓励企业增加产品技术研发投入，推动企业研发自身的核心技术和知识产权产品，提高企业在国际市场上的竞争力。另一方面，企业要提高产品质量，积极采取先进的生产技术和质量检测标准，推动重点出口产品达到国际先进水平。

第三，优化贸易结构，实现贸易的绿色可持续。首先，各地要增加创新技术产品、先进制造设备和关键零部件的进口，并鼓励节能环保产品和生产性服务产品的进口。其次，各地要大力发展进出口服务贸易，建设优秀服务贸易创新发展示范区，建立健全服务贸易健康持续发展的体制机制。出口优秀的文化产品和特色服务产品，打造“中国服务”国际优秀品牌。再次，地方要积极制定相关政策，完善配套的基础设施，吸引外资对信息产业、高新技术产业、节能环保产业等技术领域的投资，发挥外资对产业结构升级和贸易高质量发展的带动促进作用。从次，政府要大力发展绿色贸易经济，减少高污染、高耗能产品生产和出口，制定激励政策，鼓励企业进行绿色生产制造，按国际先进环保标准生产产品，制定贸易出口产品的绿色认证标准，推动贸易可持续发展。最后，各地应合力推动国内统一大市场的建设，制定统一的标准和外贸出口测评体系，形成国内“一盘棋”，提升我国外贸出口产品的整体竞争力。

二、优化外商直接投资和对外直接投资

第一，建设全国统一大市场是新发展格局下的新举措，要构建统一的市场基础规则，努力联通地区间要素市场设施，打造统一的要素和资源市场，从而在一定程度上抑制要素市场扭曲。同时要重视一些产能严重过剩的企业，保证要素资源的充分配置。

第二，加快要素市场化改革进程，消除要素市场扭曲，努力实现劳动与资本要素的合理化配置，形成要素资源“引进来”和“走出去”的双向协调，从而实现地区资源配置最优化。完善市场制度是解决要素市场扭曲的关键所在，因此要减少人为对要素市场的干预，为形成良好的要素市场提供环境助力，使

得市场充分发挥有效性，要素在地区间能畅通自由流转。在此基础上，加大中部和西部地区的对外直接投资强度，努力推动中西部地区实现更大程度的对外开放，对中西部地区的市场设施进行升级调整，努力推动要素市场向中西部地区均衡化发展。

第三，开拓构建更深层次的对外开放格局，学习高新技术，着力培养高技术人才，开展提升人力资本质量的措施，如对开展 OFDI 企业的员工进行高新技术指导与培养、加大研发投入、增加研发人员的技术补贴、开展技术培训交流等，为缩小收入差距，实现共同富裕提供人才助力。

第四，推动贸易结构和产业结构实现最优化，要有所选择地进行对外直接投资，提高以扩大市场规模为动因的企业 OFDI 比重，进一步扩大贸易规模，全面推动产业结构调整升级，充分发挥产业结构调整效应，此外还要防止投资不合理现象和产业空心化现象的出现，以免造成国内市场活力降低。另外要减少要素资源在企业或行业间的错配，进一步提高本土产业的资源配置效率，为发展高科技产业、新兴服务业提供要素支持，这样有助于推进收入分配合理化，逐步实现共同富裕。

三、优化区域开放布局

第一，以“一带一路”建设为重点，优化区域开放布局，推动区域协调发展。“一带一路”为西部地区、东北地区的发展提供了机遇。“一带一路”沿线大部分国家由于技术水平较低，对基础设施的需求较大。西部和东北地区以自身的基础设施为基础，通过“一带一路”，推动西部地区和东北地区的企业“走出去”，加强与“一带一路”沿线国家在基础设施建设等方面的合作，推动经济发展。同时，这也是推进“西部大开发”和“振兴东北老工业基地”与“一带一路”倡议的融合举措。

第二，以服务贸易为重点，建设区域开放新高地，释放区域发展新动力。推进形成我国对外开放的新格局，服务业是发展的重点。我国利用上海和深圳等地在金融领域的优势，以金融业带动当地服务贸易的高质量发展。同时，利用不同地区的资源和区位优势，以当地的特色产业带动对外贸易的开展，优化开放布局。

第三，以地区开放为突破点，形成双向开放下区域发展的新格局。在当今世界，由于贸易保护主义的抬头，双边、多边的区域合作成为经济全球化的重大任务。我国在新时代积极与其他国家合作，将区域一体化和对外开放结合起来，以地区开放推动区域一体化，以区域一体化推动区域发展。将地区发展与区域合作融合起来，根据不同地区的特点，积极推动东北亚区域经济一体化、

“泛南海经济合作圈”和粤港澳大湾区建设，让我国各个区域的对外开放程度不断提升，不断优化我国区域开放布局。

第四，进一步明确对外开放空间布局的目标。在未来，我国还将继续走对外开放的道路，因此，需要明确我国对外开放布局的目标。我国对外开放布局的目标就是因地制宜，发挥各地区的比较优势，促进资源的流动和合理配置，推动经济发展。为此，不同地区将制定不同的发展策略。东部地区要继续发挥对外开放领头羊的作用，力求建立更有竞争力的对外开放基地，大力发展高新技术产业，加强自由贸易试验区的建设。中西部地区要承接东部地区的产业转移。西部地区要合理利用自身的地理优势，边境口岸城市要以“一带一路”倡议为契机，加强与邻国的合作。

第五，加强中西部地区的对外开放建设，建设对外开放集聚区。目前，我国对外开放的地区差异较大。针对这种情况，优化区域开放布局，需要从中西部地区的重点城市入手，利用重点城市，带动周围城市，形成集聚效应。同时，要根据城市的产业基础和产业优势，加强基础设施建设，进行产业分工，避免同质化不良竞争。

第六，构建跨区域开放通道，打通国际走廊和国内通道。首先，可以以六大经济走廊为基础，强化差异性经济合作及互联互通。依托国内巨大市场优势，积极推动中巴经济走廊、新欧亚大陆桥经济走廊、中蒙俄经济走廊、中国-中亚-西亚经济走廊、孟中印缅经济走廊等与中西部地区相接的多条走廊与中西部沿边地区的产业经济发展相对接，打造东西双向互济的开放通道。此外，还可以通过建立边境经济合作区、自由贸易试验区，建设经济技术开发区等方式让更多城市加入进来，提升中西部城市的对外开放程度，加强分工合作，实现几大城市群的共同发展，推动国内国际双循环，更好地优化对外开放布局。

第七，提升全国一体化程度，实现协同发展，推动实现共同富裕。优化区域开放布局，实现共同富裕，需要在全国范围内加强区域间的合作，协调发展，提高一体化程度。这需要促进劳动力、资金、技术等在全国范围内自由流动，在各个区域间更加方便地进行劳动力输出和技术输出，打破地方保护主义的障碍，促进不同地区之间的协调发展。只有全国齐心协力，协同发展，才能促进对外开放布局的优化，推动共同富裕的实现。

四、深化中国对外开放提升共同富裕的世界价值

第一，持续推动建设高质量的全球公共产品，提升国际社会认可度。在“逆全球化”思潮以及新冠疫情的影响下，各国的经济发展或多或少受到影响，而中国“一带一路”倡议和全球发展倡议的出现恰逢其时。秉持共商共建共享

的原则，我国应加强与区域间各国的合作互通，持续推动中欧班列、海陆通道等基础设施的建设，保障全球产业链以及供应链的稳定，为政策沟通、设施联通、贸易畅通、资金融通、民心相通这“五通”提供坚实的基础支撑，发展高质量的全球合作论坛，取得国际社会上更多国家的认可，争取让更多国家加入“一带一路”倡议。

第二，深化区域间国家合作，建立自贸区以提升国际贸易水平。同为改革开放新布局战略中的重要组成部分，“一带一路”倡议与建立自由贸易区有着相似的背景意义以及功能价值。相较其他国家，与中国签订自贸协定的相关国家收入差距缩小的水平更加显著，因此，我国应加强“一带一路”倡议、全球发展倡议与自贸区战略的有效衔接与联动，不断推动中国与其他沿线国家的自由贸易区建设，促进与区域间各国的贸易往来，以提升各国的贸易水平；积极求同存异，在现有背景下寻求最大的均衡点，实现合作共赢。

第三，扩大市场开放，提升国际投资水平。以市场开放、贸易便利化以及投资自由为目标，除推动区域国家自贸区的建设以外，还应整合各国的市场资源，促进各市场的合作分工，提高各企业的生产效率，支持各产业“走出去”；同时营造良好的投资环境，在尊重东道国文化、法律法规的前提下经营企业，通过负面清单、放宽准入限制等措施扩大对外直接投资；另外在东道国的选择方面，应不仅局限于拥有高质量资源的发达国家，秉持着开放包容的理念，也可以选择有潜力且劳动力市场更合理的发展中国家进行投资以提升国际投资水平。

第三节　展　　望

共同富裕是中国特色社会主义的本质要求，是社会主义制度优越性的集中体现，是中华民族伟大复兴中国梦的重要组成部分。为了及时掌握共同富裕进程、评价共同富裕实现程度、分析共同富裕影响因素，必须构建一套科学合理的共同富裕评价指标体系。同时不断优化指标，提升其客观性和可对比性，在此基础上，加强对此指标的应用。

本书主要从贸易、投资、区域开放布局和国际价值等方面研究高水平对外开放对共同富裕的影响，取得了一定成果，但在研究内容上对高水平对外开放的分析还不够深入，未来还需要探索设计更能体现高水平对外开放的指标。

参 考 文 献

白描，檀学文，2021. 缩小收入差距是实现共同富裕的关键 [J]. 中国发展观察（22）：55－57.

曹俊文，雷清雅，2021. 新发展理念下我国对外贸易高质量发展评价 [J]. 统计与决策，37（15）：100－104.

陈弼文，2021. 共同富裕的内涵再思考及其货币政策环境研究——基于马克思主义政治经济学的视角 [D]. 杭州：浙江大学.

陈世金，王爱萍，胡海峰，2021. 金融开放与产业结构变化：国际经验比较 [J]. 国际金融研究（7）：46－55.

崔琪涌，张源，王胜，2020. “一带一路”国际宏观经济政策协调：机制基础与中国角色 [J]. 经济学家（8）：49－58.

戴翔，杨双至，2020. 中国“一带一路”倡议的出口促进效应 [J]. 经济学家（6）：68－76.

戴翔，2019. 主动扩大进口：高质量发展的推进机制及实现路径 [J]. 宏观质量研究，7（1）：60－71.

戴翔，2016. “走出去”促进我国本土企业生产率提升了吗？ [J]. 世界经济研究（2）：78－89.

邓宇，2022. 中国服务贸易现状和未来展望 [J]. 金融博览（2）：9－10.

范亚慧，朱亮，赵华，等，2021. 科学数据共享的知识产权保护研究 [J]. 农业大数据学报，3（4）：3－9.

方毅，卫剑，陈煜之，2021. 基于收入结构视角的我国城乡收入差距影响因素研究 [J]. 浙江社会科学（7）：54－65.

傅才武，高为，2022. 精神生活共同富裕的基本内涵与指标体系 [J]. 山东大学学报（哲学社会科学版）（3）：11－24.

付文宇，赵景峰，李彦，2021. 中国对外贸易高质量发展的测度与评价 [J]. 统计与决策，37（22）：130－134.

付晓东，王谦，陈祖贤，2021. 改革开放以来中国 FDI 区位变动分析与前景展望 [J]. 区域经济评论（3）：102－113.

付宇涵，高欣东，师丽娟，等，2020. 面向 2035 年的“互联网＋”管理体系图景探究 [J]. 中国工程科学，22（4）：114－123.

高建昆，2019. 论新时代对外开放体系的高质量发展 [J]. 学术研究（12）：89－95.

高兴夫，2021. 全面深入理解并扎实推动共同富裕 [J]. 中国党政干部论坛（10）：14－19.

高妍蕊，2021. 聚焦高质量发展，扎实推动共同富裕［J］. 中国发展观察（Z3）：82 - 85.
郭策策，倪何永乐，2020. 贸易开放、市场扭曲与地区收入差距——劳动力错配的中介效应检验［J］. 西南民族大学学报（人文社科版），41（3）：125 - 134.
国务院发展研究中心对外经济研究部，中国信息通信研究院课题组，2021. 数字贸易发展与合作：现状与趋势［J］. 中国经济报告（6）：53 - 64.
韩春丽，2021. FDI对我国经济高质量发展的影响研究［D］. 济南：山东师范大学.
韩佳容，2021. 中国区域间的制度性贸易成本与贸易福利［J］. 经济研究，56（9）：124 - 140.
何俊勇，万粲，张顺明，2021. 东道国金融开放度、制度质量与中国对外直接投资："一带一路"沿线国家的证据［J］. 国际金融研究（10）：36 - 45.
何凌云，马青山，2021. 智慧城市试点能否提升城市创新水平？——基于多期DID的经验证据［J］. 财贸研究，32（3）：28 - 40.
胡鞍钢，周绍杰，2022. 2035中国：迈向共同富裕［J］. 北京工业大学学报（社会科学版），22（1）：1 - 22.
胡必亮，张坤领，2021. "一带一路"倡议下的制度质量与中国对外直接投资关系［J］. 厦门大学学报（哲学社会科学版）（6）：48 - 61.
胡冰川，2020. "十四五"农业国际合作若干重大问题前瞻［J］. 农业经济问题（10）：103 - 112.
胡佩，2016. 产品创新、贸易创新对我国TFP的影响分析［J］. 统计与决策（6）：130 - 132.
黄先海，卿陶，2021. 知识产权保护、贸易成本与出口企业创新［J］. 国际贸易问题（7）：21 - 36.
贾怀勤，吴珍倩，2017. 我国贸易质量综合评价初探［J］. 国际贸易（4）：40 - 44.
江亚洲，郁建兴，2021. 第三次分配推动共同富裕的作用与机制［J］. 浙江社会科学（9）：76 - 83，157 - 158.
金光旭，2021. 中国共同富裕现代化道路研究［D］. 长春：吉林大学.
黎丽萍，2013. 新时期对共同富裕内涵的再解读［J］. 管理学刊，26（2）：17 - 20.
李安义，李英田，1996. "共同富裕"不仅仅是一个经济概念：再谈"共同富裕"内涵及实现方式［J］. 理论探讨（6）：52 - 55.
李海舰，杜爽，2022. 共同富裕问题：政策、实践、难题、对策［J］. 经济与管理，36（3）：1 - 10.
李鸿阶，张旭华，2019. 对外贸易发展质量省际比较与提升路径选择——基于福建与广东、江苏、浙江比较［J］. 福建论坛（人文社会科学版）（1）：187 - 194.
李金昌，史龙梅，徐蔼婷，2019. 高质量发展评价指标体系探讨［J］. 统计研究，36（1）：4 - 14.
李金昌，余卫，2022. 共同富裕统计监测评价探讨［J］. 统计研究，39（2）：3 - 17.
李君，邱君降，成雨，2019. 工业企业数字化转型过程中的业务综合集成现状及发展对策

[J]. 中国科技论坛（7）：113-118.
李培林，2021. 准确把握共同富裕的是与不是[J]. 探索与争鸣（11）：5-7，177.
李鹏，沈传亮，2021. 推动共同富裕的理论与实践[J]. 中国金融（17）：23-25.
李强，2019. 全面对外开放与中国经济发展：改善分配还是促进增长[J]. 经济问题探索（4）：27-35，58.
李实，2021. 共同富裕的目标和实现路径选择[J]. 经济研究，56（11）：4-13.
李正图，2021. 论中国特色共同富裕道路[J]. 社会科学辑刊（6）：150-158.
李子晨，白舒婕，2021. 国务院批复同意《“十四五”对外贸易高质量发展规划》[N]. 国际商报，11-24.
梁运文，崔潇，2022. 新时代十年中国—东盟命运共同体研究：脉络与前瞻[J]. 广西大学学报（哲学社会科学版），44（4）：140-147.
廖志明，2020. 我国进口贸易影响就业的实证研究[D]. 广州：华南理工大学.
刘海云，石小霞，2019. 中国对外直接投资对收入分配的影响——基于收入不平等和极化增长的实证研究[J]. 国际经贸探索，35（3）：84-98.
刘建生，玄兆辉，吕永波，等，2018. 国际金融危机以来中国高技术产品的贸易结构特征[J]. 中国科技论坛（7）：143-149.
刘敬东，2019. 全面开放新格局的国际法治内涵与路径[J]. 经贸法律评论（1）：69-85，132.
刘培林，钱滔，黄先海，等，2021. 共同富裕的内涵、实现路径与测度方法[J]. 管理世界，37（8）：117-129.
刘源丹，刘洪钟，2021. 中国对外直接投资如何重构全球价值链：基于二元边际的实证研究[J]. 国际经贸探索，37（11）：20-36.
刘志彪，2022. 发挥我国超大规模市场优势[J]. 创新世界周刊（5）：20-21，6.
卢跃，阎其凯，高凌云，2017. 中国对外贸易方式的创新：维度、实践与方向[J]. 国际经济评论（4）：116-127，7.
吕新军，代春霞，2019. 劳动力市场分割、人力资本投资与收入回报[J]. 北京理工大学学报（社会科学版），21（1）：88-96.
罗仲伟，孟艳华，2020. “十四五”时期区域产业基础高级化和产业链现代化[J]. 区域经济评论（1）：32-38.
马丹，何雅兴，郁霞，2021. 双重价值链、经济不确定性与区域贸易竞争力——“一带一路”建设的视角[J]. 中国工业经济（4）：81-99.
马红霞，张光磊，2016. 金融发展水平对服务贸易出口结构的影响[J]. 湖湘论坛，29（6）：68-75.
马林静，梁明，夏融冰，2020. 推动新时代中国贸易高质量发展的思考[J]. 国际贸易（7）：41-46，71.
毛其淋，许家云，2015. 政府补贴对企业新产品创新的影响——基于补贴强度“适度区间”的视角[J]. 中国工业经济（6）：94-107.

宁光杰，姜现，2019. 我国垄断行业与非垄断行业间的工资差距——基于流动人口数据的分析［J］. 安徽师范大学学报（人文社会科学版），47（6）：122－132.
牛华，毕汝月．蒋楚钰，2020. 中国企业对外直接投资与“一带一路”沿线国家包容性增长［J］. 经济学家（8）：59－69.
潘文卿，2015. 中国区域经济发展：基于空间溢出效应的分析［J］. 世界经济，38（7）：120－142.
覃成林，杨霞，2017. 先富地区带动了其他地区共同富裕吗：基于空间外溢效应的分析［J］. 中国工业经济（10）：44－61.
青连斌，2011. 社会主义必须坚持共同富裕的价值理念［J］. 科学社会主义（6）：9－12.
邱海平，2016. 共同富裕的科学内涵与实现途径［J］. 政治经济学评论，7（4）：21－26.
曲维玺，崔艳新，马林静，等，2019. 我国外贸高质量发展的评价与对策［J］. 国际贸易（12）：4－11.
饶明奇，1999. 实现精神生活的共同富裕是社会主义精神文明的重要特征［J］. 华北水利水电学院学报（社科版）（1）：12－14.
任胜钢，蒋婷婷，李晓磊，等，2016. 中国环境规制类型对区域生态效率影响的差异化机制研究［J］. 经济管理，38（1）：157－165.
荣宏庆，2013. 新型工业化与信息化深度融合路径探讨［J］. 社会科学家（7）：73－76.
盛斌，魏方，2012. 外国直接投资对中国城乡收入差距的影响：中国省际面板数据的经验检验［J］. 当代财经（5）：85－93.
史冬冬，2022. 超越西式全球化：“一带一路”与全球化再造［J］. 厦门大学学报（哲学社会科学版），72（2）：99－108.
宋亮，2020. 对外开放、市场化对长三角地区城乡收入差距的影响研究［D］. 安庆：安庆师范大学.
苏昕，张辉，2019. 中国与“一带一路”沿线国家农产品贸易网络结构与合作态势［J］. 改革（7）：96－110.
孙智君，范嘉旭，吴传清，等，2022. 习近平新时代共同富裕思想的理论创新和实践创新［J］. 金融经济学研究，37（1）：3－17.
谭维维，2016. 中印信息化与工业化融合比较——基于目的、目标、要素、应用领域的维度［J］. 现代经济信息（12）：154.
汤婧，夏杰长，2020. 我国服务贸易高质量发展评价指标体系的构建与实施路径［J］. 北京工业大学学报（社会科学版），20（5）：47－57.
万海远，2022. 共同富裕的改革路径与推进逻辑［J］. 北京工商大学学报（社会科学版），37（3）：23－34。.
汪青松，2011. 内涵·价值·构建：精神富裕三维之解［J］. 学术论坛，34（11）：55－59.
汪青松，2012. 社会主义精神富裕界说［J］. 郑州大学学报（哲学社会科学版），45（1）：24－30.
汪盛玉，余亚斐，2022.“两个结合”维度的全体人民共同富裕实现方式［J］. 学术界

(3)：92 - 100.
王爱桂，2018. 从精神贫困走向精神富裕 [J]. 毛泽东邓小平理论研究 (5)：44 - 50，107.
王珏，冯宗宪，2022. 中国与“一带一路”区域的双向贸易成本——基于异质性企业模型的联立成本测算与贸易效应分解 [J]. 国际贸易问题 (3)：140 - 159.
王腊芳，谢锐，阳立高，等，2020. 中国与“一带一路”沿线国家经济增长的双向溢出效应 [J]. 中国软科学 (12)：153 - 167.
王美福，黄洪琳，吴诗慧，2022. 从国际比较视野思考共同富裕之路 [J]. 统计科学与实践 (2)：12 - 17.
王敏，范佳缘，王丽洁，等，2022. 高质量发展下对外贸易效率评价及影响因素——基于长江经济带 11 省市的实证分析 [J]. 华东经济管理，36 (4)：45 - 51.
王秋红，孔希贤，王钰良，2022. 中国与“一带一路”沿线国家机电产品产业内贸易影响因素研究 [J]. 开发研究 (10)：112 - 120.
王文珍，李平，2018. 要素市场扭曲对企业对外直接投资的影响 [J]. 世界经济研究 (9)：77 - 92，136.
王孝松，周钰丁，2022. 经济政策不确定性、企业生产率与贸易高质量发展 [J]. 中国人民大学学报，36 (2)：8 - 23.
王宇航，王栋，2021. 新发展阶段促进共同富裕的数字路径 [J]. 社会科学家 (10)：99 - 104.
王玉泽，罗能生，2019. 对外直接投资对母国收入差距的影响效应——基于跨国面板数据的研究 [J]. 中国管理科学，27 (4)：1 - 12.
王钊业，2021. 外商直接投资与城乡收入差距：长三角地区城市样本的实证研究 [D]. 上海：上海社会科学院.
吴鹏，夏楚瑜，何冲冲，2020. 区域产业结构贸易结构的关联匹配研究——基于灰色关联算法 [J]. 系统科学与数学，40 (11)：1950 - 1966.
吴涛，2022. 善于把握工作的时度效 [J]. 中国党政干部论坛 (4)：80 - 83.
夏杰长，刘诚，2021. 数字经济赋能共同富裕：作用路径与政策设计 [J]. 经济与管理研究，42 (9)：3 - 13.
肖晓军，2015. 服务贸易开放与我国居民收入差距——基于不同组成部分的比较研究 [J]. 河北经贸大学学报，36 (2)：40 - 44.
肖瑶，2020. 对外贸易和 FDI 对山东省城乡收入差距的影响——基于空间计量模型的分析 [D]. 青岛：青岛大学.
解安，侯启缘，2022. 新发展阶段下的共同富裕探析——理论内涵、指标测度及三大逻辑关系 [J]. 河北学刊，42 (1)：131 - 139.
谢伏瞻，2022. 深入理解共同富裕 [J]. 政策瞭望 (3)：12 - 13.
辛向阳，2022. 习近平的共同富裕观 [J]. 新疆社会科学 (1)：1 - 7，146.
许冬兰，韩婧彤，2022. 双环流价值链嵌入对低碳全要素生产率的影响效应研究 [J]. 中国地质大学学报 (社会科学版)，22 (1)：99 - 114.

燕连福，王亚丽，2022. 全体人民共同富裕的核心内涵、基本遵循与发展路径［J］. 西安交通大学学报（社会科学版），42（1）：1－9.
严婷，2020. 中国对外直接投资对母国收入分配差距的影响研究——基于行业和区位选择的实证［D］. 上海：上海社会科学院.
杨宜勇，王明姬，2021. 共同富裕：演进历程、阶段目标与评价体系［J］. 江海学刊（5）：84－89.
杨忠，李嘉，巫强，2019. 创新链研究：内涵、效应及方向［J］. 南京大学学报（哲学・人文科学・社会科学），56（5）：62－70，159.
于成文，王敏，2015. 共同富裕内涵及其实现路径新探［J］. 中国矿业大学学报（社会科学版），17（3）：7－13.
于津平，黄真，2021. "一带一路"倡议对我国地区收入差距的影响［J］. 河海大学学报（哲学社会科学版），23（4）：77－85，108.
余淼杰，郭兰滨，2022. 数字贸易推动中国贸易高质量发展［J］. 华南师范大学学报（社会科学版）（1）：93－103，206.
余仕麟，2004. 新旧福利经济学的价值观差异［J］. 西南民族大学学报（人文社科版）（6）：65－69.
翟霞，2021. 疫情下各国 FDI 新政及其对中国对外投资的影响［J］. 中国外资（19）：34－37.
张含笑，2016. 农产品进出口对我国农民收入影响的区域差异研究［D］. 大连：东北财经大学.
张其仔，2022. 产业链供应链现代化新进展、新挑战、新路径［J］. 山东大学学报（哲学社会科学版）（1）：131－140.
张然，2020. 贸易对城乡收入差距的影响——基于加工贸易视角的分析［D］. 北京：对外经济贸易大学.
张夏恒，2022. 跨境电商赋能共同富裕的逻辑辨析［J］. 当代经济管理，44（3）：8－11.
张元钊，庄韡，2022. 中国对外投资对发展中国家的减贫效应：作用机理与实证检验［J］. 福建论坛（人文社会科学版）（4）：66－77.
张占斌，2022. 以制度系统集成创新扎实推动共同富裕［J］. 马克思主义与现实（2）：99－108，204.
张宗斌，李艳，2021. 外商直接投资对我国城乡收入差距的影响研究［J］. 劳动经济评论，14（1）：140－161.
赵锦春，谢建国，2013. 收入分配与进口需求——基于我国省际面板数据的门限回归分析［J］. 国际贸易问题（8）：13－24.
赵莹莹，2018. 城镇化、外商直接投资对广西城乡收入差距的影响研究［D］. 桂林：桂林理工大学.
中国国际贸易促进委员，2022. 全球贸易投资促进峰会北京倡议［J］. 中国对外贸易（6）：20－21.

周丽萍，2021. 数字贸易进口与企业间工资均等化 [J]. 当代财经（11）：101－111.

周小亮，2022. 包容性绿色增长目标下产业高质量发展：文献解读与研究框架 [J]. 电子科技大学学报（社科版），24（3）：39－53.

周忠宝，邓莉，肖和录，等，2022. 外商直接投资对中国经济高质量发展的影响——基于Index DEA和面板分位回归的分析 [J]. 中国管理科学，30（5）：118－130.

朱顺林，2020. 资本要素市场化改革、对外直接投资与技术创新绩效 [J]. 经济体制改革（1）：149－155.

Acmoglu D，Restrepo P，2018. The race between man and machine：implications of technology for growth，factor shares，and employment [J]. American Economic Review，108（6）：1488－1542.

Acquisti A，Taylor C，Wagman L，2016. The economics of privacy [J]. Journal of Economic Literature，54（2）：442－292.

Ahmad N，Schreyer P，2016. Are GDP and productivity measures up to the challenges of the digital economy? [J]. International Productivity Monitor，30：4－27.

Ahmad N，Schreyer P，2016. Measuring GDP in a digitalized economy [R]. OECD Statistics Working Papers. Paris：OECD Publishing.

Anderson J，Wincoop E，2004. Trade costs [J]. Journal of Economic Literature，42（3）：691－751.

Anna R，2019. Can financial incentives reduce the baby gap? Evidence from a reform in maternity leave benefits [J]. Journal of Public Economics，169：203－222.

Antràs P，Chor D，Fally T，et al.，2012. Measuring the upstreamness of production and trade flows [J]. American Economic Review，102（3）：412－416.

Antràs P，De Gortari A，2017. On the geography of global value chains [R]. NBER Working Paper. No. 23456.

Autor D，Salomon A，2018. Is automation labor－displacing? Productivity growth，employment，and the labor share [R]. NBER Working Paper. No. 24871.

Baldwin R，2013. Trade and industrialization after globalization's second unbundling：how building and joining a supply chain are different and why it matters [M] //Taylor A M，Feenstra R C. Globalization in an age of crisis：multilateral economic cooperation in the twenty－first century. Chicago：University of Chicago Press：165－212.

Barefoot K，Curtis D，Jolliff W，et al.，2018. Defining and measuring the digital economy [EB/OL].（2018－3－15）[2022－10－22]. http：//www. bea. gov/system/files/papers/WP2018－4. pdf.

Bourguignon F，2004. The poverty－growth－inequality triangle [R]. Indian Council for Research on International Economic Relations. India：New Delhi.

Brown C，Medoff J L，2003. Firm age and wages [J]. Journal of Labor Economics，21（3）：677－698.

Chen A，Partridge M D，2013. When are cities engines of growth in China? Spread and backwash effects across the urban hierarchy [J]. Regional Studies，47 (8)：1313 - 1331.

Clarke G R G，Wallsten S J，2006. Has the Internet increased trade? Developed and developing country evidence [J]. Economic Inquiry，44 (3)：465 - 484.

DiTella R，MacCulloch R J，Oswald A J，2003. The macroeconomics of happiness [J]. Review of Economics and Statistics，85 (4)：809 - 827.

Diewert E，Fox K J，2019. Productivity indexes and national statistics：theory，methods and challenges [R]. Microeconomics. ca Working Papers，Vancouver School of Economics.

Edgar M，Maciej S，2016. A Marxist argumentative scheme on basic income and wage share in an anti - capitalist agenda [J]. Basic Income Studies，11 (1)：49 - 59.

Erumban A A，Das D K，2016. Information and communication technology and economic growth in India [J]. Telecommunications Policy，40 (5)：412 - 431.

Feenstra R C，Hanson G H，1996. Globalization，outsourcing and wage inequality [J]. American Economic Review，86 (2)：240 - 245.

Fink C，Mattoo A，Neagu I C，2005. Assessing the impact of communication costs on international trade [J]. Journal of International Economics，67 (2)：428 - 445.

Finlay J E，Lee M A，2018. Identifying causal effects of reproductive health improvements on women's economic empowerment through the population poverty research initiative [J]. The Milbank Quarterly，96 (2)：300 - 322.

Fisher J A，Patenaude G，Giri K，et al.，2014. Understanding the relationships between ecosystem services and poverty alleviation：a conceptual framework [J]. Ecosystem Services，7：1 - 12.

Forman C，Goldfarb A，Greenstein S，2012. The Internet and local wages：a puzzle [J]. American Economic Review，102 (1)：556 - 575.

Fort T C，2017. Technology and production fragmentation：domestic versus foreign sourcing [J]. Review of Economic Studies，84 (2)：65 - 87.

Freund C L，Weinhold D，2002. The Internet and international trade in services [J]. American Economic Review，92 (2)：2433 - 2434.

Freund C L，Weinhold D，2004. The effect of the Internet on international trade [J]. Journal of International Economics，62 (1)：171 - 189.

Goos M，Manning A，Salomon A，2009. Job polarization in Europe [J]. American Economic Review，99 (2)：58 - 63.

Groenewold N，Lee G，Chen A，2007. Regional output spillovers in China：estimates from a VAR model [J]. Papers in Regional Science，86 (1)：101 - 122.

Gruber H，Koutroumpis P，2011. Mobile telecommunications and the impact on economic development [J]. Economic Policy，26 (67)：387 - 426.

Hellmanzik C，Schmitz M，2015. Virtual proximity and audiovisual service trade [J]. European Economic Review，77 (7)：82 - 101.

Hofman A，Aravena C，Aliaga V，2016. Information and communication technologies and their impact in the economic growth of Latin America，1990—2013 [J]. Telecommunications Policy，40 (5)：485 - 501.

Hummels D，Ishii J，Yi K M，2001. The nature and growth of vertical specialization in world trade [J]. Journal of International Economics，54 (1)：75 - 96.

IMF，2018. Measuring the digital economy [R]. IMF Policy Papers，03 - 28.

Jensen R，2007. The digital provide：information (technology)，market performance，and welfare in the South Indian fisheries sector [J]. Quarterly Journal of Economics，122 (3)：879 - 924.

Jiao X，Walelign S Z，Nielsen M R，et al.，2019. Protected areas，household environmental incomes and well - being in the Greater Serengeti - Mara Ecosystem [J]. Forest Policy and Economics，106：1 - 20.

Jorgenson D W，Motohashi K，2005. Information technology and the Japanese economy [J]. Journal of the Japanese and International Economies，19 (4)：460 - 481.

Jorgenson D W，Vu K，2007. Information technology and the world growth resurgence [J]. German Economic Review，8 (2)：125 - 145.

Karlan D，Zinman J，2010. Expanding credit access：using randomized supply decisions to estimate the impacts [J]. The Review of Financial Studies，23 (1)：33 - 46.

Kee H L，Tang H W，2016. Domestic value added in exports：theory and firm evidence from China [J]. American Economic Review，106 (6)：1402 - 1436.

Kolko J，2012. Broadband and local growth [J]. Journal of Urban Economics，71 (1)：100 - 113.

Koopman R，Powers W，Wang Z，et al.，2010. Give credit where credit is due：tracing value added in global Production Chains [R]. NBER Working Paper. No. 16426.

Kuznets S，1955. Economic growth and income inequality [J]. American Economic Review，45 (1)：1 - 28.

Levin J D，2011. The economics of Internet markets [R]. NBER Working Paper. No. 16852.

Lo K，Xue L Y，Wang M，2016. Spatial restructuring through poverty alleviation resettlement in rural China [J]. Journal of Rural Studies，47 (Pt. B)：496 - 505.

MacKie - Mason J K，Varian H R，1992. Some economics of the Internet [C]. The 10th Michigan Public Utility Conference at Western Michigan University，1993.

Meijers H，2014. Does the Internet generate economic growth，international trade，or both? [J]. International Economics and Economic Policy，11 (1)：137 - 163.

Melitz J，Toubal F，2014. Native language，spoken language，translation and trade [J]. Journal of International Economics，93 (2)：351 - 363.

Melitz M, 2003. The impact of trade on intra - industry reallocations and aggregate industry productivity [J]. Econometrica, 71 (6): 1695 - 1725.

Molla A, Heeks R, 2007. Exploring e - commerce benefits for businesses in a developing country [J]. Information Society, 23 (2): 95 - 108.

Oliner S D, Sichel D E, 2000. The Resurgence of growth in the late 1990s: is information technology the story? [J]. The Journal of Economic Perspectives, 14 (4): 27 - 28.

Osnago A, Tan S W, 2016. Disaggregating the impact of the Internet on international trade [R]. World Bank Policy Research Working Paper. No. 7785.

Ramasamy B, Yeung M, Laforet S, 2012. China's outward foreign direct investment: location choice and firm ownership [J]. Journal of World Business, 47 (1): 17 - 25.

Rauch J E, 1999. Networks versus markets in international trade [J]. Journal of international Economics, 48 (1): 7 - 35.

Rosenthal SS, Strange W C, 2012. Female entrepreneurship, agglomeration, and a new spatial mismatch [J]. Review of Economics and Statistics, 94 (3): 764 - 788.

Rowley J, 2007. The wisdom hierarchy: representation of the DIKW hierarchy [J]. Journal of Information and Communication Science, 33 (2): 163 - 180.

Sandhu H, Sandhu S, 2014. Linking ecosystem services with the constituents of human well-being for poverty alleviation in eastern Himalayas [J]. Ecological Economics, 107 (5): 65 - 75.

Santos Silva J M C, Tenreyro S, 2006. The log of gravity [J]. The Review of Economics and Statitics, 88 (4): 641 - 658.

Thompson H G Jr, Garbacz C, 2007. Mobile, fixed line and Internet service effects on global productive efficiency [J]. Information Economics and Policy, 19 (2): 189 - 214.

WTO, IDE - JETRO, OECD, et al., 2019. Technological innovation, supply chain trade, and workers in a globalized world [EB/OL]. [2022 - 10 - 22]. https: //www. wto. org/english/res _ e/booksp _ e/gvc _ dev _ report _ 2019 _ e. pdf.

Yushkova E, 2014. Impact of ICT on trade in different technology groups: analysis and implications [J]. International Economics and Economic Policy, 11 (1): 165 - 177.